U0770291

国家社会科学基金项目《中国旅游立法重大问题研究》
（项目编号：12BGL069）阶段性成果

China Tourism Law Review
中国旅游法评论

（第一辑）

主编　韩玉灵　申海恩

北京·旅游教育出版社

《中国旅游法评论（第一辑）》编委会

总 序

北京旅游发展研究基地是北京市首批市级哲学社会科学研究基地，成立于2004年。北京第二外国语学院作为主要建设单位，通过四方共建协议与北京市教育委员会、北京市旅游发展委员会、北京市哲学社会科学规划办公室共同建设基地。基地的建设宗旨是：以北京第二外国语学院北京市重点学科——旅游学科为基础，依托本校旅游管理学院、酒店管理学院、会展与经贸学院、国际商学院、中国旅游人才发展研究院、旅游教育出版社，以及校外北京市旅游发展委员会、首都旅游集团、北京高校旅游研究机构等单位，整合旅游及相关研究优势资源，紧紧围绕我国尤其是北京旅游业发展过程中亟待研究解决的重大理论和现实问题设计研究项目，推动我国及北京旅游研究领域的拓展、研究方法的创新和研究水平的提高，有效拉升北京旅游教学、研究和旅游业发展在国际上的层次和地位。

在前三个三年建设周期中，基地在北京市教育委员会和北京市哲学社会科学规划办公室等各级领导、部门的关心和指导下，在北京第二外国语学院校领导的大力支持下，通过与北京市旅游发展委员会及各区县旅游局、各有关旅游企业、高等院校和科研院所的合作，取得了一批高质量的成果，连续举办了具有社会影响并逐步形成品牌的重要学术会议，为北京市及全国旅游研究和旅游行业发展作出了基地应有的贡献，实现了基地的建设目标，取得了优异的成绩。

新一轮建设周期中（2014—2016年），基地将继续秉承“前瞻视野、开放平台、权威报告、理论高地”的建设理念，努力实现“在充分满足北京市各类决策支持需求的前提下，抓住中国和国际旅游发展前沿的重大问题进行研究，做到‘北京旅游发展智库’和‘中国一流旅游学术研究机构’的统一”的建设目标。从前三个建设周期的经验来看，“狠抓标志性成果建设，打造权威报告，提供观点和理论研究成果”是实现基地建设目标的重要途径。今年乃至今后几年，基地陆续出版的标志性成果主要体现在两个方面：面向北京市政府及其旅游管理部门和企事业单位的《北京旅游发展研究报告》；面向旅游学术研究领域、致力于旅游学科建设和人才队伍培养的《中国旅游企业发展年度报告》（联合）、《中国旅游目的地发展年度报告》、《中国休闲研究学术报告》、《北京旅游研究》、《中国会展研究报告》、《中国在线旅游年度报告》、《中国旅游法评论》等。

《北京旅游发展研究报告》作为北京市哲学社会科学重点规划项目，其目的在于对北京市旅游经济与旅游市场的整体发展、北京旅游各行业运行状况、旅游供需市场、旅游行政管理及年度热点与创新等问题进行充分研究和集中展示，以期对实践具有一定的指导作用。在历年报告的基本框架基础上，新的《北京旅游发展研究报告》做了局部微调，主要由总体经济、产业与企业、旅游目的地、游客与购买者、政府与政策、年度热点与创新研究等六大板块组成。基地专家将尽最大努力，对每年北京旅游产业运行状况以及旅游研究热点和创新点进行全面阐述。

前期建设，我们编辑出版了《中国旅游研究》系列文集，其目的是通过收录一批在国内各个研究领域的优秀论文，体现我国旅游研究每一年度取得的成果与进展，并使之成为记录中国旅游研究发展的标志性文本。新一期建设中，我们将在《中国旅游研究》的基础上，出版《北京旅游研究》，汇集以基地专家原创为内容的研究成果，按照但不限于以下板块进行排列：研究综述、旅游者、旅游企业管理、旅游目的地、旅游产业、休闲经济、旅游新业态、基础理论研究等，充分展示基地专家原创和多视角的研究成果。

新一期建设，我们将在保持原有研究报告特色的基础上，紧随中国旅游业的发展，适时新推《中国休闲研究学术报告》和《中国旅游法评论》。《中国休闲研究学术报告》作为中国旅游经济、旅游管理理论与实践研究者的理论、思想交流平台，刊登原创性的旅游理论研究、休闲经济理论研究、旅游产业热点深度分析、大型案例深化研究以及高水平的定量实证研究五个研究领域的研究成果。适应我国旅游法制建设的新发展推出的《中国旅游法评论》，将依托我校的外语、旅游优势，翻译借鉴国外旅游法及其最新研究成果，深层次地探讨旅游法研究的前沿学术问题，评判典型案例，记录我国旅游法的研究路径，展望旅游法研究趋势。

使上述报告和理论研究成果具有"权威报告和品牌效应"，是基地每个研究人员努力追求的目标和共同的期待。至于说能否实现我们的预期，这不是通过简单的行政评价就能做出最终结论的，需要经过长期的积淀和时间的充分验证。如果经过10年、20年，当新一代旅游工作者或者研究人员或者学子们在学习、研究到相关旅游问题，还需要去翻开这些也许已经变得发黄的著作时，当几乎所有旅游研究或者从事旅游工作的人士要经常翻阅这些报告以期从中获得灵感时，我们就有理由相信我们的目标实现了。

作为中国旅游教育和研究的中心和基地之一，北京第二外国语学院始终将旅游学科的发展作为学校发展的重要战略。北京旅游发展研究基地依托于二外，除了完成作为一个北京市市级研究基地本身应完成的研究任务外，也直接服务于二外的整体发展战略。我们期望通过基地全体研究人员的不懈努力，推动我国旅游教育和旅游学科发展，促进旅游学术界与行业主管部门、旅游业界的密切合作，为国家建设旅游强国、为北京市旅游产业发展提供更优质的研究成果和最直接的智力服务，以承担起时代赋予我们的责任，完成学者的历史使命。

北京旅游发展研究基地负责人、学术委员会主任

北京第二外国语学院党委副书记、教授、博士生导师

写在前面

人有担当,书有使命。

自清末变法改制以来,国人研习西方法制,以为中用,筚路蓝缕、夙兴夜寐,百余年的功力倏忽于一夜之间化为吾国法律体系形成之宣告。奔走相告、感慨涕零、馨香祝福之余,些许疑虑不禁萦纡心头:国民日常生活必要之环节均已纳入法网之中?纠纷裁决只需按图索骥即可大功告成?移译之域外概念均已消融于中华法制体系,而无不适?吾国法制完备的程度似已出于蓝而胜于蓝,足可列于东、西方诸强之上……凡此种种挂念,概莫能忘。上下求索命题之真伪,继而谋划漏洞之修补,以期名副其实,即为吾辈法律学人之担当。

旅游法律涉猎食住行游购娱诸端,实不啻于民众洒扫应对诸种日常生活规则之缩微。然则,无论在已建成之法律体系抑或于法律学人关注之视野中,皆难觅其影踪。而今,《旅游法》逾三十载而立,此状态依然未见改观:学界主流或着眼于法治理念之传播、或致力于大规模法典之奔走、或潜心于一般法条之剖解……旅游法律问题虽于社会各界至为关切,却始终难入主流。鉴于此,动议即出:辟一角地,言谈旅游法律,由具体问题而入,逐步攀升直至抽象体系;由旅游法律而入,扩展至全部生活规则。故此小书之出,既不自囿于旅游,亦不自囿于中国,举凡关涉民众日常生活规则之论,皆在欢迎之列。此既为本书之缘起,亦为编事之宗旨,愿与诸君共寄托。

韩玉灵　申海恩

2014 年元旦

主编絮语

本书是《中国旅游法评论》第一辑，共设聚焦旅游立法、旅游立法建议、专题研讨、调研报告、国际视角五个栏目。

【聚焦旅游立法】栏目收录了 2012 年 9 月 9 日在北京第二外国语学院举办的《中华人民共和国旅游法(草案)》(以下简称“《旅游法(草案)》”)高端研讨会会议纪要及与会专家发言稿，本次研讨会由北京市哲学社会科学规划办和北京市教委依托北京第二外国语学院设立的北京旅游发展研究基地承办，源于全国人大法工委致函北京第二外国语学院征集对《旅游法(草案)》的意见。这是 2012 年 8 月 27 日《旅游法(草案)》首次提请全国人大常委会审议后规模最大、涉及面最广、提交意见最多的一次研讨会，对《旅游法(草案)》的审议和修改都产生了重大影响，因此特别予以刊出，值得各界在解读旅游法时予以参考。需要说明的是，宁红丽副教授的发言稿因故未能辑录进来，敬请谅解。

【旅游立法建议】栏目收录了除上述研讨会外，截至目前为止仅有的三个《旅游法(草案)》修改建议，分别由陈甦教授、渠涛教授和孟雁北副教授主持。陈甦教授总体上认为，草案没有充分体现保障市场机制发挥作用的理念、草案的体系结构不够适当、草案对旅游活动的许多重要事项缺乏规定、草案的法律责任制度不够科学、草案存在许多表述不当之处；并针对《旅游法(草案)》提出了逐条修改建议。草案在整体的体例安排、条文的逻辑排列、法律概念、具体内容的表述等立法技术方面似乎还有进一步改进的必要。渠涛教授总体上肯定《旅游法(草案)》的同时指出，总体上，在法的体例上应明确体现逻辑关系、文字上的用词应统一、是否设置概念定义的规定也需要统一、增加一些特别针对旅游法律关系的规定；并就重点条文提出了深入的逐条修改建议。第三个修改建议是孟雁北副教授在中国人民大学法学院经济法专业硕士研究生课程《规划与产业法》两次课堂讲授、讨论的基础上完成的，其中不乏新意，值得关注。

【专题研讨】栏目收录了六篇论文。其一是国家旅游局副局长杜一力同志的《谈旅游权利和旅游者权利——献给第一个中国旅游日》（曾刊登于《北京第二外国语学院学报》2011 年第 5 期）。旅游权利的问题，在旅游立法中曾经展开过非常激烈的讨论，关于旅游权利的性质、特征及其与旅游者权利之间的关系，正是争论的关键，同时也是旅游法第二章应否独立存在的节点。该文提出，旅游权利是现代社会中人们离开常住地实施旅行游览活动的权利，是人们通过利用时间和空间去获得精神、文化、健康等需求的一种权利，与旅游者权利是不同层次的权利；并从旅游自由权、旅游资源享有权、休假权、与旅游权利相对应的权利救济等几个方面对旅游权利进行了深入的分析和解释。这是旅游法第二章的总体解释，值得关注。其二是韩玉灵教授的《旅游法若干问题的思考与研究》一文，是系列研究的汇总，主要涉及了中国旅游立法模式、《旅游法（草案）》的立法特点、旅游立法问题、《旅游法（草案）》修改建议、自助游安全、旅游产品和旅游景区限流等几个问题的研究。通过分析比较世界上旅游立法的四种模式，得出综合立法模式符合中国国情的观点；在分析了《旅游法（草案）》内容的基础上，结合其他国家立法，提出了在市场经济体制的背景下，旅游立法应当重视民事规范的观点；结合《旅游法（草案）》的结构和内容，提出了具体的立法建议；论文还对立法中的热点和难点问题进行了研究，提出了自己的观点。其三是姜颖教授和沈建峰博士的《论旅游权与劳动者休息、休假权的关系》一文。该文归纳了对于旅游权和劳动者休息、休假权的关系存在着包容说和前提说两种不同的观点。指出包容说是建立在对有关国际立法文件的误解基础上的；而前提说，也即认为旅游权的实现以休息休假权为前提的观点，不仅更符合国际立法文件的本意，而且符合基本权利的理论。据此主张，旅游法不应该直接规定休息休假权，但是可以通过指示条款，指出休息休假权对旅游权的前提意义。其四为郑晶副教授的《旅行社质量保证金制度的立法发展及未来的完善》一文。作为旅游行业一项重要的行业监管制度，相关行政法规有专门规定旅行社质量保证金的条款，国家旅游局在上位法的框架下制定了质量保证金的操作性规范。针对旅游主管部门对质量保证金的管理职能不断弱化，尤其是对自身行政裁决权和行政强制权的回避客观上削弱了质量保证金制度的现实作用。基于此，该文提出在考虑制度的技术修正之外，更应当在未来的立法中强调实现质量保证金的现实作用。其五为申海恩副教授的《旅游者任意解除权初探》一文。《旅游法》起草过程中，关于是否应当赋予旅游者以任意解除权，一直存在着截然对立的两种意见：一种意见认为应当赋予旅游者任意解除旅游合同的权利；一种意见认为应当坚持合同应当严守的原则，坚决不能赋予旅游者任意解除权。此外还有一种非常具有诱惑力的观点认为，境内旅游可以赋予旅游者任意解除权，出境旅游因为涉及到返回国内的问题，不应当赋予旅游者任意解除权。该文从旅游者任意解除权配置的正当性、法律属性、行使及其限制以及法律后果方面对《旅游法》第65条的规定进行了深入的研究，值得参考。其六是国家旅游局政策法规司郭志平同志的《组团社与地接社合同关系若干法律问题研究》一文。旅行社行业普遍存在的组团社与地接社分工合作的运行模式，在法律上究竟应该如何定性，各自应该承担何种法律责任，在旅游立法过程中一直是一个非常重要的问题。该文从组团社与地接社之间合同的现状、履行和纠纷解决等方面分析了组团社与地接社之间的法律关系，提出了组团社与地接社之间合同纠纷的解决建议，值得关注。

【调研报告】栏目收录了两篇调研报告。其一是孟凡哲教授和王姝检察官的《旅行社“承包挂靠”问题研究——北京市旅游企业非常态经营的内在逻辑与法律规制》一文。承包挂靠是我国旅行社实行审批制下出现的旨在规避法律的非法经营模式，虽然旅游法对此作了明确的法律性质界定，但在旅游行政监管中却面临着难以认定、没有证据且难以查处的难题。该文从现状、外因、内在逻辑、认定标准几个方面进行了分析，提出了北京市旅行社承包挂靠问题的治理措施，值得旅游监管部门参考。其二是罗思荣、陈永强、刘练军和李安的《〈杭州市“一日游”管理办法〉立法后评估报告》。“一日游”一直以来都是旅游市场乱象的集散地，各地旅游行政主管部门对此也是头痛不已，却因其涉及面广而苦无良策。该文针对《杭州市“一日游”管理办法》的产生背景和实施情况，进行了绩效分析并作出了科学性评估，值得地方立法部门参考。

【国际视角】栏目收录了三篇译文。其一是申海恩和李璐芸译出的《世界旅游组织保护旅游者和旅游服务提供者权益公约草案》。联合国世界旅游组织在2010年4月冰岛喷发火山灰造成大面积旅客滞留事件后，即考虑着手起草旨在保护旅游者和旅游服务提供者，特别是在客源地国家和目的地国家之间建立沟通桥梁的具有强制执行力的法律文件。中国两次派代表参加会议，申海恩副教授作为中国代表参加了该法律文件起草的工作小组，并在2011年参加了在西班牙马德里召开的起草会议；申海恩副教授和韩玉灵教授在2012年参加了世界旅游组织在英国伦敦召开的征求意见会，与各国代表交换了意见。为及时传递世界旅游组织的立法信息，决定将《世界旅游组织保护旅游者和旅游服务提供者权益公约草案》最新版译出，与各位研究者分享。其二是曾供职于西班牙安达卢西亚大区旅游局的潘灯根据《关于消费者和用户保护的一般法和相关配套法的修正案》（西班牙第1/2007号皇家法令于2007年11月16日颁布，并为现行法）译出的《西班牙包价旅游法》（译本标题为编者所加）。译者还针对我国《旅游法》撰写了译后记，可兹借鉴。其三是上海交通大学凯原法学院的庄加园博士译出的《德国旅游法判例选译二则》。第一则是"为第三人利益合同的抗辩"、第二则是"旅游合同的瑕疵担保责任"。德国法院素来以适用法律之严谨著称，旅游法判例在判例集中为数也不少，本书后续还会进一步译介相关判例，希望可以作为我国旅游法适用的他山之石。

目　录

聚焦旅游立法

旅游立法建议

专题研讨

调研报告

国际视角

聚焦旅游立法

《中华人民共和国旅游法(草案)》高端研讨会会议纪要[①]

《中华人民共和国旅游法(草案)》的制定关系着旅游业的健康发展和公民福祉的提高。2012 年 8 月 27 日,期盼已久的《旅游法(草案)》首次提请全国人大常委会审议;8 月 31 日,全国人大法工委向全国征集意见;9 月 4 日,北京第二外国语学院收到全国人大法工委的征求意见函。为了研讨相关旅游立法中的问题,汇集专家学者和业界代表的真知灼见,为旅游立法献计献策,及时向全国人大法工委反馈意见,北京第二外国语学院旅游发展研究基地作为省部级研究基地,按照学校的部署,于 2012 年 9 月 9 日在北京第二外国语学院举办了《中华人民共和国旅游法(草案)》高端研讨会。来自北京第二外国语学院、中国人民大学、南开大学、对外经贸大学、北京交通大学、中国社会科学院、国务院发展研究中心、中青旅集团、颐和园、北京旅游协会、法制出版社等学界、业界、行业协会的 14 位专家应邀出席,两位专家提交了书面意见。北京第二外国语学院旅游管理学院、法政学院的部分教师以及旅游管理专业研究生等,与来自人民日报海外版、人民网、中国青年报、中国旅游报、经济日报、北京日报、法制日报等 12 家媒体共计 100 多人参加了研讨会。会议由北京第二外国语学院党委副书记、北京旅游发展研究基地负责人、全国旅游职业教育教学指导委员会副主任计金标教授主持。

按照《旅游法(草案)》的章节顺序,与会专家从旅游业发展的背景、产业地位、对我国公民的影响、《旅游法(草案)》的框架与结构、规定的内容等方面,高度赞扬了国家对旅游立法的重视,充分肯定了《旅游法(草案)》,认为《旅游法(草案)》反映了时代特征,具有中国特色,充分体现了国家对公民权利的重视、对各方利益的关注,期盼《旅游法(草案)》经过修改更加完善、早日出台。各位专家还从不同领域和角度,提出了自己对《旅游

① 本会议纪要由涂皎、邢丽涛整理。

法(草案)》的修改意见与建议。国家旅游局派专人出席了论坛,听取了与会人员的意见。

南开大学博士生导师李天元教授认为,《旅游法(草案)》有利于为旅游业正名,有利于协调旅游活动中各种复杂关系;其中关于旅游者权利的保护和国家对促进旅游的规定符合中国国情。具体建议如下:

(1)在借鉴世界各国旅游立法经验时,应注意世界各国之间的差异性并兼顾中国国情。例如,欧洲的旅游法不规定旅游者权利义务,因为其消费者权利法律很健全。区分Law(法律)与Regulation(法规)的内涵;

(2)旅游定义、旅游者权利与义务等方面的规定应慎重对待,考虑全面,注意区分本国旅游者和外国旅游者,对外国旅游者权利的规定要留有余地,旅游者活动的自由度的规定因国家不同存在差异;

(3)增加"明确发展旅游的目的"的规定,为旅游正名;

(4)旅游规划及旅游业管理方面的规定与现行景点管理条例要保持一致。

中国人民大学博士生导师刘文华教授肯定了《旅游法(草案)》采取的综合立法模式及坚持遵循三种效益统一观的发展原则,认为旅游业是个复杂的综合性产业,涉及国民经济多个部门,各种法律关系需要多种法律手段调整。同时他指出,立法者应认可经济关系本身已发生的"纵横结合,公私兼容"的现实,无须争论旅游法在法律体系中的地位和归属问题,建议在立法宗旨中增加精神方面的内容,并把"国家监管、行业自律、市场调节"和公益性作为旅游法的原则。具体建议如下:

(1)第一条,立法总则主要规定的是经济、物质方面,欠缺精神需要的规定,应增加"旅游发展的社会效益功能"的规定;

(2)专章规定旅游行业组织;

(3)第二条,使用"出境旅游活动",应考虑与国外相关法律规定的差异性,明确处理冲突的方式;

(4)第四条、第十五条未明确规定责任;

(5)第二十三条"考虑军事设施保护的需要","考虑"一词表述不妥;

(6)第三十七条第三款,"30日"的规定缺乏相关依据,且"旅游者所购商品已损毁、变质、腐烂的除外"的规定不妥,所购商品本身质量有问题,旅行社及有关商店应负责,不能只由旅游者负责；

(7)第四十九条，应进一步严格规定“转包”；

(8)第五十条，对出境旅游者只有“滞留境外”的规定，应增加其“分团、脱团问题”的规定，从而与入境旅游的规定相统一；

(9)第六十二条第三款规定的“第三人”造成旅游者伤害的，旅行社可不负责赔偿，应增加“旅行社协助旅游者追索办理”的规定，使其更体现人性化理念；

(10)第八十六条，对未经许可经营行为和行为人处罚太轻，可令其重新申报，严格审批；

(11)第四章的章名应明确规定为“旅游经营者及从业人员”；第八章的章名“权利救济”，可改为“争议解决”，从而易于理解。

《旅游法(草案)》核心起草组成员，北京第二外国语学院法学系主任申海恩副教授阐述了《旅游法(草案)》的立法思路，认为“权利义务—监管—救济”的总体思路，符合“事前规范—事中监督—事后救济”的法律规范设计原则；介绍了立法思路的演变过程，最终形成了从旅游资源保护和利用、旅游经营者两方面来宣示旅游者权益，把旅游者权益作为核心的立法思路主线；整部法律以旅游者权益保护为核心展开，体现了《旅游法(草案)》立法思路对旅游法规范的要求。

中国社会科学院法学所党委书记、博士生导师陈甦教授认为，《旅游法(草案)》有利于我国旅游业法制建设的完善，可为其他行业制度建设提供范本；对其法律责任的科学化提出五点建议：①法律条款设计应具有可规则性；②法律条款的规定应责任适当、防止行政权力过大；③法律责任应依本法的规则；④法律责任体系应完整；⑤立法规定表述应得当。建议将宪法性的权利规定放到总则，充分重视行业协会的作用，并作专章规定。具体建议如下：

(1)第三章是行业政策的规定，不易追责，与法律条款设计中的应具有可归责性相冲突，应抽象地阐释，减少行业政策用语，与前后相协调；

(2)第九、十、十三、十四这四条规定的旅游者权利是宪法性权力，具有宣示作用，应放在总则部分，放在分则主张权利困难；

(3)旅游者义务的规定有些是道德性的，如第十五条，应明确因旅游者违反道德性义

务造成目的地损失后的旅行社责任承担问题;

(4)第十二条,质价相符的规定具有计划经济色彩,市场机制竞争是质价不符,应修改;

(5)第十三条第二款提到的“要求个性化服务”的权利是不完整的权利,它只是一个邀约权利;

(6)第七十五条的规定,行政权力过大,应设立限制条件;

(7)应细致区分担责的情况,如第八十七条第二款“向不合格供应商订购产品和服务”的规定,应区分故意和过失;

(8)应避免轻者重、重者轻,使违法情形和责任担当相一致,如第九十四条第二款比第一款的违法情形轻,但担当的责任比第一款重,第八十九、九十条也是类似问题,应该修改;

(9)应明确责任范围,从而适用方便,详细规定导致旅客滞留时的旅行社责任承担问题,以便于执法;

(10)第九十六条,刑事责任的规定是依据刑法的,其与法律责任应依本法(旅游法)的规则不符,建议删除;

(11)第三十七条,对“旅行社不得以低于成本提供服务”的规定,与《反不正当竞争法》中的规定重复,建议删除,第十一条的规定也存在类似问题;

(12)应增加“自助游组织者责任”、“旅游广告不实责任”、“旅游代理人责任”的规定,从而完善责任体系;

(13)第九章主要是行政责任,可将章名“法律责任”改为“行政责任”;

(14)语言表述应清楚,如第六十二条第二款“对旅游者在旅游行程中的人身损害”的规定,是指旅游者受到的损害还是他们造成的损害,应明确其含义;第九十一条、第九十七条也存在类似问题,应完善;语言应避免口语化,如第八十八、九十二条的规定中的“初犯”、“再犯”在时间间隔和程度上的规定应明确,从而易于操作;

(15)第九十二条,对违反公俗良习的规定应具体化,避免产生选择性执法问题;

(16)应分条表述重要责任,如第九十三条中,因收取小费和贿赂两者程度差异很大,应分别规定。

北京旅游协会熊玉梅会长指出,《旅游法(草案)》第八条对旅游行业协会的法律地位、管理运转、职能任务等方面做出的明确规定,体现了国家对于旅游协会的重视,必将推动其改革,促进其发展和完善。建议:《旅游法(草案)》增加发挥行业协会桥梁和纽带作用的规定,突出其服务职能,更好地发挥其协调交流的作用。

国务院发展研究中心刘锋研究员指出,旅游综合协调机制是《旅游法(草案)》中的一大亮点,也是公众的关注点,更是产业健康持续发展的关键点;从国家层面和地方层面介绍了旅游综合协调机构与机制。建议:将第七条“国务院建立健全旅游综合协调机制”修改为“国务院建立健全旅游综合协调机构与机制”;重新恢复国务院旅游协调领导小组或设立国家旅游发展委员会或国家遗产与旅游发展委员会,设立旅游综合协调机构,完善旅游综合协调机制。

中国社会科学院旅游研究中心戴学峰教授指出,《旅游法(草案)》第三条“公民有依法在境内旅游和出境旅游”的规定,保障并实现了人的自由移动,体现了对人的解放,必将推动社会的民主、现代化进程。建议:应处理好《旅游法(草案)》与现存法律体系的关系。

北京交通大学石培华教授指出,《旅游法(草案)》用专章(第三章)表述旅游规划和促进,用四条(第二十条、第二十一条、第二十二条、第二十四条)论述旅游规划,反映出国家旅游立法对旅游规划的高度重视,具有里程碑的意义;《旅游法(草案)》虽对有关旅游规划的法条规定较全面,但在一定程度上略显缺乏刚性约束,需要强化其法律效力;以“关于进一步强化旅游法中的规划内容”为主线,提出了相关立法建议。具体建议如下:

(1)第二十条,增加“对重点旅游区组织编制空间规划和控制性或详细性规划”的规定;

(2)第二十一条,增加“编制旅游集聚区或旅游功能区的专项区域规划”的规定;

(3)第二十二条,增加“各类规划应充分考虑旅游发展需要,将旅游规划内容纳入相关规划,有必要时根据旅游规划发展需要,可科学调整相关规划”的规定;

(4)第二十三条,增加“对旅游资源丰富、旅游产业集中的区域,规划时要体现旅游产业的优先和主体地位,留足发展空间”的规定;

(5)第二十四条,增加“各级政府要和旅游主管部门组织对旅游规划的审批,并通过

相关程序增强旅游规划的约束性”的规定;

(6)增加法条,规范旅游规划市场,鼓励发展和规范旅游规划设计资质单位和规划人员的资质认定与管理。

北京第二外国语学院邹统钎教授,对《旅游法(草案)》中“旅游规划与旅游景区经营”的有关条款进行了评价,并提出了相关建议:应明确旅游者,特别是自助旅游团体应承担的相应义务;应增加旅游景区的多部门管理、旅游资源的多行政区域管理的规定;应规范旅游规划的资质和评审;应当对地标性建筑和大型设施进行旅游配套设施的规划;应区别对待景区门票价格,规范门票价格调整的听证程序。具体建议如下:

(1)在第二章旅游者义务中,增加旅游者应“遵守景区的管理规则”的规定;

(2)第二十二条,应增加“各部门在管理冲突时的处理方法”的规定,解决旅游景区多头管理问题;

(3)第二十四条,应明确规划评价的主体,应增加“委托第三方组织如行业协会主持规划执行和综合收益的评价,并接受媒体和司法监督”的规定;

(4)第二十七条,应增加“对地标性建筑和大型设施应当进行旅游设施配套”的规定。

(5)第四十三条中要求“景区门票价格变动应提前6个月公布”,与相关规定“景区门票涨价周期为3年以上”矛盾,应增加“景区门票涨价的听证程序”的规定。

颐和园阚跃园长指出,旅游法的出台必将提升旅游服务质量、丰富旅游产品,促进旅游业持续健康发展,认为《旅游法(草案)》是比较全面的法律,特别肯定将“旅游规划和促进”写进立法;同时结合景区的实际情况提出了一些具体的建议和意见。具体建议如下:

(1)第十七条,除重大突发事件外,另增加“重大国事活动”的规定;

(2)第二十一条,增加“对稀缺旅游资源限制人流量”的规定,以利于旅游资源的有效保护、永续利用;

(3)第二十二条,增加“重点考虑对稀缺旅游资源的保护政策”的规定;

(4)第三十三条第三款,应根据区域的不同,设立相应的注册资本,在经济发达地区,可适当提高标准;

(5)第四十三条,将“景区部分核心游览项目”改为“景区核心主游览项目因故不能

开放或者无法提供服务的”;建议删除“相应减少收费”的规定,以便于执行;

(6)第四十五条,增加“应建立政府管理部门对高风险旅游项目年审、年检等审核制度”的规定。

中青旅李京副总裁指出,《旅游法(草案)》对旅游经营者的影响是利大于弊的,肯定了第四十三条中景区门票价格变动应提前6个月公布、第四十七条关于不得索取小费等的规定,认为第六十一条“合同解除后,组团社扣除必要、合理费用”的规定关注到了旅游者和旅游经营者的对价关系,希望通过《旅游法(草案)》的规定,增进旅游主体间的相互理解,提升对服务价值的认同,并对有关条款的操作性提出了意见。具体建议如下:

(1)第三十六条,“旅行社组织团队出境旅游应当安排领队全程陪同”的规定,与实际不太吻合,旅行社具体操作中,有些定制团、私家团旅游者不需要领队;

(2)第六十五条,应明确因政府征用导致旅游者损失的责任赔偿问题,是政府来承担还是被征用的住宿的酒店来承担;

(3)第三十七条,“不能指定购物场所”规定,在现实中很难执行,明确标注购物点的名称、次数和停留时间在一定程度上是对各方利益的相对保护;

(4)第三十八条,“导游签订合同,依法缴纳社会保险费用”的规定,应明确兼职导游和专职导游的区别;

(5)第五十三条,“不得在包价旅游合同约定之外另行安排收费项目”的规定,实际操作上需探讨;

(6)第五十六条,“旅行社没有正当理由的不得拒绝”的规定,应明确正当理由的界定;

(7)第六十四条第二款,“旅行社应亲自委托处理代订事务”的规定,应明确“亲自”的含义;

(8)增加“旅游广告不实的责任”的规定。

对外经济贸易大学宁红丽教授从旅游合同作为民事合同、消费者合同两个方面,评析了《旅游法(草案)》中第五十二条至第六十五条的规定,认为第五章对包价旅游合同的订立、变更、解除、违约作了详细规定,并对旅游安排、代订、咨询合同和住宿合同衔接作了原则规定;认为问题的重点在:应明确旅客和旅游服务提供者之间首先是合同关系,

然后才是消费者与服务提供者之间的关系,从而明确旅游者和旅游服务者之间的利益分配。具体建议如下:

(1)第六十四条,应明确所规定的合同类型,是旅游还是委托,明确其与"自由行"的区别;

(2)第五十九条,应明确第一款与第二、三款的关系,因不可抗力本质上也具有不可预见的特点;

(3)增加"因不可抗力等原因导致旅游合同无法依约履行时的责任承担"的规定;

(4)第六十二条第四款的规定与《合同法》第一百二十一条及《关于审理旅游纠纷案件适用法律若干问题的规定》的相关条款的规定不符,应修改;

(5)增加"违反缔约前告知义务的法律后果"的规定。

北京第二外国语学院谷慧敏教授从住宿合同与饭店业的健康发展方面认为,《旅游法(草案)》是对旅游住宿业的衔接性说明,使饭店业原则上进入了有法可依的时代;同时指出其中的五点不足:①重团队游,轻散客游;②重旅游者,轻其他利益相关者;③内容上重旅行社,轻其他旅游产业;④国内做法与国际做法不完全衔接;⑤重要求规定,轻后续实施机制。建议应关注新出现的旅游业态、信息技术条件下的旅游经营模式;强调保护旅游者权利同时,必须兼顾各方面利益主体,尤其是要重视旅游从业人员这一群体。具体建议如下:

(1)第一条,增加"对旅游业中的利益相关者至少应包括旅游从业人员的合法权益的保障"的规定;

(2)第二条,在旅游的各分项的排列中,应将公务旅游放到前面,因为在目前旅游中,公务旅游占重要地位;

(3)第四十七条第六款"不得索取小费"的规定与国际惯例不完全衔接,应修改;

(4)第四十八条,应明确团体的具体规模,并关注以散客为主的精品酒店;

(5)第四章的规定重旅行社,轻其他旅游产业,应该平衡其关系;

(6)增加住宿行业退房时间的规定;

(7)第三十一条应将"职业培训"改为"职业教育或旅游教育和培训"。

北京第二外国语学院韩玉灵教授指出,《旅游法(草案)》是反映时代特征、具有中国特色的法律，充分体现了我国旅游立法的精神，即坚持以人为本、以保障旅游者合法权益为主线；认为旅游者是具有特殊性的消费者，消费者权利保护法不能代替《旅游法（草案）》中的相关规定。建议增加对旅游从业人员的保护以及旅游从业人员享有获得旅游知识和投诉的权利的规定；增加旅游者的相关法律责任，体现权利义务的一致性；缩小“旅游”概念；根据不同类型的景区，制定相应的安全标准。具体建议如下：

（1）第一条立法宗旨中，应增加“对旅游业从业人员合法权益的保护”的规定；

（2）第十条，应增加“旅游者有获得旅游相关知识的权利”的规定；

（3）应增加“旅游者投诉的权利”的规定，与第八十条的规定相衔接；

（4）第八十条，应明确部门间移交处理投诉的程序，防止部门之间相互推诿；

（5）在第九章中，应增加旅游者的法律责任，以体现权利义务的一致性。如针对第十八条，出境旅游者不得在境外非法滞留，第八十八条第二款规定了非法滞留时旅行社的责任，应根据滞留原因，增加对旅游者责任担当的规定；如第十七条第二款，应增加“旅游者违反安全义务的责任担当”的规定；

（6）第二条，应缩小旅游的范围，以离开常住地和出行动机界定旅游；

（7）第四十二条，增加“配备与景区相适应的专业人员处理突发事件”、“制定不同类别的景区安全标准”的规定。

北京第二外国语学院杨富斌教授从旅游监管的现实难题和《旅游法（草案）》的相关规定方面简要介绍了《旅游法（草案）》，认为旅游监管这一专章的落实，对于解决我国长期存在的旅游部门与相关部门监管职责不清、旅游执法手段缺乏、旅游执法力量薄弱、旅游市场秩序长期失范等问题具有重要的意义。建议应进一步明确“部门分工负责的旅游市场监管工作机制”的主要内容和运作模式；合理定位旅游执法机构的执法地位、职责及权限，明确执法主体；《旅游法（草案）》中的有关规定应尽量避免对旅游市场过多干预。具体建议如下：

（1）第三十七条第一款，对“低于成本价格”的规定不妥，因为这是市场行为，并且不易计算；

（2）第三十七条第二款，“不得指定购物场所”不符合旅游业实际，应修改。

北京第二外国语学院厉新建教授用“难、能、可、贵”分别概括了《旅游法（草案）》出台的过程之艰难、对推动旅游业健康持续快速发展的重要作用、规定的可操作性及可执行性、通过全国人大第一次审读并向社会公开征求意见,是旅游业发展的里程碑。建议《旅游法(草案)》可专门设立条文集中阐述,或在相应的条款中分散阐述旅游业的地位;明确公共资源的界定、旅游企业低于成本与恶性价格竞争的界限;增加旅游经济发展的集聚效应、支持旅游企业跨国经营发展、建立商业性旅游专业救援力量、旅游统计这一旅游发展基础工作、旅游宣传的专业性等内容的规定。具体建议如下:

(1)第四十三条,应明确"公共资源"的范围和外延;

(2)第四十七条第六款,"不得索取小费"是导游等旅游从业人员的行为,放在旅游经营规则下,是不适宜的,应修改;

(3)第三十七条,将"旅游价格低于产品成本"改为"旅游价格持续低于产品成本",体现法律规范的重点是在限制恶性价格竞争;

(4)第三十一条,应增加"国民旅游意识的培养和教育",强调旅游教育;

(5)第三十七条,将"不得安排任何形式的另行付费旅游项目"改为"不得强制安排任何形式的另行付费旅游项目";

(6)对旅行社经营问题的规定,应考虑旅行社形态的变化,改为对旅行服务运营商的经营约束;

(7)增加"旅游景区门票价格听证制度"的规定。

简论旅游法的性质和原则

刘文华①

旅游是一个大产业。它不仅要满足人们一定范围内的物质文化生活需要，而且也是一个可以影响经济全局的重要产业部门，在第三产业中居重要地位。《旅游法（草案）》说明中对此阐述得很形象、很生动，它是“无烟囱工业”，无校舍“教育”，无广告“宣传”，无会场“外交”。在一些国家和地区其收入不仅占国民生产值的很大比重，而且甚至可以左右外交态势和国际交往，在国内促进和谐社会，在国际促进和平、团结。我们应从战略高度认识它。

旅游业也是个复杂的综合性产业，它涉及国民经济众多部门，有多种主体参与，发生着多种法律关系，需要多个法律手段调整。“说明”中说该法采取综合立法模式是非常正确的。大陆法系根据社会关系划分法律部门基本上是正确的，它促进了各种法律部门和法学的发展，但进入20世纪，发展到现代市场经济阶段，传统的大陆法系的调整理论，其机械的、绝对的划分方法已显得越来越不适应。当今社会呈现三大特征：现代化、社会化和国际化。在社会经济领域，社会整体和社会个体越来越高度依存、相互联结。将纵横关系截然分开，公法和私法的根本对立已属不可能。就我国而言，在众多的经济法律、法规中，很难找到一部只有纵无横，或者只有横无纵；只有公法无私法或者只有私法无公法的法律、法规。物权法之所以长期未能通过主要是因为一些人只强调它的私法性质，罔顾我国已经确立的公有制主体经济。修改后的物权法这一被认为是传统私法中，公法条款竟然有20条左右，最后才获得通过。这就是因为20世纪出现的经济法，改变了经济立法的指导思想和法律模式。传统公法与私法划分的理论仍有价值，但在社会经济领域内，立法者必须认可经济关系本身已经发生的“纵横结合、公私兼容”的现实。应主要考

① 作者简介：刘文华，中国人民大学法学院教授，博士生导师。

虑如何调整更为合理有效,不再拘泥于公法和私法的绝对划分。因此,关于这方面的争论(包括旅游法在法律体系中的地位和归属)大可不必进行下去,草案中所说的旅游者,既有旅游经营者,也有国家;旅游产业中,既有旅游经营、旅游合同,也有旅游规划、旅游监管。你说它属纵属横,还是属公属私?我认为只要能把旅游产业、旅游活动管好调好,就是一部好法。20 世纪 80 年代初,经济法兴起时,有关经济法学者即对之研究,相关立法也开始启动,但千呼万唤未出来,今日见此草案出台,甚是高兴!我们应从总体上肯定这部草案。

关于旅游发展的原则,草案中提出应遵循社会效益、经济效益和环境效益相统一,这是值得肯定的。这也是经济法一贯坚持的三种效益统一观。三种效益有重合,但也可相对对立。其中的社会效益在第四条中虽已规定要体现公益性质,但仍有不足之处。在第一条立法宗旨中就应该有所体现。现在的草案第一条主要规定的是经济和物质方面的,欠缺精神需要。旅游业是满足人们日益增长的物质文化需要的,它集天文、地理、历史、人文等各种文化之大成,对弘扬爱国主义、民族精神,加强国际交往,促进和谐团结,有其独特的社会效益功能,立法宗旨中应有体现。

一部法的原则不可滥,也不可太少。我认为可增加一些。在旅游活动中也应是"三个层次、两只手",可否规定"国家监管、行业自律、市场调节"为一个原则。草案中对旅游行业组织只规定了一条(第八条),未作专章规定,是个欠缺。从社会发展趋势看,政府应逐步将经济管理的权力"下放"给中介组织。行业组织是最重要的中介组织,政府应在旅游行业中给予肯定并适当展开试点工作。

有关草案的一些具体修改建议如下:

第一条,修改建议如上述。

第二条,草案也适用出境旅游活动,但若与国外有关国家法律规定有冲突或不一致时,如何办理,应有交代。

第四条,规定了三种效益相统一的原则,但对违反三原则的(主要是社会效益和环境效益)有关责任规定在后来的分则中未提及。第十五条虽有所规定,但也只提爱护旅游资源。旅游活动中破坏景观和旅游资源事件时有发生,应有所规定。

第二十三条,"考虑军事设施保护的需要","考虑"一词使用不妥。

第四章标题旅游经营应明确规定为旅游经营者及从业人员。

第三十七条第三款,“旅游者所购商品已损毁、变质、腐烂的除外” 的规定不周延、也不妥。所购商品本身质量有问题,旅行社及有关商店即应负责,不能由旅游者负责。30日期限的规定也不妥,应符合有关质量法和其他有关法律、法规的规定。旅游法不可自行设定和变更。

第四十九条,应进一步严格规定“转包”。

第五十条,无论入境或出境旅游都存在分团、脱团的问题,应作统一规定。出境旅游者只规定“滞留境外”似乎不足。

第六十二条,旅游伤害事件日益严重,既损害了旅游者生命健康和财产利益,也不利于旅游行业的发展,旅行社在一般情形中都不能置身事外。本条第三款规定的“第三人”,造成旅游者伤害的,旅行社可不负责赔偿,但应协助追索办理。简单的“除外”规定让人感到缺乏“人性化”的管理。

第八章“权利救济”一词一般老百姓可能看不懂,不明白(我们的法律、法学中有许多概念多义、不规范,人们看不明白!),此章实为“争议解决”,可改之。

第八十六条,未经许可经营,只责令改之,规定太轻,可令其重新申报,严格审批。

《旅游法(草案)》立法思路探讨:文本解读与历史检讨

申海恩[①]

一、《旅游法(草案)》的布局与体现的立法思路

当前全国人大公布的《旅游法(草案)》中,除第一章总则规定旅游法立法宗旨、适用范围、基本原则和相关组织,第十章附则部分规定相关定义、生效日期等之外,总体上表现出的是权利义务—监管—救济的逻辑思路。其中第二章"旅游者"、第三章"旅游规划和促进"、第四章"旅游经营"、第五章"旅游服务合同"、第六章"旅游安全"属于权利义务部分,第七章"旅游监管"为监管部分,第八章"权利救济"、第九章"法律责任"属于救济部分。

权利义务—监管—救济的逻辑思路,与事前规范—事中监督—事后救济的法律规范设计思路相吻合。在这样一个严格的规范逻辑下的思路,就隐含了一个问题,那就是事前的规范、事中的监督,是否最后都能够得到救济呢？如果没有法律责任或者权利救济方面的规定,那么前面的规范、监督就等于是一纸空文。这个问题就是我们的法律责任一章设计的科学性问题,对这个问题据我了解,是由全国人大财经委法案室的同志起草的,历次会议也都没有进行过讨论。

关于这个问题,我们邀请了社科院法学所的陈甦教授来作演讲,陈教授也是我的老师,在《公司法》修改中,为国务院法制办"公司法修改专家组"成员;在《证券法》修改中,为全国人大财经委"证券法修改专家组"成员;先后参加了国家立法机关组织的对《物权法》、《劳动合同法》、《劳动争议调解仲裁法》、《合伙企业法》、《农民专业合作社法》、《土

① 作者简介:申海恩,北京第二外国语学院法政学院法学系主任、副教授。

地承包纠纷仲裁法》、《能源法》、《企业国有资产法》等立法草案的专家论证工作；并为数十个法律、行政法规或地方法规的立法草案提供了书面意见。我非常期待陈老师的精彩演讲。

二、《旅游法(草案)》立法思路的演变过程

全国人大财经委牵头的立法小组，在起草旅游法的过程中最初确立的是"促进—管理—合同"三大部分的综合立法思路。这个思路主要是对于旅游法调整范围的一个简单概括，并没有对旅游法的篇章设计思路提出明确的指导意见。因此，在最初的《旅游法(草案)》文本中，布局基本上是在总则之外，分为旅游发展促进、旅游基础设施和公共服务设施、旅游管理、旅游服务和法律责任等几个部分。在此并未将旅游者权利义务这一章独立出来，因此整部法律更多地是一部旅游行业发展法，虽然在当时我们起草的旅游服务部分共分了五节，包括一般规定、游览游乐、住宿、组织旅游、分时度假，但也很难掩盖该法的旅游行业法、部门立法的痕迹。之后，我们在对旅游法立法思路的探讨过程中，提出了三条主线的建议，即以宣示旅游者权益为核心，一方面通过旅游资源保护、利用来维护旅游者的长远利益，使其利益具有可持续性；另一方面通过对旅游经营者进行进入门槛、经营行为规则的设计、安全方面的监管，来落实旅游者的现实利益保护。这一思路基本上得到了领导的肯定，由此增加了一个部分，就是旅游者权利义务，以此来统领整个旅游法的分则。

最终在 2011 年 5 月 26 日至 27 日召开的旅游法国际研讨会前，形成了当前《旅游法(草案)》的基本框架。现在的《旅游法(草案)》(征求意见稿)与 2011 年拟定的《旅游法(草案)》相比较而言，虽然在具体条文方面变化比较大，但在基本框架上没有太大变化。仅有旅游规划部分吸收了原来压缩规定在总则部分的一些内容，规定为现在的"第三章 旅游规划和促进"。

三、《旅游法(草案)》立法思路对旅游法规范的要求

基于以上对于立法过程中旅游法立法思路的简单回顾，我认为，我们对旅游法的思路解读应该从旅游者权益保护的角度出发进行整合，即整部法律应当以旅游者权益保护

为核心展开。

(1)从体系地位上可以看到,“旅游者”一章是“总则”之后的第一章,这个地位无疑是对旅游者才是决定旅游业发展的根本的确认。离开了旅游者,旅游业根本无从发展。那么,旅游景区的规划、旅游行业的经营管理、旅游合同的设计、旅游安全的监管等,均需围绕旅游者合法权益的保护来展开。当然,在这里要着重说的一点是,对所谓的旅游者过度维权问题的认识。我认为,过度维权是个伪命题,如果是维护合法权益,就不存在过度的问题;如果是非法行为,就不是维权行为,而是于法无据,甚或是违约行为、侵权行为、违法行为,要承担相应的法律责任。所以根本不存在过度维权的问题。

(2)旅游规划和促进,无非是要让旅游业发展保持可持续性,不但我们能参与旅游、所有的人以及一代代旅游者都对旅游资源享有权利,其根本亦在于旅游者权益的维护。

(3)对旅游经营规则的设计,一方面是尽量去建立良好的市场秩序,另一方面也是在维护旅游者的权益,毕竟良好的市场对旅游者最有利。

旅游法法律责任设置的科学化

陈 甦[1]

我觉得成稿贡献非常之大，这对完善我国的旅游事业和法制建设有着重要意义，同时也为其他行业的制度建设提供一个范本，我对专家学者对草案做出的贡献高度认可。我想从几个方面来谈一下法律责任的科学化问题。

(1)法律条款设计要有可规则性。我们涉及的责任不能只看责任这一章，应该从整个法律来看，比如你规定了权利，权利如果不能实现，那么相对人或者有关责任人要担责；如果规定了义务，义务没有履行，行为人要担责，只有做到这一点，我们的责任体系才是完整的。我认为，我们这个条款中的有一些规定其实是不可规则的，比如整个第三章，都是行业政策的规定，如果政府做不到这一点，我们怎么用法律规则，起码不能用旅游法去追究它的责任。

我们规定了旅游者的权利，但很多权利是宪法性权利，第九、第十、第十三、第十四、第十五，旅游法如何去保护权利的实现，很多的权利像平等地享有旅游资源的权利等都是一个宪法性的权利，写在这里确实有宣示的作用，但是像这样的规定能不能放在总则里面，放到下面将来如何去主张权利？

我们规定了一些旅游者的义务，但是有些义务其实是道德性的，比如尊重目的地的风俗习惯，如果旅游者不尊重也有一个办法，即如果造成目的地损失，旅行社可以相应地免责，这样也有意义，但是这个意义应该在经营者的免责条款中列举出来。因为违反了某些道德义务造成严重后果包括私人的损失的话，旅行社应当承担什么责任，他只是承担管理上的责任，还是很大一部分责任都应当由旅行社承担，所以这个我们应当协调一下。

---

① 作者简介：陈甦，中国社会科学院法学研究所党委书记、研究员，博士生导师。

我们规定的一些权利有点计划经济色彩,比如质价相符,这个质价相符只有在质价管制的体系中才有,市场经济中是没有的。市场机制怎么竞争,就是质价不相符。

另外,我们提到的一些权利其实是不完整的权利,比如要求个性化服务,这只是一个邀约的权利。

(2)要责任适当。根据它的情形和危害要承担多大的责任才是合适的,这需要进行仔细的斟酌和衡量。有些责任不应当过重,比如收取小费的责任,有的地方是商业习惯,有的地方不行,但是我们整个国家是不允许的,可是很多时候我们组团到国外,国外就收取小费。收取小费可以从强制交易这个角度来入手。

我觉得有些规定行政权力过大,比如第七十五条,结合下面的规定,两个执法人员就可以查封扣押财产,这项规定权力太大,这对于保护企业和公民的权利是有问题的。证券法也有规定,但是证券法有个很严格的条件,就是它要经过国务院证券管理机构主要负责人批准,它才能够扣押,而我们没有这样的限制条件。

有些担责的情况我们没有细致地区分,比如八十七条第二项向不合格供应商订购产品和服务的,这里应当区分故意和过失,它们的责任是不一样的,如果是故意而且后果很严重,就可以实施处罚。

有些方面有轻者重、重者轻的情况。违法情形比较轻的,比如九十四条景区的责任,未经许可擅自开放,我们给它处罚。那么第二款是超负荷旅游没有报告也处罚,但是第二条的处罚包括停业,整顿几个月。一个景区是有季节性的,停了几个月景区一年都没有生意了。比较而言第二款比第一款轻,但是处罚的时候的第一款重,责任轻,第二款情形相对轻,但是责任重。还有第八十九条、九十一条,导游私自承揽业务,不过是吊销导游证,与之相比,甩团更加严重,也不过是暂扣导游证,这个规定应该平衡一下。

有一些责任范围不够细,适用的时候不太方便,比如导致旅客滞留的时候旅行社要承担责任,但是对于赔偿的项目额度以及额度的计量标准应作详细的规定,以便于执法。

(3)要依本法的规则,法律责任根据旅游法能够追责的,别的要少写或者不写,有一条写到构成违法犯罪的要追究刑事责任,这个不要写。追究刑事责任都是要依据刑法。

(4)有一些以反不正当竞争法就能规则的,比如低于成本提供服务,推销商品的,我们写这一条也没有意义。还有以其他法律就可以规范的需要考虑，比如第十一条规定：国家机关、企事业单位、社会组织职工有权利利用节假日去进行旅游活动。这规定到底是维护休假权还是旅游权？如果维护的是休假权，国家有规定带薪休假的条例予以规范；如果是针对旅游权，那么便有一个问题，现在有法定节假日规定休假，没有规定限制个人去旅游。所以这个规定也需要考虑。

(5)责任体系应当完整，现在存在一些漏洞，比如自助游的组织者的责任；现如今，自助游越来越多，那么几个驴友中牵头这个人的责任该如何界定需要考虑。还有露营地提供者的责任。现在有很多人去露营，出了事故，但这个露营地的提供者往往不是我们旅游经营者缺乏一些许可证。那么这个时候土地所有者或使用者的责任，是否经过允许所对应的责任是不一样的。另外，对于旅游广告不实的责任，我想广告法缺乏相关规定的，我们也需要加以补充规定。还有一个就是，旅游代理人的责任问题，该如何规定旅行社责任也需要有所体现。

(6)立法规定要表述得当。第一个问题，第九章法律责任主要讲行政责任，可以将章名改为行政责任或者将前面民事责任章节一些内容提过来，使这一章既有民事责任又有行政责任。而且民事责任可以写得更细一点。第二个问题，有一些语言表述得不是特别的清楚，比如第六十二条第二项，对旅游者在旅游行程中的人身损害；这条含义有些模糊，到底是旅游者受到的损害还是他们造成的损害。还有第九十一条，吊销旅行社业务许可证和导游证，这个导游证应当是责任人的，这条表述在主语上有歧义。还有景区的定义，一般意义上景区是一个区域，但是在实际中景区很多时候是一个主体；实际上应当是景区的经营者和管理者，这一点应当特别注明。第三个问题，针对违反公俗良习的行为，本身不构成违法行为，只是该行为不具备法律效力；同时对于这些行为的管理执法弹性很大，在行政管理上建议可以举出一些具体的例子，否则容易产生选择性执法行为。第四个问题，有些语言过于口语化，例如对于初犯和再犯在时间间隔和程度上的规定不够细致明确，在实际操作的时候容易出现问题。第五，对于一些重要的责任，应当分条描述，比如对于收取小费和贿赂，两者程度差异很大，写在一条内有所不妥。以上是我对整个法律责任体系的看法。

(7)建议第三章中行业政策的语言过多,前后不太协调,写得过细,抽象地写一些就可以。

(8)对于行业协会建议用专章来规定,让行业协会帮助旅游局分担一些责任,以便旅游局有更多空间去管理旅游的大政方针以及政策。

旅游行业自律协会与《旅游法(草案)》

熊玉梅[①]

2012年8月,《旅游法(草案)》首次提请全国人大常委会审议。这是关系旅游业健康发展的一件大事。国家的旅游立法进程与旅游业发展进程同步,使我们很受鼓舞。旅游法的出台,对于确立我国旅游业的产业地位、发展措施,进一步规范旅游市场秩序、处理旅游资源保护和开发的关系,解决旅游业存在的突出问题,具有重要的意义。

旅游业涉及面广,协调任务重。目前旅游法律法规有《旅行社条例》、《中国公民出国管理办法》、《导游人员管理条例》,北京有《北京市旅游管理条例》。从实际工作看,旅游产业地位、部门监管体制、企业经营、服务质量、市场秩序等方面,需要靠法律、经济、市场和行政等手段解决。同时,也需要充分发挥旅游行业协会作用。这次《旅游法(草案)》,除对旅游者、旅游规划和促进、旅游经验、旅游安全、权利救济等做出了相应规定外,还对旅游行业协会做出了明确规定,相信必将对旅游协会的改革和发展起到推动作用。

一、《旅游法(草案)》对协会的规定明确

《旅游法(草案)》第八条中明确规定:"依法成立的旅游行业组织,实行自律管理,引导会员诚信经营、公平竞争。"在总则中的这一规定,凸显了对协会工作的重视。

相对于国务院在《关于加快发展旅游业的意见》(国发〔2009〕41号)中,"发挥旅游行业协会的作用,提高行业自律水平"的要求,《旅游法(草案)》规定了三个方面:

首先规定了旅游行业协会的地位和性质:"依法成立的旅游行业组织",即行业协会要依法成立,并严格依照法律法规和章程开展活动,确定了行业协会的法律地位。

---

① 作者简介:熊玉梅,北京市旅游协会副会长。

其次,规定了行业协会的管理和运转:“实行自律管理”。两层意思:一是面向行业,建立完善行业的自律性管理机制;二是加强协会自身的自律建设。

再次,规定了协会的职能和任务:“引导会员诚信经营、公平竞争”,这是法律规定的协会工作的关键所在。

二、《旅游法(草案)》对协会的规定将进一步推动协会改革

旅游业是市场化程度较高的行业。目前,全国31个省区市都成立了旅游协会。旅游协会已经成为我国旅游业发展中的一支重要力量,在提供政府决策咨询、服务企业发展、推进行业自律、维护合法权益、促进产业发展等方面发挥了重要作用。

国务院《关于加快推进行业协会商会改革和发展的若干意见》,明确提出了推进我国行业协会工作的指导思想和总体要求。“按照完善社会主义市场经济体制的总体要求,加快推进行业协会的改革和发展,逐步建立体制完善、结构合理、行为规范、法制健全的行业协会体系。”

2009年《国务院关于加快发展旅游业的意见》,提出了旅游协会改革的时间表。要求旅游行政管理及相关部门要加快职能转变,把应当由企业、行业协会和中介组织承担的职能和机构转移出去。五年内,各级各类旅游行业协会的人员和财务关系要与旅游行政管理等部门脱钩。

国家旅游局2012年印发了《关于推进旅游行业协会改革发展的指导意见》,明确了协会改革的方向、目标和任务。要坚持市场化、民间化、国际化的方向,积极推进协会的改革与发展,充分发挥协会的桥梁和纽带作用。坚持协会改革与政府职能转变相协调,培育发展与规范管理相并重,改革与建设相一致,逐步建立体制合理、功能完备、结构优化、行为规范的协会体系。

当前,旅游行业协会改革工作已进入快车道。《旅游法(草案)》对协会的法律地位、职能任务的规定,将进一步助推旅游协会改革。

三、建议对旅游协会三个方面的作用予以强调

随着社会主义市场经济体制不断完善和中国旅游业快速发展,国家旅游局《关于推

进旅游行业协会改革发展的指导意见》要求，要强化协会“沟通、协调、服务、维权、自律”的基本功能，发挥协会联系政府、服务会员、促进行业自律的功能作用，把旅游协会发展成旅游公共管理服务的参与者、旅游行业利益的代表者、具有较大影响和独立运作的社会中介组织。

除《旅游法(草案)》规定的协会要“实行自律管理，引导会员诚信经营、公平竞争”外，协会还有三方面工作可以探索。

首先，强调发挥桥梁和纽带的作用。围绕旅游行业发展中的突出问题，开展调查研究，向政府和相关部门反映行业、会员的诉求；参与相关法规、政策和行业发展规划的研究，为政府决策和旅游行业的发展提出建议；参与制定、修订行业标准，参与行业资质认证工作，完善行业管理，促进行业发展。

其次，突出服务职能，引导企业发展。建立和完善行业的自律性运行机制，引导企业诚信经营，公平竞争。如针对低价团费竞争，以及旅游环境、行业秩序、服务质量等方面存在的问题，积极协助旅游行政管理部门，加强对市场的监督和管理，加强社会宣传，规范会员行为，维护旅游行业公平竞争的市场环境，维护市场秩序；加强协会的公信力建设，协调好会员关系，提升企业管理和服务水平。

再次，突出协会的协调交流作用。搭建平台，推动行业交流与合作。开展相关信息咨询服务，进行有关国内外的市场信息、先进管理方式和应用技术的采集、分析和交流，开展旅游市场的调研和预测；组织业内之间交流，推广新经验、新标准和科研成果；加强同国外相关协会的合作与交流，提升国际化水平，促进行业合作的发展。

总之，要按照《旅游法》要求，积极推进协会的改革与发展，充分发挥协会的桥梁和纽带作用，为把我国旅游业培育成国民经济的战略性支柱产业和人民群众更加满意的现代服务业做出积极的贡献。

对旅游综合协调机制的建议

刘　锋[①]

2012年8月27日,《旅游法(草案)》首次提请全国人大常委会审议,立刻受到社会各界的广泛关注,引起了强烈反响。旅游法的出台将是中国旅游发展的里程碑,是1000多万旅游人的翘首以待,是所有旅游者的众望所归,也是中国经济发展转型和旅游产业发展的大势所趋。旅游综合协调机制是《旅游法(草案)》中的一大亮点,也是大众的关注点,更是产业健康持续发展的关键点。

我的建议就是将第七条国务院建立健全旅游综合协调机制修改为:国务院建立健全旅游综合协调机构与机制。

一、意义和背景

旅游业具有带动性大、覆盖面广、关联性强等特征,涉及100多个行业,建立健全旅游综合协调机制非常必要。

从历史上看,我国先后成立过3次旅游综合协调机构。第一次是1978年,成立了国务院旅游工作领导小组;第二次是1986年,成立国务院旅游协调领导小组,谷牧担任组长。成员中包括国家计委、旅游局、经委、财政部、人民银行、建设部、轻工部、铁道部、交通部、民航局、物价局、文物局等部委的主要领导;第三次是1988年,国务院成立国家旅游事业委员会(撤销了之前的旅游协调领导小组),由副总理吴学谦担任主任。委员会成员又增加了林业部、文化部、侨办、建设银行等部委的领导。这三次成立的旅游协调机构都是由国务院的高层担任一把手,能够有力地将相关部门融合进来,解决旅游业发展中

① 作者简介:刘锋,国务院发展研究中心研究员,东方文化与城市发展研究所所长。

的一些矛盾。

2009年以来，国务院连续出台了多个重要文件和政策。2009年国发41号文《关于加快发展旅游业的意见》，提出要按照统筹协调、形成合力的要求，创新体制机制，推进旅游管理体制改革。2010年，国务院办公厅下发了《贯彻落实国务院关于加快发展旅游业意见重点工作分工方案》，几乎涵盖了发展旅游产业涉及的所有部委。

此外，国家批准了一批旅游综合改革发展试验区和试点城市。2009年，国家发改委批准云南成为国家旅游业综合改革发展试验区。2010年12月，国家旅游局确定了成都、秦皇岛、舟山、张家界成为首批旅游综合改革试点的4个市。在试点城市统筹旅游行政管理职能，形成"旅游产业综合抓"的格局。实行旅游资源管理一体化，实现旅游行政管理与资源管理、旅游资源保护与开发有机统一。这些都为未来提供了很好的借鉴意义。

二、旅游协调机制的现状

现在已经有了两个国家层面的旅游专项协调机构与机制。

一是全国假日旅游部际协调会议。2000年，成立了全国假日旅游部际协调会议。"协调会议"由国家旅游局、发改委、商务部、公安部、建设部、铁道部、交通部、民航总局、广电总局、卫生部、国家统计局、国家工商总局、国家质检总局、国家宗教局、国家文物局、国家食品药品监管局、国家安监局、气象局等18个部门的负责人组成。其职能是定期发布旅游信息，疏导客流，协调处理黄金周期间的重大交通、安全、紧急救援和投诉等有关事项；协调各省、自治区、直辖市及重点旅游城市假日旅游协调机构，及时互通重要信息，向国务院报告重大问题。假日旅游部际协调会议办公室（假日办）设在国家旅游局，由国家旅游局局长担任主任，副局长担任副主任，成员由"协调会议"各单位的联络员组成。

二是全国红色旅游协调小组。全国红色旅游工作协调小组成立于2005年4月，致力于全面推动全国红色旅游工作的发展。共有国家发展与改革委员会、中共中央宣传部、国家财政部、教育部、民政部、铁道部、建设部、交通部、文化部、民航总局、文物局、中央文献研究室、中共党史研究室、国家旅游局共14个成员单位。红色旅游协调小组办公室同样设在国家旅游局。

假日办、红办的设立为未来的"旅游综合协调机构"提供了一定的模板和参考借鉴。

从地方层面来看,随着我国旅游经济的持续快速发展,旅游协调机构由单一部门向综合联动的转变已成大势所趋,继上海、海南成立旅游发展委员会以后,北京市旅游发展委员会于2011年4月8日正式挂牌成立,下辖区县也大多成立了旅游发展委员会。同时,在我国旅游资源丰富、旅游经济发达的地市也相继成立旅游发展委员会以适应时代的变化,目前我国成立旅游发展委员会的地市有杭州市、黄山市、海口市、三亚市、大理市、青岛市等。此外,2009年,深圳市将旅游局与文化局、体育局、广电局、新闻出版局、文物局合并,组成新的文体旅游局。2010年,南京等地成立旅游园林局,把公园管理纳入到旅游体系中。

旅游协调机构的调整将推动我国旅游经济的持续快速发展,从历史与现实来看,除建立健全旅游综合协调机制外,成立旅游综合协调机构,也是很有必要的。

三、建议

第一种是重新恢复国务院旅游协调领导小组。由国务院主要领导担任主任,办公室设在国家旅游局,相关部委派委员参加。各级地方政府也可以设立旅游综合协调机构,由当地领导分管。

第二种是设立国家旅游发展委员会或国家遗产与旅游发展委员会。将分散于各相关部委的有关职能整合一体,加强发展乡村旅游、红色旅游,促进产业融合,增设乡村旅游司、红色旅游司、产业协调司等。

附表1　中国旅游综合协调机构机制大事记

年份	具体内容
1978	成立国务院旅游工作领导小组;旅游行政管理体系初步建立;第一次酝酿立法
1981	国务院直管旅游局,不再由外交部代管
1982	更名为国家旅游局;旅游总局与国旅总社分开办公
1986	国务院成立旅游协调小组,成立专门办公室,由谷牧同志任组长,取代1978年成立的国务院旅游工作领导小组
1986	中国旅游协会成立

续表

年份	具体内容
1988	国务院成立国家旅游事业委员会
1990	第二次酝酿立法
2001	全国假日旅游部级协调会议
2005	全国红色旅游协调领导小组
2009	关于加快发展旅游业的意见(41 号)
2010	国务院办公厅《贯彻落实国务院关于加快发展旅游业意见重点工作分工方案》
2012	《旅游法(草案)》征求意见,提出建立健全旅游综合协调机制

旅游法将保障实现人的自由移动

戴学锋[1]

核心观点:旅游法将保障实现人的自由移动,不仅可以在国内旅游,而且可以出境旅游。这将促进人的解放,并将推动社会的民主、现代化进程。《旅游法(草案)》还有一些不足,我们要促进该法的尽快出台。

我记得20世纪80年代是一个起伏的年代,对我们这些人也是一个起伏的年代。《世界人权宣言》第13条,说得特别清楚,人人在各国境内有权自由活动,人人有权离开任何国家,并有权返回他的国家。现在人可能没有太大的感受,而当时我小的时候,任何人要想出去,没有介绍信哪也去不了,连火车票也买不了。当时我们在自己的国家还能自由地移动,甚至我有权离开这个国家,我们觉得不可思议。那时候真是一个起伏的年代。在80年代后期,《联合国人权公约》公民权利,第12条,任何人在其境内,有权选择迁徙自由。第二款里,人人有自由离开任何国家,包括本国在内。我当时的感觉是,就是完全不一样的感觉。不仅有国内旅游的权利,而且有出境旅游的权利。按照我们这一代人的心理历程来看,我从80年代进入旅游行业,但对权利的认识是非常淡的。特别是我们这一代人,包括我接触的许多人。其实很多国家早就给中国公民免签证。我们国家是,允许你去哪个国家,你才能去哪个国家。不允许我们去,即使别的国家允许我们去,你也不能去。就是这种感觉。能不能旅游,怎么旅游,就是我在旅游中能否得到政府的支持和援助。即便到现在,我们许多人还是心有余悸。心理不是那么理直气壮的。从这个意义上看,旅游法出台具有里程碑意义。因为旅游法第3条明确规定,公民有依法在境内旅游和出境旅游的权利。国家依法保护公民旅游的权利,并创造条件逐步满足人们

---

① 作者简介:戴学锋,中国社会科学院财经战略研究院旅游与休闲研究室主任,中国社会科学院旅游研究中心副主任、研究员。

的旅游需求。一个公民不仅能够在国内自由地移动,而且可以随意出国旅游。所以在这个过程中应该得到国家的支持与援助。如果遇到一些困难的时候,能够得到政府的援助。我觉得这是非常大的变化。我们国家还是实行户籍制度,其实对迁徙还有很大的限制。在移动的过程中,还有很多问题。在改革开放的背景下,旅游法的出台,尽管旅游法还存在许多细节需要调整,但对解放人、对人自由移动意义重大。我们看宪法,其实并没有触及人们有无移动的权利,只是说公民有休假的权利。但是如何休假,是否有可能回到计划经济年代,出去又要开介绍信,得到什么人的允许。现实中还有很多限制人的自由移动的。我非常同意旅游法是综合的法,是一个更高层次的法,意义非常巨大。再结合我们这一代人的心理历程。我小的时候就下决心要解放那三分之二受苦受难的人们,我当时真是这么想的。直到我们打开国门,发现那三分之二的人比我们生活好得多。它对于人的现代化,其实起到非常重要的作用。许多年来我们的夜郎情怀,解放那三分之二的人民,旅游法的出台保证了人自由移动的权利的同时,也是人的现代化,甚至对民主进程都将起到不可估量的作用。旅游法有这样的作用。旅游法与现在法律的关系,旅游法是不是应该高于现在法律,别把现有规章制度提到这里边来。今天的研讨会应该共同促进旅游法的出台,实现人的自由移动和人的现代化。旅游法最早从 80 年代,我记得那时候国家旅游局、北京旅游局就开始,到现在已近 20 多年了,这次终于有望出台了,我们应该对此欢呼。

关于进一步强化《旅游法(草案)》中规划内容的思考建议

石培华[①]

在十一届全国人大常委会第二十八次会议初次审议的《中华人民共和国旅游法(草案)》中,用专章(第三章)表述旅游规划和促进,其中用四条(第二十条、第二十一条、第二十二条、第二十四条)论述旅游规划,体现出对旅游规划的高度重视,这是一个历史性突破,具有里程碑意义。不过,在各方博弈妥协下,《旅游法(草案)》中对旅游规划描述的条目虽然不少,但还是略显缺乏刚性约束,对旅游规划提出约束要求,这是必要的,但也需要强化旅游规划的法律效力。因此,对下一步旅游法的修改完善和最终审定中,提出以下几个建议:

(1)建议深化对旅游规划重要性、独立性的认识,在下一步审议中,一定要对该章给予保留,并进一步强化其独立性和刚性约束。一是要更加认识到,旅游规划在促进旅游业科学发展、协调均衡各种利益主体利益诉求等方面具有基础性、统筹性、引领性、源头性、根本性的作用;二是要认识到旅游规划的独特性,是一种独立的类型,是其他规划类型无法取代的,也不是其他规划类型的一个子类。旅游规划有很强的综合性、系统性、市场性、专业性,兼具空间规划、产业规划、专项规划、国民经济社会发展规划、资源规划、环境规划等多种规划特性。而且,旅游规划有跨地域性和跨专业领域性。旅游规划要同时规划客源地、目的地和中间媒介等系统;旅游规划横跨不同专业领域,是城市规划、园林景观规划等某个规划领域下无法涵盖的,也不是一个单纯的产业规划,因此必须作为一种独立的综合性专业规划。

(2)建议对第二十条略作修改。修改为:(规划编制)国务院、省级人民政府和旅游资源丰富的市级人民政府应当组织编制旅游发展规划,对重点旅游区组织编制空间规划和

---

① 作者简介:石培华,北京交通大学教授,博士生导师;北京中科景元城乡规划设计研究院院长;全国旅游职业教育教学指导委员会副主任;国家信息中心旅游信息化与规划研究中心主任。

控制性或详细性规划。对跨行政区域且不宜分割的资源进行旅游利用时，应当由上级人民政府组织编制或者由相关地方人民政府协商编制统一的旅游发展规划（说明：旅游规划不仅仅是发展规划，而且还有很强的空间性，为保护好各类旅游资源，建议应该编制各类控制性和修建性的详细规划）。

(3)第二十一条建议修改为：（规划内容）旅游发展规划主要包括旅游业发展的总体要求和发展目标、旅游资源保护和利用的要求和措施、旅游产品开发重点、旅游服务质量、旅游文化建设、旅游形象宣传和市场推广、旅游基础设施和公共服务设施的建设需求等内容。

旅游发展规划可以根据需要对旅游活动聚集的特定区域内的项目、设施和功能配套提出专门要求，编制旅游集聚区或旅游功能区的专项区域规划（说明：对旅游业起主导作用和主体功能的特色区域，或旅游产业集聚发展区域，建议编制区域旅游规划）。

(4)第二十二条改为：（规划衔接）旅游发展规划应当依据国民经济和社会发展规划编制，并与主体功能区规划、土地利用总体规划、环境保护规划、城乡规划、海洋功能区划相衔接，与自然保护区规划、风景名胜区规划、林地湿地草原森林公园保护利用规划、文物保护规划、历史文化名城名镇名村保护规划等规划相协调。各类规划也应充分考虑旅游发展需要，将旅游规划内容纳入相关规划，必要时根据旅游规划发展需要，可科学调整相关规划。

(5)第二十三条修改为：（规划要求）旅游发展规划应当遵循依法保护旅游资源的原则，维护和传承当地传统文化和习俗，维护资源的区域整体性、文化代表性和地域特殊性，考虑军事设施保护的需要，促进资源的节约集约化利用。对旅游资源丰富、旅游产业集中的区域，规划时要体现旅游产业的优先和主体地位，留足发展空间。

(6)第二十四条修改为：（规划评价）各级政府要和旅游主管部门组织对旅游规划的审批，并通过相关程序增强旅游规划的约束性。各级人民政府应当组织对本级政府编制或者批准的旅游发展规划的执行情况进行整体评价，并向社会公布。

(7)建议增加一条。第二十五条（规划编制）鼓励发展和规范旅游规划设计资质单位资质认定与管理，并探索旅游规划人员资质认定与管理。规划承接单位必须具备旅游规划设计资质或者国家承认的相关资质，以规范旅游规划市场（说明：旅游规划已经形成一个新兴的行业，形成了巨大行业队伍，应该在法律中给予描述）。

《旅游法(草案)》中关于旅游规划与旅游景区经营的解读

邹统钎[①]

一、应当对旅游者的义务进行适当的补充

旅游法的出台,总体上是对旅游者的利益保护更多,对旅游经营者的责任约束更多。对旅游者重权利、轻义务,这给旅游景区的管理带来了很多困扰。比如时下流行的有组织的自助游团体(组织者多称为"驴头"),常常不遵守景区的管理规则,甚至以此为追求、以此为快乐。这产生了很多问题,如逃票绕弯进入景区结果不慎坠入悬崖。景区处于非常尴尬的境地,自助游团体不购买门票,不与景区保持联系,出事之后对其营救困难,而营救之后其又不愿承担营救费用。因此,对于"驴头"的责任应当进行界定,在旅游者义务上要明确旅游者应当正常购票参观旅游景点,否则景区不承担任何伤害责任,未购买门票,擅自进入景区的游客旅游安全不受保障。旅游者在接受国家或者社会公共组织的救助后,应当支付应由个人承担的费用。

二、旅游规划中的最大问题是谁服从谁的问题

《旅游法(草案)》第二十二条提到,旅游发展规划应当与主体功能区规划、土地利用总体规划、环境保护规划、城乡规划、海洋功能区划相衔接,与自然保护区规划、风景名胜区规划、林地湿地草原森林公园保护利用规划、文物保护规划、历史文化名城名镇名村保护规划等规划相协调。现实情况是,大多数景区都存在多头管理,比如有的景区既是风

① 作者简介:邹统钎,北京第二外国语学院校长助理、研究生处处长、教授,硕士生导师。

景名胜区，也是国家森林公园和自然保护区。旅游规划的关键不是协调问题，而是冲突时，谁服从谁的问题。应当解决旅游景区多头管理问题，不得多重交叉申请旅游景区类型（风景名胜区、自然保护区、国家地质公园、国家森林公园等）。包括草案第二十条所提到的跨行政区域且不宜分割的资源的旅游规划问题，也是亟须解决的多头管理问题。

三、旅游规划的评价应当委托第三方组织进行

草案第二十四条规定，各级人民政府应当组织对本级政府编制或者批准的旅游发展规划的执行情况进行整体评价，但并未指出评价的具体主体。政府不能既是旅游规划的编制者、批准者、执行者，同时又是规划的评价者。《旅游法》应当对此进行规定，应当委托第三方组织如行业协会主持规划执行和综合收益的评价，并接受媒体和司法监督，这样才能是有效的旅游规划的评价。

四、对地标性建筑和大型设施应当进行旅游设施配套

草案第二十七条规定，各级人民政府编制土地利用总体规划、城乡规划应充分考虑相关旅游项目、设施的空间布局和建设用地要求。相较而言，上海市在这一方面的做法较为典型，值得借鉴，例如其建设的东方明珠塔和金茂大厦都成了旅游景点，就是因为上海市对其进行了旅游配套设施建设；而如北京等其他地方则略显浪费。解决这一问题的出路，是《旅游法》应当规定，对地标性建筑和大型设施应当进行旅游设施配套。

五、景区门票的管理有所松动

草案中对于景区门票的管理实际上有所放松，我们之前的相关规定是景区门票涨价周期为 3 年以上，甚至有的地方对涨价幅度也作出了规定，而草案中只要求景区门票价格变动应提前 6 个月公布，不知是不是出于其他的考虑。《旅游法》要求旅游规划设计应突出规划设计单位必须具备相应的规划资质。同时，景区门票涨价的听证程序也应当得到强调，主要表现在能否在景区门票涨价的听证中，使景区资源和管理的成本以及为公益事业所做的贡献等信息更加公开和透明。

对《旅游法(草案)》相关条款的一点看法

阚　跃[①]

首先祝贺《中华人民共和国旅游法(草案)》提请审议。面对全国两万多处各类旅游景区、两万多个旅行社、一万多个星级饭店、1000 万人的旅游直接从业人员、26 亿人次的旅游大军来说,呼唤一部旅游法出台的迫切程度不言而喻。旅游法的出台也必将大大提升旅游服务质量,丰富旅游产品,促进旅游业持续健康发展。特别欣喜地看到了,将旅游规划和促进写入立法中,而且强调了对旅游资源的合理保护和永续利用,我想通过法律的方式构架起景区规划发展的理念,必将减少发展旅游与资源保护的矛盾中,弘扬在保护的前提下利用资源的旅游业新风尚,减少资源的破坏,充分体现了科学发展观的指导思想。颐和园作为首都旅游行业的一张名片,长期以来一直在探索文物保护和旅游发展和谐共生的管理模式,并取得了一定的成效,得到联合国教科文组织的肯定,同时得到市场和游客的认同。在区域共融和带动区域经济发展方面,颐和园也在积极打造区域旅游经济圈的发展模式,带动京西北旅游经济的共同发展和繁荣。旅游法及相关规划的出台,将为颐和园及区域旅游经济的发展提供政策上的支持,全面规范和净化旅游市场,促进旅游地文明程度的提高和管理保护向专业化、系统化发展,促进旅游地的跨行业交流与合作。同时,旅游法对不规范景区和景区内的不规范行为,也有了大力的约束,明确提出什么是旅游主体部门必须要做的,什么是不能做的,并在旅游者条款中对游客行为也提出了要求,是一部比较全面的法律法规,相信旅游市场将在旅游法的指导下得以净化。总的来说,对一个规范的旅游景区来说,旅游法的出台是大有裨益的。

下面我结合景区的实际情况对旅游法中一些具体细节提出个人粗浅的建议。

第一个问题:第十七条　(安全义务)旅游者对国家应对重大突发事件暂时限制旅游

① 作者简介:阚跃,颐和园园长。

活动的措施应予以配合。

建议除重大突发事件外,另外增加"重大国事活动"。即旅游者对国家应对重大突发事件和重大国事活动暂时限制旅游活动的措施应予以配合。

颐和园是世界文化遗产单位,年游客量均在1200万以上,日高峰值可达十余万人次。同时,每年接待不同级别的内外事任务数百项,其中元首级的一级任务也不在少数;大型的国事活动也常在颐和园举办,比如奥运会期间的一系列活动;比如这个月即将在颐和园开幕的国际旅游节,仅演员阵容就达1000余人,世界各地的官员、媒体更将云集,届时,颐和园就会面临闭园的问题或局部戒严的尴尬局面。作为旅游景区,颐和园虽然有提前公示的义务,但有些重大政治活动是保密处理的,如何向游客告知、解释、安抚并得到广大游客的理解和认同,这是我们旅游单位需要有立法保障的地方,希望在条款中予以考虑。

第二个问题:第二十一条　(规划内容)旅游发展规划主要包括旅游业发展的总体要求和发展目标、旅游资源保护和利用的要求和措施、旅游产品开发重点、旅游服务质量、旅游文化建设、旅游形象宣传和市场推广,旅游基础设施和公共服务设施的建设需求等内容。

作为世界文化遗产,我们比较关注的是,能否明确增加"在旅游规划中,对稀缺旅游资源应适当限制人流量"的条款。比如像颐和园这样的世界文化遗产,或者其他稀缺的、不可再生的自然遗产等,都应该与普通的旅游景区区别开来。近年我国旅游产业发展势头强劲,失控、超载的游客量对世界遗产地及其他风景区的保护造成严重威胁。目前,国内许多世界文化遗产,如九寨沟、故宫、布达拉宫等,已经开始实施高峰限流。而颐和园每年除正常接待1000万凭票入园的游客之外,年、月票及各种免票接待量也在400万人以上。实际上,按照《公园设计规范(CJJ 48-92)》中"公园日游览容量"的公式来计算,颐和园每日最佳接待游客量应在3万人左右,考虑到历史园林的因素,其最佳接待量应在2万人左右,可是颐和园日峰值最高达到过15万人次,大大超过了核定承载量,影响了遗产保护和园内正常的游览秩序。且因开放时间过长,文物和植被得不到良好的休整。所以建议在规划中写入对稀缺旅游资源限制人流量的条款,以对旅游资源进行有效保护、永续利用。

第三个问题:第二十二条　(规划衔接)旅游发展规划应当依据国民经济和社会发展规划编制,并与主体功能区规划、土地利用总体规划、环境保护规划、城乡规划、海洋功能区划相衔接,与自然保护区规划、风景名胜区规划、林地湿地草原森林公园保护利用规划、文物保护规划、历史文化名城名镇名村保护规划等规划相协调。

其中提到了与"文物保护规划、历史文化名城名镇名村保护规划"的衔接问题,这一条提得非常好,能否在兼顾的同时,充分考虑文保单位的旅游特点,站在文物保护的角度上,有针对性地对文保单位释放一些权利,即作为上位法,应该为相关行政法规和地方性法规预留一定的空间。比如在旅游活动中破坏文物行为的执法权,比如文物保护优先的权利,再如控制游客量的权利等,并在规划中明确。建议在此条款末尾处增加一句"重点考虑对稀缺旅游资源的保护政策"。

第四个问题:第三十三条　(旅行社经营许可)设立旅行社应当具备下列条件,经旅游行政主管部门许可,并依法进行工商登记中的(三)有不少于30万元人民币的注册资本。

30万元别说是对于一个企业或公司来说,即便是个人,也不是个望尘莫及的数字了。面对目前鱼龙混杂的旅行社和旅游市场,这个门槛似乎太低了。截至2011年年底,全国旅行社的总数为23690家,同比增长3.98%。全国旅行社总资产711.17亿元,其中,负债461.81亿元,这个数据充分说明,旅行社的诞生如雨后春笋,水平参差不齐,近些年关于旅行社与旅游者的纠纷时有发生,因此对旅行社的控制是整顿旅游市场的第一要务,建议提高旅行社准入标准。

第五个问题:第四十三条　(景区门票管理)景区部分核心游览项目因故不能开放或者无法提供服务的,应提前告知并相应减少收费。

"景区部分核心游览项目"的说法不够明确,部分核心游览项目不容易界定,建议改为:"景区核心主游览项目因故不能开放或者无法提供服务的,应提前告知并相应减少收费。"

此外,"相应减少收费"的工作在实际中执行起来会有难度。比如颐和园、故宫等有着几百年历史的文物保护单位,对古建的维护和修缮是一项长期的工作。颐和园有古建3000余间,根据古建修缮周期规律和破损的实际情况,颐和园按照文物保护规划,逐年、逐个开展建筑的维护性修缮，目前颐和园文物保护规划已经将古建修缮进度表排到2025年，因此可以说，颐和园无时无刻不在进行大大小小的修缮。在项目开工前和施工中，我们都会对社会公示，告知游客修缮的信息，让游客自主决定是否前来游览，但是否减免收费我们觉得还是应该再探讨，最好是把“景区部分核心游览项目因故不能开放或者无法提供服务的，应提前告知并相应减少收费”这一句话去掉。

第六个问题：第四十五条 （高风险旅游经营许可）国家对高空、高速、水上、潜水、探险等高风险旅游项目实行经营许可制度。

这一条我们深有感触。颐和园有着大面积的水面，不论是春夏秋三季的游船项目管理还是冬季的冰面管理都是我们管理工作和安全工作的一个重点。我们的运营船只和游船工作人员不仅严格履行经营许可制度，同时更重要的一点是坚持审核制度，这是检验规范执行情况的得力手段，能够避免很多恶性事故的发生，因此建议在条款中增加“应建立政府主管部门年审、年检等审核制度”。

以上是我个人的一点意见，不妥之处，请指正。

《旅游法(草案)》修改建议

李　京[①]

《旅游法》对于提升旅游业的立法层级、规范行业发展意义重大,《旅游法(草案)》总体来说亮点很多,个别条款缺乏可操作性或表述不够周延。作为旅行社企业代表,我主要从旅行社业务的角度提出一些建议。由于时间有限,我简要陈述。

一、亮点

在保护消费者利益方面的亮点大家已经提了很多,从我的角度看,《旅游法(草案)》也考虑了旅游经营者操作中的一些现实困难和利益。

1. 景区门票调价与销售周期问题

第四十三条第(二)款:"景区门票价格变动应提前6个月公布。景区应当明示另行收费的游览项目。景区部分核心游览项目因故不能开放或者无法提供服务的,应提前告知并相应减少收费。"

这个问题对于入境旅游业务尤其重要。国人出游提前一两个月就算是早做计划的了,但是老外提前一年就做旅行计划是很正常和普遍的现象。批发商一般会提前一年印制好产品手册,要求我们提前一年就要设计线路、报出价格。而国内景点提前一个月通知涨价就觉得很有计划性了。遇到这样的情况我们无法向批发商加价,只能自己承担,减少利润。因此这条规定既是保护了游客,也保护了旅行社。

2. 导游小费问题

我们非常欣喜地看到第四十七条第(六)款规定"不得索取小费"。这与以前不得

---

① 作者简介:李京,中青旅控股公司副总裁。

"收取"小费的提法不同。我理解是以法规的形式允许收取小费,但禁止索取。既保护了游客不用被迫交小费,又调动了导游、领队积极性,如果服务好,可以收取小费。

现实中游客对于给国外导游小费,认为是应当的国际惯例,但是给国内导游、领队就是不能接受的。按原来的法规也的确是违规行为。对国内外导游、领队造成了事实上的差别待遇。心理不平衡肯定就要找出口。对旅游从业人员超值服务的物化肯定,体现了对服务价值的认同与尊重。从另一个角度多多少少会有助于缓解购物乱象。

3. 退团损失费问题

第六十一条第(三)款规定:"因旅游者原因解除合同的,组团社应当在扣除必要、合理的费用后,将余款退还旅游者,因此造成组团社损失的,旅游者应当承担责任。"

现实中关于退团损失费争议时有发生。经常遇到消费者认为:我没有出行,就没发生费用。多数人认同签证损失费,但是对于航空公司订金损失和由于人数不足造成的成本上升都不予认可。游客之所以找旅行社的重要原因是因为便宜,旅行社之所以便宜是因为人多,所以航空公司、酒店、景点给予旅行社折扣都是以人数作为价格的前提条件,减少人数可能产生价格上升,尤其是在人数条件的临界点。还有一种是以总价均摊成本的方式计价,举例来说同一旅游大巴的成本是固定的,除以 30 和除以 20 结果肯定不同。导游和领队的成本也是一样道理。有时还会发生原先占位已满,无法接受想要报名的客人,假如有临近出发取消的情况,很可能已经来不及办理再报名客人的签证。的确,旅行社应当承担一定的经营风险,不能全部转嫁给消费者,但风险应有度。作为消费者应当理解在做出出行承诺(签合同)后享受的不仅是旅行社的服务和便宜价格,也应当承担对应的制约条件,优惠总是有代价的。当然,必须要制约旅行社以损失费名义漫天要价,借机提高利润,所以必须是"必要"的、"合理"的。

虽然操作中还是会存在认定问题,但至少规定关注到了旅游者和旅游经营者的对价关系,有助于增进旅游主体间的相互理解。

二、建议

《旅游法(草案)》中个别条款没有考虑到消费者需求变化导致不同业务形态的差别,或表述不够周延,建议调整。

1. 是否一概要派全陪领队

第三十六条第三款规定:“旅行社组织团队出境旅游应当安排领队全程陪同。旅行社组织或者接待入境旅游团,应当安排导游全程陪同。”

这里涉及两方面问题,一是出境旅游团中,预制团作为服务承诺的一部分都必须安排领队,有些定制团、私家团旅游者出行经验丰富,只需要当地安排导游,不希望承担领队费用;二是目前接待入境旅游团时,是否需要安排全程陪同,需根据境外客户要求或具体旅游团的情况而定,不宜一概而论。以前情况是境外旅行社派领队,国内组团社派全陪,每到一地再安排当地的地陪,一个团三个人照顾。近年这种情况在逐渐减少。在入境市场低迷的情况下,硬性规定必须安排,成本上升,不利于走出低谷。

建议第三款修改为:旅行社组织的出境旅游预制团队应当安排领队全程陪同。删除关于入境的表述。

2. 旅游者替换与解除合同

第五十六条规定:“旅游行程开始前,旅游者可以将包价旅游合同中自身的权利义务转让给第三人,旅行社没有正当理由的不得拒绝,因此增加的费用由旅游者和第三人承担。旅游行程结束前,旅游者可以解除合同,法律法规另有规定的除外。”

这条与前述第六十一条退团损失费问题相关。很多旅游者认为:换个人不就行了吗,为什么要收我的损失费?行前变更转让第三人通常缺乏可操作性,主要来源于两方面:一是航空公司和酒店的限制。团队机票通常是三不准:不准改名、不准改期、不准改签。航空公司的这种要求主要是为了避免票务代理随意占位,影响市场秩序和收益。部分酒店在超过一定时限后也不允许更改旅游者姓名。二是手续问题。由旅行社办理的旅游团队名单需要经过旅游局登记备案,无法随时向旅游局变更其中姓名。旅游团体签证无法及时向使馆更改名单。

至于途中解约权利问题需要与非法滞留一并探讨。出境旅游中旅游者非法滞留的,旅行社有报告义务,同时旅行社还有保证旅游者以团队方式安全返回国内的义务。在实践中,如发生旅游者非法滞留的情形,各国大使馆对旅行社有不同程度的处罚,如停止或暂停送签资格等。按照此规定,是否旅行社就不再承担相应义务?显然不可能。

保护消费者权益不应过度,旅游者应当承担应有的违约责任,才能体现真正的公平。

我理解这条规定是对于现实操作情况不太了解造成的。建议删除本条。

3. 政府征用的损失承担和住宿安全义务

第六十五条规定:"住宿经营者……由于不可抗力、政府因公共利益需要采取措施造成不能提供服务的,住宿经营者应当退还旅游者已支付费用,并协助其安排住宿。住宿经营者未尽到安全保障义务,致使旅游者携带的物品在住宿场所内损毁、灭失、被盗的,住宿经营者应当依法承担赔偿责任。"

实践中因政府征用导致原订酒店不能接待时,旅游者不仅要求另行安排住宿,往往还涉及赔偿责任,应明确是政府来承担还是被征用的原住宿酒店承担。如果政府不承担,这种临时征用的随意性还会屡屡发生。当然,我也知道很难做出这样的规定。

第二款住宿经营提供者的安全保障义务规定过重。首先,有明确责任人时,住宿经营提供者应当承担补充责任;其次,旅游者损失应当有明确证明,并且应当有合理的范围界定,比如现金、贵重物品、有价证券等在保险行业都不予以承认的损失不应由住宿经营提供者承担。

4. 能否安排购物和自费项目

第三十七条第二款规定:"旅行社组织、接待团队旅游不得指定购物场所,不得强迫或者变相强迫购物,不得安排任何形式的另行付费旅游项目。"第五十三条第三款规定:"旅行社不得在包价旅游合同约定之外安排收费项目或者另行收取费用。"

禁止安排购物和自费项目的规定违背了合同法中的意思自治原则,也剥夺了旅游者的选择权。有些项目难以统一纳入行程收费。例如,索道、直升机、热气球等受身体条件制约,不同游客可根据自己需求进行选择,而强制规定不得安排并不合理。实际的旅游过程中,因旅游者和旅行社达成一致,增加收费项目的,符合双方意思自治原则,法律应予以肯定和保护。

第三十七条第二款建议修改为:旅行社不得强迫或者变相强迫购物。旅行社组织、接待团队旅游不得指定购物场所,不得安排任何形式的另行付费旅游项目,合同另有约定的除外。

第五十三条建议修改为:旅行社不得在包价旅游合同约定之外擅自安排收费项目或者另行收取费用。

5. 建议进一步周延相关表述

例如,第三十八条规定:“旅行社应当与聘用的导游人员签订劳动合同,支付劳动报酬,依法缴纳社会保险费用。”关于“导游签订合同,依法缴纳社会保险费用”的规定,应明确兼职导游和专职导游的区别。

第六十四条第二款规定:“旅行社可以接受旅游者的委托,为其代订交通、住宿、餐饮、游览娱乐等旅游服务,承办此类业务收取佣金或者代办费用的,应当亲自处理委托事务。因旅行社的过错给旅游者造成损失的,旅行社应当承担赔偿责任。”其中“亲自”的表述欠妥。

6. 建议增加虚假广告的责任

如果有人说虚假广告不应该由旅游法单列调整,我也理解,在此特别呼吁是因为作为中青旅这样的旅行社深受虚假广告之苦,甚至影响到了我们的业务范围。以非法北京一日游为例,在预制团队范畴,北京的几家大旅行社都已经被迫不涉足这一领域了,只接受北京一日游的单团预订。假冒的实在是太多了,经常承受无辜投诉,我们不胜其扰。有的假冒者居然在宣传页上印着“品牌是无言的承诺”,让我们哭笑不得。

有些一日游的所谓导游甚至都不是旅行社的,是购物商店的。借此想说明的是购物等旅游乱象的治理不仅是管住旅行社就能解决的。有些问题涉及消费心理,有些涉及大的商业环境。“治标”能够看到部分效果,但不可能从根本上解决问题。如果因为“治标”而过度地“矫枉过正”,也会影响市场的健康发展。

总体而言,作为规范经营的旅行社企业代表和深受乱象之苦的旅游从业人员,我们热切期待《旅游法》的出台,也期待在最终出台前能够充分听取业者的声音,更期待出台后能够切实执行到位,为旅游行业发展创造一个公平的经营环境。

通过法律促进饭店产业健康可持续发展

谷慧敏[①]

《中华人民共和国旅游法(草案)》获得通过,是我国旅游产业发展到成熟阶段的产物,标志着我国旅游产业监管由政府行政管理到法制管理的转变,对于我国旅游产业管理体制改革和市场秩序的建立具有重大意义。

该法律草案采取综合立法模式,重点突出保障旅游者和旅游经营者的合法权益;坚持以人为本,安全第一,以保障旅游者合法权益为主线,平衡旅游者与旅游经营者和旅游从业人员之间的权利、义务和责任,强调规划重要性,强化政府监管,规范旅游市场秩序,保护和合理利用资源,促进旅游业持续健康发展。

本法案对旅游住宿业等进行了衔接性说明,同时从政府监管、与旅行社的衔接合同等方面都进行了规定,使饭店业在原则上进入到有法可依的时代,对于保障饭店业健康可持续发展具有重要意义。

本草案中一些需要注意的地方:

第一,重团队轻散客。从本草案中可以看出,主要条款集中在如何规范团队旅游及其经营行为方面。例如,第四十八条说明"(交通、住宿、餐饮、购物、娱乐等衔接)交通、住宿、购物、娱乐等经营者从事旅游接待,应当符合接待旅游团队等要求"。例如一些精品酒店,客房很少,产品富有特色,但满足不了团队客人需求,是否就不是旅游经营者?与此同时,团队客人是指多少人以上?这样的规定在实践中难以操作;再如,第二条对旅游的定义中,将公务旅游排在后面(旅游,是指自然人为休闲、娱乐、游览、度假、探亲访友、就医疗养、购物、参加会议或从事经济、文化、体育、宗教活动),体现出对公务旅游不够重视。而目前旅游中,公务旅游占重要地位,高于就医疗养、购物等。例如,饭店业中的至

① 作者简介:谷慧敏,北京第二外国语学院酒店管理学院院长、教授,硕士生导师。

少50%以上为公务旅游者。

第二,重旅游者权益,轻其他旅游利益相关者权益。该法第一条(立法宗旨)为保障旅游者和旅游经营者的合法权益。我认为旅游业中的利益相关者至少还应包括旅游从业人员。例如,美国的《旅馆法》中对从业人员在工作中受到的待遇不公、性骚扰、民族歧视等现象都做了详细的规定。目前我国旅游业中一些旅游者依仗权利、金钱优势侵犯旅游从业人员人身安全、侮辱从业人员现象较为普遍,加之服务业中强调顾客至上,导致旅游从业人员地位低下,且旅游行业竞争性强,收入低,使得许多年轻人和高素质人员不愿意从事旅游业。因此,在强调保护旅游者权利同时,必须兼顾各方利益主体,尤其要重视旅游从业人员这一弱势群体的权利,应在相应条款中加以说明。目前的条款中主要提及导游人员,然而,旅游业中最大的就业群体在饭店产业,对饭店一线服务人员的权利维护等没有说明。当然也包括其他旅游从业人员。此外,在关于权利救济部分,草案第八章从有利于旅游者权益保护和旅游纠纷解决的角度,对投诉处理、调解、仲裁、诉讼进行了一些规定。然而由于现代技术的发展,旅游者可以通过网络形成舆论强势,如网络差评等方式,需要通过法律来保护旅游经营者的正当权利。

第三,重旅行社,轻产业其他方面。本草案对于旅游业中的各个要素在立法条款规定上不平衡。例如,在第四章关于旅游经营部分,对旅游经营者资质、从业人员资格以及经营规则作了规定,但主要内容集中在旅行社方面,对旅行社实行经营业务许可,对导游和领队实行执业许可,旅行社的有关经营规范,景区开放的条件和门票管理制度,导游、领队的从业规范,其他旅游经营形式的特别规定等说明较多,而对与旅游密切相关的交通、住宿、餐饮、购物、娱乐的经营管理只是进行衔接性规定。再比如,关于旅游服务合同,草案第五章主要对包价旅游合同的订立、变更、解除、违约作了详细规定,并对旅游安排、代订、咨询合同和住宿合同衔接作了原则规定。事实上,由于目前其他法律对于星级饭店等的规定,如争议较多的新问题退房时间等应该进行具体说明。例如国际旅馆协会的规定中明确规定中午十二点为退房时间,美国一些饭店甚至规定上午十一点为退房时间,从而保证饭店业正常合理科学地经营。而我国目前消费者对一些行业特点缺乏足够理性认识,国家对饭店业也没有相关法规来保证,导致经营中经常出现混乱现象。再比如,上海的国际酒店婚宴订餐定金中的争执也反映了对一些常规问题的不同解读。如果在旅游法中难以作出过于细节的规定,应有专门《饭店法》或者旅游法条款实施细则来加以规范。

此外,本法案对于新出现的旅游业态,如游船、俱乐部、高尔夫等少有提及,对信息技术条件下的旅游经营模式关注也不够。

第四,国内做法与国际做法不完全衔接。在第四十七条第六款中,提出不得索取小费,对此条值得商榷。小费制度为国际惯例,很多国家的饭店、餐饮、导游等服务行业普遍实行小费制度。我国法律这一规定将来难以与国际上的相关法律相衔接,且在实践中也难以操作。

第五,重要求规定,轻后续实施机制。目前条款中许多内容都为原则性规定,但在实际工作中,由于旅游的综合性和服务消费同一性特征,导致司法解释可能存在困难,此外,对于违反法律的行为除旅行社和导游部分外,其他方面都缺乏直接的惩处说明。

第六,第三十一条(职业培训)国家鼓励和支持发展旅游基础教育和职业教育,提高旅游从业人员素质。本条款在表述中应将“职业培训”改为“职业教育或旅游教育和培训”。

旅游业健康发展的重要保障

韩玉灵[①]

一、《旅游法(草案)》是反映时代特征、具有中国特色的法律

从理论上分析,世界各国立法有不同的模式,关注点也不尽相同,有的关注国家机构的设置和职权的规定,有的关注规范经营者和旅游者的行为,有的关注发展国家经济。我国的旅游立法更关注公民的利益,将公民的福祉放在首位,反映了时代特征,具有中国特色。

(1)旅游法坚持以人为本,将保障旅游者合法权益作为主线。与其他国家法律相比,该法对旅游者权利的规定无论在内容上还是保护力度上都明显不同,体现了国家充分保护富裕起来的公民参加旅游的利益。也就是说,本法并不是将发展旅游作为发展经济的手段来规定。旅游富民不富财政。政府把旅游搞好的目的是为了让更多的人能够更好地参加旅游活动,丰富自己的生活。

(2)平衡旅游者和旅游经营者的利益,体现权利、义务的一致性。发展旅游业的目的更重要的是为了公民的利益,如果忽略了对满足旅游者需求的经营者的利益保护,旅游者的权利最终很难实现。

(3)强化政府职责,体现了负责任政府的理念。

二、基于旅游者的特殊性,旅游法应当将旅游者单列一章

从本质上说,旅游者具有消费者的属性,但与一般消费者相比,旅游者是特殊型的消

① 作者简介:韩玉灵,北京第二外国语学院旅游管理学院教授,硕士生导师。

费者。

(1)旅游者参加旅游活动的目的是为了获得精神上的愉悦,与满足人的基本需求有明显的不同。由此,对于提供旅游服务的经营者要求更高。

(2)旅游活动空间的移动性和一定的时间性特征,使旅游者的弱者位置更加明显,与一般消费者相比,他们不但可能遇到经济上的损害,还可能遇到生命安全的威胁,由此,特殊的安全保障是必不可少的。

(3)由于旅游消费的复杂性和专业性、先付费再旅游的特点,旅游者要满足旅游需求,对旅游经营者的依赖更加明显。

(4)实现旅游活动的最终目的,不仅需要经营者的诚信和努力,也需要旅游者的积极配合与合作,更需要旅游者文明程度的不断提高。基于上述认识,消费者权益保护法不能替代旅游法的作用是不争的事实。

(5)关于旅游者的立法建议。

①第一条立法宗旨,增加“旅游业从业人员”,即“为保障旅游者、旅游经营者和旅游从业人员的合法权益”,这样可以进一步体现旅游者、旅游经营者和旅游从业人员的利益平衡。

②增加旅游者有获得旅游相关知识的权利。可将相关内容和第十条合并。信息,主要是消息,以及适合于通信、存储或处理的形式来表示的知识,在旅游活动中,旅游者可能会面对只有掌握专业知识才能参与的情况,但无从获取相关的旅游信息;另外,掌握相关知识,可以帮助旅游者正确消费。规定旅游者有获取相关旅游知识的权利,权利的内容会比信息获取权内容丰富。

③增加旅游者投诉的权利,防止相关部门推诿,和第八十条对接。县级以上政府指定了旅游投诉受理机构,这个很好,旅游者知道找谁,但如果受理部门移交到相关部门,相关部门推诿怎么办?

④应当增加旅游者的法律责任。目前旅游者这一章,尽管体现了权利义务的一致性,但不履行义务的如何处理?应当增加。例如,第十八条,旅游者不得在境外非法滞留,后面八十八条规定,旅游经营者对滞留有责任的承担遣返费,实际上,对没有责任的是否不应承担遣返费,谁承担?应当增加:“没有责任的旅游者承担,或者旅游者应当承

担,旅行社承担了可向旅游者追偿。”不仅如此,还应当规定旅游者非法滞留应当承担的相关法律责任,或者依照相关法律追究责任。

第十七条安全义务,在旅游经营者已经告知旅游活动相关限制条件后,旅游者不如实提供个人健康信息,因而造成损害的,旅游经营者不承担责任。包括不遵守安全警示规定,出现意外,例如非开放的景区,旅游经营者也不应当承担责任。

要体现旅游者适度维权的内容。

三、其他立法建议

(1)第二条适用范围的规定,可否调整。

目前更多的是从技术上考虑比较多,即从统计的角度。旅游概念的关键在于旅游的人就是旅游者,概念过于宽泛,表明旅游者的范围就很宽泛,能否都保护呢?或者都依本法保护?例如探亲、开会过程中参加了旅游活动,身份变化,但是否要笼统称为旅游者?类似的问题容易引起歧义。学界的概念与法律概念应当有区别。能否不列举,用离开常住地到异地、为参加旅游活动,体现动机这两个关键词来界定?

我们在研究中发现,学界对于旅游的概念有几十种提法,并没有统一的说法。但一般包括时间、空间移动、动机和功能这几个关键词。同时,我们所翻译的书中,明确在旅游法中对旅游下定义的也不多,这样立法的国家主要有俄罗斯、墨西哥、越南、老挝、巴西。这一点需要研究。

(2)关于安全。

第四十二条景区开放条件,规定得很好,不是想开就开的。建议增加配备与景区相适应的专业人员,诸如安全、监督、管理、救护人员等,这样能够及时处理突发事件;建议增加达到国家安全标准,为今后制定景区安全标准留下空间。

今后应当制定不同类别的景区安全标准,规定诸如安全设施、人员、突发事件应对与处理等,还要制定应急预案等。我们现在的 A 级标准在这方面的内容比较薄弱,有待进一步加强。目前应急预案只对政府作了规定。

旅游监管的现实难题与《旅游法(草案)》的相关规定

杨富斌[1]

《旅游法(草案)》第七章对"旅游监管"作了专章规定,共有七个条款,分别从监管机制、监督检查、检查手段、检查要求、被检查者义务、对违法行为与投诉和举报的处理、综合处理责任等七个方面,对旅游监管进行了法律规范。特别是第七十三条第一款关于监管机制的规定,即"县级以上人民政府应当建立有关部门分工负责的旅游市场监管工作机制",在草案公布后,得到了社会舆论的普遍好评。总体上说,这一章的规定如果能够落实,对于解决我国长期存在的旅游部门与相关部门监管职责不清、旅游执法手段缺乏、旅游执法力量薄弱、旅游市场秩序长期失范等问题,将产生积极意义。

但是,根据我国行政管理的实际以及北京第二外国语学院旅游法研究中心这些年在全国各地的实地调研来看,关于旅游监管这一章,仍然存在着如下一些问题:

一是各级政府在旅游行业监管方面如何发挥统筹协调作用?对此,仍需进一步研究解决和通过立法加以明确。我们认为,应当通过立法明确各级政府统筹监管旅游市场并负总责。如果各级政府真正落实国务院关于发展旅游业的41号文件精神,真正把旅游业作为国民经济的支柱性产业去抓、去努力发展,那么,在旅游法中做出这样的明确规定并不为过。同时,在工作层面上,还要具体研究解决建立一个什么样的机构或机制,以真正形成统筹协调的工作局面。如果不解决这个问题,第七十三条第一款的规定就可能会落空。草案公布之后,从舆论的反应来看,这也是大家比较担忧的一个问题。

二是政府各部门应当如何分工明确、职责清晰地对旅游行业实施监管,以解决当前存在的职能交叉或管理缺位的问题。我们建议,能否在旅游法中进一步明确"部门分工

[1] 作者简介:杨富斌,北京第二外国语学院法政学院院长、教授。

负责的旅游市场监管工作机制”的主要内容和运作模式。或者,如果目前这样具体地规定条件不成熟,可以做出原则性规定,譬如规定在旅游法实施之后,由相关部门具体负责这个工作机制的主要内容和运作模式的制定。

三是关于旅游执法机构的执法地位、执法职责、执法权限问题以及执法人员的主体资格问题。现在,一般来说,我国省市自治区、地级市以上的旅游执法机构的执法地位及职责和权限没有太大问题,主要是区县以下的旅游执法部门存在较大的困难,甚至有些县级旅游局是事业单位,因此,这些单位的工作人员的执法主体不合格。如果旅游业从业人员懂法,他们完全可以拒绝接受他们的检查。为此,我们建议:一是在旅游法中明确旅游执法机构的性质和地位,尤其是区、县一级的旅游执法机构的执法资格。这里,既包括区、县一级旅游局的性质,也包括其他机构譬如质检所的性质问题;二是在旅游法中对这些执法人员的执法主体资格给予明确。否则,仍然难以解决当前存在的执法力量不足的问题。而且在其他法律之中,譬如在《食品卫生法》(1996 年)中,也有这方面的先例。其中第七章“食品卫生监督”第三十三条明确规定了县级以上食品卫生监督职责的内容,第三十四条规定了“县级以上人民政府卫生行政部门设立食品卫生监督员”。有这样一条明确规定,就彻底解决了多年争论不休的县级以上卫生监督员的主体资格问题。因此,我们建议旅游法应参照这一规定,明确旅游执法机构及其人员的主体资格问题。

四是与旅游监管相关,旅游法中的有关规定是否还要尽量避免对旅游市场干预过多的问题。譬如草案公布之后提出疑问较多的第三十七条“旅行社不得以低于成本的价格招徕、组织、接待旅游者”。什么叫“低于成本价格”?第一不好计算;第二这是市场行为,除非政府统一定价,甚至规定统一的旅游路线,否则价格不好规定,也不应当监管价格。现在有的机票价格低于成本价,有的商品如水果、蔬菜价格低于成本价,政府能管吗?第三,第三十七条第二款“不得指定购物场所”,似乎也不符合旅游业的实际情况。我们认为,政府只应当要求价格公开、“明码标价”即可,至于是否成交,由旅游者自己决定,正如一般市场上由消费者决定是否购买一样。通常讲,“上帝的归上帝,恺撒的归恺撒”,是有道理的。政府监管应当重点放在打击“黑社”、“黑导”等违法经营上,而属于市场调节的行为最好不要去管,管也管不好,效果不会好。

对《旅游法(草案)》的几点认识

厉新建[①]

第一,《旅游法(草案)》的出台难能可贵。

所谓"难"是指出台过程之艰难。正如《旅游法(草案)》说明中所指出的,从改革开放之初到这次草案征求意见稿出台,从这次开始起草到正式审议稿提交,其间历经诸多困难,各种艰辛只有参与草案起草制订的相关部门、相关专家、相关领导才能真正体会。

所谓"能"是指这次《旅游法(草案)》内容对涉及旅游发展中诸多重要问题都做了较为全面的规定,尤其是旅游者权利保护、旅游规划、旅游救济等方面的规定,对于推动旅游业健康持续快速发展具有重要的作用。

所谓"可"是指这次《旅游法(草案)》规定的内容中绝大多数都是可操作、可执行的。旅游业具有很强的综合性,涉及领域广,利益协调难度大,而且在旅游法出台之前已经出台了很多行业法,这次能够在综合法的模式下形成目前具有可执行性的法律草案,值得充分肯定。

所谓"贵"是指这次《旅游法(草案)》通过全国人大第一次审读,并向社会公开征求意见,已经是旅游业发展的里程碑,所以我们都应该珍惜这来之不易的宝贵成果。在草案中还有这样或那样的问题需要进一步加以完善、改进,所以我们需要客观地提出批评,但是更重要的,我们应该以理性、建设性的态度来对待它。

第二,《旅游法(草案)》需要明确旅游业的地位。

旅游业发展需要规范其中的旅游者、旅游经营者等的权利与义务,也需要突出旅游规划、旅游安全、旅游监管的重要性,尤其是对于旅游规划的法律规定,对于中国旅游业的未来发展具有重要意义。不过,作为指导旅游业未来发展的根本大法,很有必要在旅

① 作者简介:厉新建,北京第二外国语学院旅游管理学院院长、教授,硕士生导师。

游法中对旅游业的作用和地位做出明确的规定,可以专门设立条文集中阐述,或在相应的条款中分散阐述。

在《农业法》总则中就规定了“为了巩固和加强农业在国民经济中的基础地位”、“国家把农业放在发展国民经济的首位”、“全社会应当高度重视农业,支持农业发展”等规定农业地位的条款。因此,在旅游法中有必要明确旅游业在国民经济发展中的地位。

比如需要突出旅游业在公共外交领域、社会和谐、环境保护与可持续发展、文化大繁荣大发展、爱国主义教育、国民素质改善与国民幸福感提升等方面的突出作用。在某种程度上,这是制定出台旅游法的根本出发点。如果对这些问题认识不清楚、不到位,实际上也影响到条文的设定。比如发展旅游对于年轻人成长、对于核心价值观塑造、对于年轻人认识社会等方面的作用不明确,显然就不会在法律条文中突出地规定旅游经营者、旅游相关部门和地方政府在年轻人旅游方面的扶持措施以及相应的法律规定。

第三,《旅游法(草案)》可以进一步考虑的内容。

粗略浏览现公布的《旅游法(草案)》,觉得其中的某些条文和思路还值得再推敲。比如,对旅游概念的法律规定,是否实现了调节对象和范围的有效涵盖?比如,“利用公共资源建设的游览场所应当体现公益性质”条文中的“公共资源”是否包括老天爷留下的自然遗产和老祖宗留下的文化遗产等?是否应该明确规定,否则是不是说所有的非人造景观都应该是公益性的?人造景观中有政府公共投资和配套的是不是也应该是公益性的?比如,索取小费一般是导游等旅游从业人员的行为,放在旅游经营者的条款之下是不是适宜?比如,尽管旅游价格低于成本是导致零负团费的重要原因,但也不可否认旅游企业有权以价格作为竞争手段,所以法律规范的重点应该放在限制恶性价格竞争,也就是旅游价格持续低于产品成本的行为需要严格制止。比如,究竟是“旅游公益宣传”还是“公益性的旅游宣传”;是否应该进一步突出强调“国民旅游意识”培养和教育,应该强调“职业培训”,还是强调“旅游教育”;《旅游法(草案)》中没有强调对旅游经济发展的集聚效应做出规定,比如在土地供应方面满足旅游业集聚发展的需求,而土地问题尤其是土地类型是旅游发展绕不开的问题;草案规定了旅行社经营问题,是否可以考虑旅行社形态的变化,改为对旅行服务运营商的经营约束;有景区安全流量控制规定,但是没有对旅游运营车辆方面的相关规定,包括利用高科技改善旅游安全方面的规定;没有关于支持旅游企业跨国经营发展的规定；规定了旅游经营责任保险，但是没有入境旅游的旅游意外保险、医疗保险等方面的规定；没有规定鼓励建立商业性旅游专业救援力量等方面的条款。旅游法规划草案中对于旅游统计这一旅游发展基础工作没有做出相应规定，对旅游宣传的专业性方面没有做出相应规定，只是提到了统筹组织，而提高旅游宣传的专业性、有效性是旅游发展的重要保障；没有提到政府的公务旅行需要面向专业化的旅行服务商公开招标等。“不得安排任何形式的另行付费旅游项目”改为“不得强制安排任何形式的另行付费旅游项目”更妥当；旅游景区门票价格的听证制度也没有在《旅游法（草案）》中体现，更没有对听证代表构成等做出规定。

旅游立法建议

关于《旅游法(草案)》的修改意见①

陈 甦②

一、草案没有充分体现保障市场机制发挥作用的理念

我国旅游业已经是市场化程度很高的行业，旅游法应当充分发挥和保障市场机制在旅游业发展中的作用。但是，草案更像是一部旅游业的行政管理法，例如，过多地设定政府在旅游业发展中的权限，动辄设置“国家”在旅游发展和管理上的义务；行政管理事项的规定明显多于民事关系事项的规定，特别是设计了为数众多的行政许可事项。

在市场经济体制下，旅游法应当充分发挥自律机制在维护旅游市场秩序、促进旅游业发展中的作用。但是草案对旅游业自律组织事项，只用了一个条款进行规定，明显与旅游业自律组织的应有作用不相符合。其实，维持旅游市场秩序的许多事项，如导游人员资格授予、一般性违规行为的处罚等；促进旅游市场发展的许多事项，如从业人员的培训、旅游形象宣传等，应当由旅游业协会组织实施即可。

在一些具体制度上，草案也表现出计划经济理念。例如草案第十二条规定：“旅游者有权要求旅游经营者按照约定提供质价相符的产品和服务。”其实，“质价相符”，只有在价格管制中才有意义。在没有价格管制的情形下，法律不必强调质价相符。市场竞争机制是靠“质价不相符”实现的，提供的商品或服务在质量上与他人一样，但价格比他人便宜，于是优胜；提供的商品或服务在价格上与他人一样，但质量比他人好，于是优胜。所以，用法律强制“质价相符”，根本就是计划经济理念。

---

① 本文曾在中国法学网上首发。

② 作者简介：陈甦，中国社会科学院法学研究所党委书记、研究员，博士生导师。

另外,草案赋予旅游行政管理机关的权力过大,也不符合市场经济法治理念。例如,草案第七十五条规定的查封、扣押权力,按照草案有关条款的规定,两个旅游执法人员就可以查封、扣押财产或资料,权力实在过大。这种权力若被滥用,会严重侵害旅游经营者的合法权利。

二、草案的体系结构不够适当

草案第二章的许多内容属于国家产业政策范畴,应当简化为旅游业发展的基本原则,放于总则部分。

第四章"旅游经营"包含了两部分性质不同的内容,一是旅行社的经营与管理;二是旅游资源的利用,如有关景区、露营等的规定。旅行社与旅游者的法律关系、旅游景区与旅游者的法律关系,两者之间存在较大差异,不应当规定在一章中。建议单设一章"旅行社",专门规定旅行社的设立、旅行社业务许可、旅行社与旅游者之间的合同权利义务关系、旅游活动中旅行社与旅游者之间的责任承担、旅行社与导游或领队之间的法律关系、组团社与地接社之间的法律关系等。另外,应当设立"旅游资源利用"一章,有关景区的事项应规定在该章中,例如规定景区的设立与使用原则、景区开业的审批程序、景区管理人的资格与职责、景区安全责任、景区与旅游者之间的法律义务关系、景区与导游之间的法律关系、景区门票价格制度、露营地提供者的责任等。

第八章"权利救济",不过是纠纷解决机制问题,其中并无旅游法需要有独特制度安排之处,该章应当删除。

行业自律应当是旅游业管理的重要内容,应有专章予以规定。

草案经常将不同性质的事项归纳到一条中,这不便于法律适用。草案中这种情形甚多,例如,第九十三条把收取小费和收受贿赂放到一条,其实两者性质相差很大,应当分条规定。再如,"零团费"、"强迫购物"是当前旅游活动中常见的违法违规情形,有关禁止措施应当以专门条款详细予以规定,但是草案却将这两类事项规定在第三十七条一条之中。

三、草案对旅游活动的许多重要事项缺乏规定

对于一些在旅游活动中经常出现的、具有旅游业特点的、其他法律没有规定或依据

其他法律不能得到有效处理的事项,旅游法应当给予规定,以此保障旅游活动的秩序,有利于旅游活动中纠纷的解决,否则制定旅游法的意义就要打折扣。但是,草案对旅游活动中的许多重要事项未作规定,例如,旅行社无条件的后合同义务、景区管理人制度、景区的安全保障义务与责任、自助游组织者的责任、露营地提供者的责任、未经许可在他人土地上露营受到损害的责任、非法进入景区受到损害的责任、旅游广告不实的责任,等等,草案都未涉及。

四、草案的法律责任制度不够科学

1. 草案的许多规定缺乏可归责性

草案整个第三章都属于行业政策的规定,不可能法律上归责,起码不能依据旅游法归责。草案规定了许多旅游者的宪法性权利,例如第九、第十、第十三、第十四、第十五条规定的旅游者权利。这些宪法性权利如果不能实现,也不能依旅游法向相对人追责。草案规定了一些强制性规定,却没有规定该强制性规范被违反的法律后果,例如,草案第四十三条规定了“景区门票价格变动应提前6个月公布”,但对于违反该条的法律后果如何,却没有规定。

2. 草案规定的责任制度有较多不妥当之处

例如,草案第八十七条第二项规定的“向不合格的供应商订购产品和服务”责任,未区分出于故意还是过失。再如,草案存在责任设置“轻者重,重者轻”的情形。如草案第八十九条,导游或者领队私自承揽业务,或者擅自变更、替换旅游行程和线路的,就要吊销导游证、领队证,三年内不得重新申请;而对于更为严重的甩团行为,草案第九十一条只规定暂扣导游证1个月至3个月,导致旅游者滞留的,才吊销导游证。还有,草案规定的责任范围不细,如导致滞留时,旅游者可以索赔的项目与额度标准或计算方式,草案并没有规定。

3. 草案没有坚持依本法追责的立法技术

例如草案中有关刑事责任的规定,就不妥当。因为刑事责任只能根据刑法追究,而不能根据旅游法追究,在旅游法中规定刑事责任,实质是立法空话。再如,草案第八十七条第六项规定的以低于成本进行旅游经营的情形,依据反不正当竞争法即可追责,旅游法不必特别规定。

4. 法律责任规范的体系安排不适当

例如"法律责任"一章,除了不具实际立法价值的"刑事责任条款"外,全部都是有关行政责任的规定,该章其实可以叫做"行政法律责任"。旅游法既然设置了"法律责任"专章,就应当把旅行社和旅游者的违约责任、侵权责任以及免责事由等规定于其中。

五、草案存在许多表述不当之处

1. 草案中有的概念不准确

例如,草案第二条对旅游概念的界定极不准确,内涵泛泛,外延不清。又如,"景区"究竟是区域还是主体,草案规定得不清楚。按照草案第九十四条,"景区"是主体的表述;而按照草案第九十七条对于"景区"的定义,则"景区"是场所或区域。还有,草案中滥用"国家"概念,在许多条文中,动辄使用"国家"字样。

2. 草案条文表述有一些语法错误

在草案条文中,还有一些语法错误,主要是主语不明、定语限制范围过宽等。例如,草案第四条、第七十九条的主语使用不当。再如,草案第九十一条规定"吊销旅行社业务经营许可证和导游证",而导游证不是属于旅行社的,应当是属于导游个人的。

3. 对分项表述没有妥当地运用

有一些条款,分项表述将更为清晰,但草案未能妥当运用。例如,草案第四十六条、第五十条,最好采用分项表述的方式。

类似以上的表述不当之处很多,在附上的逐条修改意见中,将一一指出。

附:《中华人民共和国旅游法(草案)》逐条修改意见

目录

第三章　旅游规划和促进

第四章　旅游经营

第五章　旅游服务合同

第六章　旅游安全

第七章　旅游监管

第八章　权利救济

第九章　法律责任

第十章　附则

(1)第二章的许多内容属于国家产业政策范畴,不宜过多地直接规定于旅游法中,应当将本章内容分为两部分,其中旅游产业政策部分要简化为基本原则,规定于总则部分;其余属于旅游资源利用的内容,简化后规定于新设的"旅游资源利用"一章中。

(2)第四章"旅游经营"包含了两部分性质不同的内容,一是旅行社的经营与管理;二是旅游资源的利用,如有关景区、露营等的规定。本章现有内容,应当分设两章予以规定。

(3)第八章"权利救济",不过是纠纷解决机制问题,其中并无旅游法需要有独特制度安排之处,该章应当删除。

(4)行业自律应当是旅游业管理的重要内容,应有专章予以规定。

建议旅游法的结构应当设计如下:

第一章　总则

第二章　旅游者

第三章　旅行社

第四章　旅游资源利用

第五章　旅游服务合同

第六章　旅游安全

第七章　旅游监管

第八章　旅游业协会

第九章　法律责任

第十章　附则

第一章　总则

第一条　(立法宗旨)为保障旅游者和旅游经营者的合法权益,规范旅游市场秩序,保护和合理利用旅游资源,促进旅游业持续健康发展,制定本法。

第二条　(适用范围)中华人民共和国境内的旅游与旅游经营活动,包括在境内组织的出境旅游经营活动,适用本法。

本法所称旅游,是指自然人为休闲、娱乐、游览、度假、探亲访友、就医疗养、购物、参加会议或从事经济、文化、体育、宗教活动,离开常住地到其他地方,连续停留时间不超过12个月,并且主要目的不是通过所从事的活动获取报酬的行为。

本条第二款的旅游定义存在以下严重问题:

(1)以列举旅游"动机"的方式定义旅游概念,一来不能穷尽外延;二来不能准确概括,例如只是到外地去开会,不能叫做"旅游"。这里有把"旅行"等同"旅游"的混淆。

(2)从事"经济、文化、体育……"等活动,无论是否为了获取报酬,也不能作为划分旅游的标准。例如参加专业体育比赛、文化研讨会,未必是为了直接获取报酬,但这类活动也不能视为旅游。

(3)以"连续停留时间不超过12个月"作为划分标准,是以常住地和临时住地的区别来划分旅游概念,把在"临时住地"的活动等同于旅游。如在非常住地自租房子居住,进修培训6个月,不能叫做"旅游"。

(4)本法有"景区"的规定,本地人在本地景区游览形成的法律关系,也要适用旅游法。所以,并不是"离开常住地到其他地方"才属于旅游。

建议从活动性质出发界定旅游概念,可以简洁地做如下规定:

"本法所称的旅游,是指自然人为休闲娱乐目的,通过旅行社协助或自助方式,利用旅游资源、场所或设施的活动。"

第三条　(公民旅游权利)公民有依法在境内自由旅游和出境旅游的权利。国家依法保护公民的旅游权利并创造条件逐步满足其旅游需求。

两句主语所表示的主体不同,应当分两款表述。

第四条　(旅游发展原则)旅游业发展应遵循社会效益、经济效益和环境效益相统一的原则,鼓励各类市场主体在有效保护的前提下,依法合理利用旅游资源。利用公共资源建设的游览场所应当体现公益性质。

第一句的主语是"旅游业发展",第二句中"鼓励"的主体不明。

第五条 (旅游消费引导)国家倡导健康、文明的旅游方式,支持和鼓励各类社会机构开展旅游公益宣传,对促进旅游发展做出杰出贡献的单位和个人给予奖励或者荣誉称号。

"对促进旅游发展做出杰出贡献的单位和个人"之后,应当有逗号。

第六条 (旅游经营原则)旅游经营实行统一的服务标准和市场规则,禁止行业或者地区垄断。

第七条 (旅游协调机制)国务院建立健全旅游综合协调机制,对旅游业发展进行综合协调。

县级以上地方人民政府要明确相关部门或者机构,对本地区旅游业发展和监督管理进行统筹协调。

第八条 (旅游行业组织)依法成立的旅游行业组织,实行自律管理,引导会员诚信经营、公平竞争。

第二章 旅游者

第九条 (旅游资源享用)旅游者有依法平等享用旅游资源的权利。国家鼓励经营者对残疾人、老年人、未成年人等特殊人群给予便利和优惠。

第十条 (旅游信息获取)旅游者有方便和及时获取旅游必要信息的权利。

第十一条 (假日旅游)国家机关、企事业单位和社会组织职工有权利用法定节假日、周休日或者带薪年休假进行旅游活动。

本条究竟是"休假权"的规定,还是"旅游权"的规定,表述不明。如果是休假权,不必在旅游法中规定;如果是旅游权,能够休假,自然能够在假期旅游,外人如何能够限制?

本条毫无意义,应当删除。

第十二条 (质价相符)旅游者有权要求旅游经营者按照约定提供质价相符的产品和服务。

旅游者有权拒绝旅游经营者的强制交易行为。

"质价相符",只有在价格管制中才有意义。在没有价格管制的情形下,法律不必强调质价相符。市场竞争机制是靠"质价不相符"实现的,提供的商品或服务在质量上与他人一样,但价格比他人便宜,于是优胜;提供的商品或服务在价格上与他人一样,但质量比他人好,于是优胜。所以,用法律强制"质价相符",根本就是计划经济理念。

第十三条 (受尊重权)旅游者的人格尊严、民族风俗习惯和宗教信仰自由应当得到尊重。

旅游者有权要求旅游经营者满足其合理的个性化服务需求。

本条第一款中的"宗教信仰自由"受尊重,应当改为"宗教信仰"受尊重,删除其中的"自由"二字。宗教信仰自由,是信不信和信什么层面的问题;但旅游者在旅游过程中,面临的是自己的宗教信仰可能不被尊重,而不是宗教信仰自由受到限制。

本条第二款构不成一项权利,至多也就是要约的权利。要求"个性化服务"时,只要旅游者肯付费就行,法律何必对此规定?

第十四条 (旅游救助)旅游者人身、财产遇有危险时,有请求旅游服务提供者、当地政府和其他相关社会机构及时救助的权利。

出境旅游者在境外陷于困境时,有请求国家驻当地机构在其职责范围内给予协助和保护的权利。

第十五条 (尊重旅游目的地习俗)旅游者应当尊重旅游目的地的社会公共秩序、风俗习惯、文化传统和宗教信仰,爱护旅游资源,不得损害当地居民的合法权益。

本条是提倡性条款,但是最后一句"不得损害当地居民的合法权益",却是一个强制性的义务表述。这种表述,一来与本条的提倡性条款内容不符;二来旅游者违反本义务,损害了当地居民的合法权益,能否依据本法给予制裁,也是个问题;三来损害他人(包括当地居民)利益时,不管行为人是否为旅游者,都要根据侵权责任法制裁。

建议:把"不得损害当地居民的合法权益"一句删去。

第十六条 (不损害他人权益)旅游者进行旅游活动或者解决纠纷时,不得干扰他人的旅游活动,不得损害旅游经营者的合法权益。

第十七条 (安全义务)旅游者对国家应对重大突发事件暂时限制旅游活动的措施应予以配合。

旅游者购买、接受旅游服务时,应当向旅游经营者如实告知与旅游活动相关的个人健康信息,遵守旅游活动中的安全警示规定,配合有关部门、机构或者旅游经营者采取的安全防范和应急处理措施。

旅游者接受国家或者社会公共组织的救助后,应当支付应由个人承担的费用。

本条的内容驳杂,表述的不是一个事项。

第一款中“对国家应对重大突发事件暂时限制旅游活动的措施”,其中在“事件”后面应加个“而”字,即“对国家应对重大突发事件‘而’暂时限制旅游活动的措施”。

第二款的旅游者个人健康信息告知义务,应当以专条规定。与“配合义务”有很大不同。

第三款的救助费用承担责任,应当规定到草案第十四条中。因为该条规定的是旅游者请求救助的权利,进而另款规定费用承担责任,条文内容安排就比较紧凑适当。

第十八条　(出境旅游者义务)出境旅游者不得在境外非法滞留。

第十九条　(入境旅游者权利义务)除法律法规另有规定外,入境旅游者享有与境内旅游者同等权利,承担相应义务。

随团入境的旅游者不得擅自分团、脱团。

本条第一款中的“承担相应义务”不妥。所谓“相应”,是指与权利相应、与行为相应、与利益相应,而不能指与其他主体“相应”。本款规定“承担同等义务”即可。

第三章　旅游规划和促进

本章存在以下问题:

(1)本章属于产业政策范畴,只需规定政府有关旅游行业发展的基本职责、权限、原则即可。

(2)本章对旅游规划事项规定得过细,许多内容用行政法规甚至部门规章规定,更为妥当。

第二十条　(规划编制)国务院、省级人民政府和旅游资源丰富的市级人民政府应当组织编制旅游发展规划。

对跨行政区域且不宜分割的资源进行旅游利用时,应当由上级人民政府组织编制或者由相关地方人民政府协商编制统一的旅游发展规划。

第二十一条 (规划内容)旅游发展规划主要包括旅游业发展的总体要求和发展目标、旅游资源保护和利用的要求和措施、旅游产品开发重点、旅游服务质量、旅游文化建设、旅游形象宣传和市场推广、旅游基础设施和公共服务设施的建设需求等内容。

旅游发展规划可以根据需要对旅游活动聚集的特定区域内的项目、设施和功能配套提出专门要求。

旅游发展规划的主要具体内容,属于制定部门内部掌握的事项,不必用法律形式予以过细规定。

第二十二条 (规划衔接)旅游发展规划应当依据国民经济和社会发展规划编制,并与主体功能区规划、土地利用总体规划、环境保护规划、城乡规划、海洋功能区划相衔接,与自然保护区规划、风景名胜区规划、林地湿地草原森林公园保护利用规划、文物保护规划、历史文化名城名镇名村保护规划等规划相协调。

第二十三条 (规划要求)旅游发展规划应当遵循依法保护旅游资源的原则,维护和传承当地传统文化和习俗,维护资源的区域整体性、文化代表性和地域特殊性,考虑军事设施保护的需要,促进资源的节约集约化利用。

(1)本条内容过细。

(2)"考虑军事设施保护的需要"的内容,应当由其他有关军事设施保护的法律行政法规来规定,不宜规定在旅游法中。

第二十四条 (规划评价)各级人民政府应当组织对本级政府编制或者批准的旅游发展规划的执行情况进行整体评价,并向社会公布。

第二十五条 (政策支持和区域合作)国务院和地方各级人民政府应当将旅游业发展纳入国民经济和社会发展规划,制定并组织实施有利于旅游业持续健康发展的产业政策,采取措施推动区域旅游合作,鼓励跨区域旅游线路和产品开发,扶持革命老区、民族地区、边境地区和贫困地区旅游业发展。

(1)"将旅游业发展纳入国民经济和社会发展规划",属于规划重要性的规定,应当放在第二十一条(规划内容)之前。

(2)"制定并组织实施有利于旅游业持续健康发展的产业政策",应当因地制宜,不宜作为所有地方各级政府的一般职责。有的地方旅游资源贫乏,可以不制定有关旅游的产业政策。

第二十六条 （资金支持）国务院和地方各级人民政府应当根据实际需要安排资金，促进旅游基础设施建设、旅游公共服务和旅游形象宣传。

第二十七条 （设施建设安排）各级人民政府编制土地利用总体规划、城乡规划应充分考虑相关旅游项目、设施的空间布局和建设用地要求。规划和建设交通、通信、供水、供电等基础设施和公共信息服务设施应当兼顾旅游业发展的需要。

这种旅游产业发展的具体要求，不宜规定在法律中。

第二十八条 （项目和产品开发）国家鼓励旅游与工业、农业、林业、商业、文化、体育和科教等产业及领域融合发展，支持利用各类资源开发具有特色的旅游项目和产品。

第二十九条 （旅游宣传）国家制定和实施统一的旅游形象宣传战略。国务院旅游行政主管部门统筹组织国家旅游形象的境外宣传工作，建立旅游整体推广机构和网络，开展旅游国际合作与交流。县级以上地方人民政府统筹组织本地旅游形象的宣传工作。

对于旅游形象宣传战略，可以由政府牵头，但不应追求强制性的“统一”。

本法作为一个“小法”，不宜随意为“国家”设定义务。

第三十条 （信息服务）国务院旅游行政主管部门和县级以上地方人民政府应当根据需要建立旅游信息和咨询平台，向旅游者提供旅游景区、线路、交通、气象、住宿等必要信息和咨询服务。设区的市级、县级人民政府有关部门应当根据需要在交通枢纽、商业中心和旅游者集中场所设置旅游咨询中心，在景区和通往主要景区的道路设置旅游指示标识。

第三十一条 （职业培训）国家鼓励和支持发展旅游基础教育和职业教育，提高旅游从业人员素质。

第四章 旅游经营

(1)什么叫“旅游经营”，本章并无明确界定，由此导致旅游监管权限的边界不明。例如，在超市中出售有地方特色的纪念品，如果也归于“旅游经营”，则极大扩张了旅游监管的范围和相关行政许可的范围。

(2)本章的内容包括两大部分，一是对旅行社经营活动的规定，二是对景区等旅游资源的管理与经营的规定。这两部分的内容既十分重要又差异较大，应当各设专章分别规定。

(3)本章内容缺乏许多重要事项的规定,例如,有关景区管理人及其责任,露营区提供者责任,售票景区与不售票景区在旅游者受损害时的不同责任,旅游者非法(如逃票)进入景区受损害时的责任归属等。

第三十二条 (旅游经营条件)从事旅游经营应当依法取得相关资质,接受当地人民政府有关部门的监督管理。

关于旅游经营"资质",不应做笼统的一般性许可规定,而应具体规定各种资质许可制度,否则,极易导致行政管理权限的任意扩张。

本条应当删除。

第三十三条 (旅行社经营许可)设立旅行社应当具备下列条件,经旅游行政主管部门许可,并依法进行工商登记:

(一)有固定的经营场所;

(二)有必要的营业设施;

(三)有不少于30万元人民币的注册资本;

(四)有必要的经营管理人员和导游人员;

(五)符合法律、行政法规规定的其他条件。

旅游经营者从事招徕、组织、接待旅游者,为其提供交通、住宿、游览、餐饮等两项以上组合服务并以总价销售的,应当取得旅行社经营许可。在交通工具上和住宿场所内另外提供上述其他单项服务的经营者除外。

(1)除了重要行业(如金融行业)的企业外,可以采取先设立法人(即先工商登记)、后取得营业许可的管理模式,否则会扩大企业的设立风险。例如依本草案规定,在未经工商登记之前,旅行社的设立者为取得经营许可,就要购置营业设施、雇用经管人员和导游人员,这无疑会增大企业组织难度和投资风险。

(2)将旅行社的注册资本最低限额一般性地定为30万元,不利于鼓励投资和旅游业发展。应当根据旅游业务种类的不同,分别规定相应的注册资本最低限额。对于业务简单、业务范围限于本地的小旅行社,注册资本的标准不宜过高。

第三十四条 (旅行社经营范围)旅行社可以经营以下一项或者多项业务:

(一)境内旅游;

(二)赴港澳台旅游;

(三)出国旅游;

(四)边境旅游;

(五)入境旅游;

(六)其他旅游业务。

旅行社经营(二)至(四)项业务应当取得相应资质,具体条件由国务院规定。

第三十五条 (质量保证金)旅行社应当依法交纳质量保证金,用于特定条件下的旅游者权益损害赔偿。

向企业收费的行为,应当严格限制。

根据旅游业的特点,对旅行社采取强制购买旅游者人身保险、强制责任保险等制度,足以保障旅游者权益损害赔偿问题的有效解决。

本条应当删除。

第三十六条 (订购产品服务)旅行社组织旅游活动应当向合格的供应商订购产品和服务。

旅行社组织接待团队旅游安排导游的,导游服务费用应在包价旅游合同中明示。

旅行社组织团队出境旅游应当安排领队全程陪同。旅行社组织或者接待入境旅游团,应当安排导游全程陪同。

本条的三个款项,规定的是完全不同的事项,不应放在同一条中。

第二款应当放在草案第五章规定旅游服务合同内容的条款中。

第三款应当单设一条。

第三十七条 (公平交易)旅行社不得以低于成本的价格招徕、组织、接待旅游者。

旅行社组织、接待团队旅游不得指定购物场所,不得强迫或者变相强迫购物,不得安排任何形式的另行付费旅游项目。

发生前款规定情形的,旅游者有权在旅游行程结束后30日内,要求旅行社承担退货、退还费用的责任,但旅游者所购商品已损毁、变质或者腐烂的除外。

(1)本条应分为两条。第一款主要是针对“过低团费”或“零负团费”现象;第二、三款针对强迫购物事项。这两类事项应当分条表述。

(2)“不得安排任何形式的另行付费旅游项目”有失笼统。如果有强迫交易或预谋欺诈的另行付费旅游项目,当然应当禁止。但是,如果旅游者在旅游过程中自行追加的付费项目,在旅游者明确自愿的前提下,旅行社是可以另行协助安排的。

(3)第三款的规定不够严谨,如果存在强迫交易,即使“旅游者所购商品已损毁、变质或者腐烂的”,旅行社也应承担相应的责任。

第三十八条 (导游)国家对导游人员实行执业许可制度。

旅行社应当与聘用的导游人员签订劳动合同,支付劳动报酬,依法缴纳社会保险费用。

(1)本条的两款内容规定的事项不同,应分条表述。

(2)对导游人员实行执业资格制度,由行业协会审查与授予资格即可。不必规定由“国家”实行“许可制度”。

(3)除了在总则部分外,在法律的具体正文中,不宜动辄出现“国家”字样。即使行政部门负责导游执业资格的授予,本条第一款也应当表述为“导游人员应当取得执业许可”。

(4)旅行社应当与导游人员订立劳动合同,景区也应当与导游人员订立劳动合同,但本草案对后者却无规定。

第三十九条 (领队)国家对领队人员实行执业许可。具有相应学历和语言能力、一定旅游从业经历,且与旅行社签订固定或者无固定期限劳动合同的人员,经考试合格取得领队证,方可从事领队业务。

(1)“签订固定或者无固定期限劳动合同的人员”,改为“订立劳动合同的人员”即可。

(2)第三十八条第一款规定“实行执业许可制度”,本条则规定“实行执业许可”,少了“制度”两字。这说明草案对同类事项的用语不一致。

(3)所谓“国家对领队人员实行执业许可”,应改为“领队人员应取得执业许可”。

第四十条 (导游和领队从业规范)导游和领队人员为旅游者提供服务必须接受旅行社委派,不得私自承揽导游和领队业务。

导游和领队人员应当依法接受在职培训。

本条第二款应当放在下面第四十一条,作为其第一款或第二款。

第四十一条 (导游服务机构)依法设立的导游服务机构为导游人员代理执业注册、介绍导游业务、组织业务培训、提供档案管理等服务。

第四十二条 (景区开放条件)景区开放经营应当具备下列条件:

(一)有必要的旅游配套服务和辅助设施;

(二)有必要的安全设施及制度,经过安全风险评估,满足安全条件;

(三)有必要的环境保护设施和生态保护措施;

(四)符合其他法律、行政法规的规定。

具备上述条件的景区,应当向其主管部门提出开放经营申请,批准机关在批准前应当听取旅游行政主管部门的意见。

按照草案第九十七条"景区"的定义,"景区"属于场所或者区域;根据本条第二款的规定,"景区"又是行为主体。景区作为场所或区域,是不能行为的。所以,提出"开放经营申请"的,不应是景区,而应是景区的经营者或管理者。

再者,景区的设置开放未必都是"以营利为目的",所以在旅游法中统一使用"景区管理人"的术语较为妥当。

第四十三条 (景区门票管理)景区经过主管部门批准方可有偿收取门票。利用公共资源开放的景区门票实行政府定价或者政府指导价。其他景区门票实行市场定价,其价格应当向价格主管部门备案。

景区门票价格变动应提前6个月公布。景区应当明示另行收费的游览项目。景区部分核心游览项目因故不能开放或者无法提供服务的,应提前告知并相应减少收费。

(1)第二款中的"景区门票价格变动应提前6个月公布",应当单列为一款,其余内容应作为第三款。

(2)如果景区门票价格变动没有提前6个月公布,其法律后果如何?如果没有法律后果的规定,所谓"提前6个月公布"就是空话。可否规定,如果提价,旅行社或旅游者有权按原价购票;如果降价,可按现价购票。

第四十四条 (民俗、乡村旅游经营)城镇和乡村居民利用自有住宅或者其他条件依法从事旅游经营,其管理办法由国务院有关部门或者省、自治区、直辖市人民政府制定。

第四十五条 (高风险旅游经营许可)国家对高空、高速、水上、潜水、探险等高风险旅游项目实行经营许可制度。

本条表述方式不妥,不必动辄出现“国家”字样。应改为:经营高空、高速、水上、潜水、探险等高风险旅游项目,应事先获得相应经营项目许可。

第四十六条 (网络旅游经营)通过网络从事旅游经营的,经营者或者发布旅游经营信息的互联网服务提供者应当在网站主页面或者从事经营活动的网页的醒目位置,明示旅游经营相关许可证信息、营业执照信息或者电子链接标识以及旅游经营和服务的项目、内容、价格等事项。

对于应当明示的内容,最好分项表述。

第四十七条 (旅游经营规则)旅游经营者应遵守下列规则:

(一)诚信经营,履行谨慎注意、安全保障、投诉处理等义务,保护经营中获得的旅游者个人信息;

(二)预先对产品和服务项目的内容、收费标准及注意事项作出真实、完整、准确地说明;

(三)相关设施、产品和服务符合国家规定的安全技术规范和标准,保障旅游者的人身及财产安全;

(四)取得质量标准等级的,其设施和服务不得低于相应标准,未取得质量等级标准的,严禁使用其称谓和标志;

(五)不得设置违反我国法律法规和公序良俗的旅游项目,不得组织、带领旅游者参观、从事违反我国法律法规和公序良俗的活动;

(六)不得索取小费;

(七)不得给予、收受贿赂。

(1)关于“小费”,应当以专条规定。理由是:①小费是旅游业特有而普遍的现象。②小费多是导游或服务人员直接索取,直接规定为旅游经营者责任,有所不妥。③禁止索取小费,意味着索取行为无效,那么应当把索取的小费返还旅游者,本草案对此没有规定。④导游或服务人员索取“小费”,旅行社或景区管理人应否承担先行返还义务,旅游法应当有所规定。

(2)“不得给予、收受贿赂”,是守法诚实经营的应有之义,不必再明示规定。否则,像不得打骂旅游者等,也应明示规定。

第四十八条 (交通、住宿、餐饮、购物、娱乐等衔接)交通、住宿、购物、娱乐等经营者从事旅游接待,应当符合接待旅游团队等要求,并遵守第四十七条规定。

“旅游团队等要求”究竟是什么,本条草案表述不明。

购物等经营者可以自由接待旅游散客,这也是“旅游接待”,不必非得“符合接待旅游团队等要求”。

本条应当删除。

第四十九条 (委托经营的连带责任)旅游经营者将其部分经营项目或者场地交由他人从事住宿、餐饮、购物、游览、娱乐、旅游交通等经营的,应对实际经营者的经营行为给旅游者造成的损害承担连带责任。

(1)本条应当参考《合同法》第四百条有关转委托的规定。

(2)旅行社转委托后,应当承担直接责任,而不是连带责任。

(3)景区管理人将经营项目或场地“交由”他人经营管理,其方式不同,法律后果也不同。“交由”的方式有租赁、变更字号的委托经营、不变更字号的委托经营、入股等。一概“连带责任”,过于简单。这也是有关景区的规定要单列一章的理由之一。

第五十条 (经营者报告义务)旅游经营者组织接待出入境旅游,发现出境旅游者非法滞留境外、在境外从事违法活动,或者入境旅游者擅自分团、脱团或者在境内从事违法活动,应当及时向旅游行政主管部门、公安机关报告。

本条最好分项表述,如:在发生下列事项时,旅游经营者(主要是旅行社)应当及时向旅游行政管理部门、公安机关报告:

(一)出境旅游者非法滞留境外……

第五十一条 (旅游经营责任保险)国家根据旅游活动的风险程度,对旅行社、住宿、旅游交通等经营者分类实施责任保险。

本条语义不明,不是“国家……实施责任保险”。应当改为:旅行社、景区管理人应依法缴纳责任保险。

第五章　旅游服务合同

第五十二条　(订立合同)旅行社组织和安排旅游活动,应当与旅游者订立合同,并按照约定履行义务。

本条只规定“履行义务”,也应规定“享有权利”。再者,履行合同义务是合同法应有之义,旅游法不必另行强调。

本条应改为:“旅行社应当与旅游者订立书面合同,合理约定并明确双方权利义务。”

第五十三条　(包价旅游合同)包价旅游合同应当采用书面形式,并包括下列内容:

(一)组团社、地接社的基本信息;

(二)旅游行程安排;

(三)交通、住宿、餐饮等旅游服务安排和标准;

(四)游览娱乐项目的具体内容和时间;

(五)自由活动时间安排;

(六)旅游费用及交纳的期限和方式;

(七)法律法规规定和双方约定的其他事项。

旅行社签订包价旅游合同时应向旅游者对前款(二)至(六)项内容进行必要说明。

旅行社不得在包价旅游合同约定之外安排收费项目或者另行收取费用。

(1)草案第三十六条第二款“旅行社组织接待团队旅游安排导游的,导游服务费用应在包价旅游合同中明示”,应当直接在本条中表述。

(2)“旅行社不得在包价旅游合同约定之外安排收费项目或者另行收取费用”,过于笼统。任何合同都是可以变更的,草案第五十九、六十条也规定了合同变更事项,而且规定了变更时可以增加费用。

第五十四条　(旅行社告知义务)订立包价旅游合同时,旅行社应当向旅游者告知下列事项:

(一)旅游者不适合参加旅游行程的情形;

(二)行程中的安全注意事项;

(三)旅行社责任限制、减免的相关信息;

(四)旅游者应当注意的目的地相关法律法规、风俗习惯、宗教禁忌,依照中国法律不

宜参加的活动等;

(五)法律法规规定的其他应当告知的事项。

包价旅游合同履行中,遇有前款事项也应向旅游者作出提示。

第二款中的"也应"不是法律通常用语。

第一款规定的是注意事项,不存在发生不发生的问题,所以第二款中的"遇有前款事项",语义不通。

第五十五条 (不能成团的告知)因未达到约定人数不能出团的,组团社可以解除合同,但应当在下列时限内通知旅游者:境内旅游至少提前七天,出境旅游至少提前三十天。

因未达到约定人数不能出团的,组团社经征得旅游者书面同意,可以委托其他旅行社履行合同。组团社对委托事项承担责任,受委托旅行社在委托范围内对组团社承担责任。旅游者不同意的,可以解除合同。

(1)在第一款规定的情形中,如果旅行社迟于通知,其应当承担的责任,也应当明确规定。

(2)第二款应当参照《合同法》第四百条有关转委托的规定。"组团社对委托事项承担责任,受委托旅行社在委托范围内对组团社承担责任。"其语义不明。组团社承担责任的对象,应当明示;受委托旅行社也应当对转团的旅游者承担责任。

第五十六条 (旅游者替换与解除合同)旅游行程开始前,旅游者可以将包价旅游合同中自身的权利义务转让给第三人,旅行社没有正当理由的不得拒绝,因此增加的费用由旅游者和第三人承担。

旅游行程结束前,旅游者可以解除合同,法律法规另有规定的除外。

旅游者作为旅游服务的委托人,应当有当然的合同解除权。法律的"另有规定",如境外旅游时,旅游者在返回入境前不得解除合同的情形,应当明确在旅游法中规定。

第五十七条 (旅游者原因的解除)旅游者有下列情形之一的,旅行社可以解除合同:

(一)患有传染性等疾病,可能危害其他旅游者健康和安全的;

(二)非法携带危害公共安全物品并不同意交相关部门处理的;

(三)从事违法或者违背公序良俗活动的;

(四)从事严重影响其他旅游者权益的活动,且不听劝阻、不能制止的;

(五)法律、法规规定的其他情形。

第五十八条 (包价旅游合同的履行)组团社将包价旅游合同中的接待业务委托给地接社的,地接社应当按照合同相关内容提供服务。

地接社提供的服务不符合合同约定的,旅游者有权要求组团社或者地接社采取措施进行补救。

地接社或者履行辅助人提供的服务不符合包价旅游合同约定的,由组团社承担违约责任。由于地接社或者履行辅助人的原因造成违约的,组团社在承担责任后,有权向地接社、履行辅助人追偿。

第五十九条 (合同变更限制)非因下列事由影响旅游行程的,旅行社和旅游者均不得变更旅游行程安排:

(一)不可抗力;

(二)政府因公共利益需要采取措施;

(三)旅行社或者履行辅助人已尽合理注意义务仍不能预见的事件。

(1)任何合同,只要双方协商一致,当然可以变更。例如,在旅游地遇有大雨,但尚不构成不可抗力,室外项目不宜进行,经双方协商,当然可以改为室内项目。

本条应当规定的是不得"单方"改变旅游行程安排。

(2)第三项文句的前面应有"发生"二字。

第六十条 (第五十九条事由导致后果的处理)由于第五十九条事由影响合同履行的,按下列情形处理:

(一)合同不能继续履行的,旅行社和旅游者均可解除合同;不能完全履行的,旅行社可以在合理范围变更合同,但应当向旅游者作出说明,因此增加的费用由旅游者承担,减少的费用退还旅游者。旅游者不同意变更的,可以解除合同;

(二)危及旅游者人身、财产安全的,旅行社应当采取相应的安全措施。因此支出的费用,由组团社和地接社合理分担;

(三)造成旅游者滞留的,旅行社应当采取相应安置措施。因此增加的食宿费用,由旅游者承担;增加的返程费用,由双方合理分担。

(1)本条第二项规定“旅行社可以在合理范围变更合同,但应当向旅游者作出说明”,显然与第五十九条的内容矛盾;

(2)本条第二项规定费用负担规则不合理,应当是组团社、地接社和旅游者三方合理负担。虽然旅行社有保障旅游者人身、财产安全的义务,但必须是合理范围的安全保障义务。例如,旅游地暴发疫情,其增加的额外防疫费用不应都由旅行社一方负担。

第六十一条 (合同解除的处理)合同解除后,按下列情形处理:

(一)因未达到约定的成团人数解除合同的,组团社应当退还已收取的全部费用;

(二)因第五十九条事由解除合同的,组团社应当在扣除已向地接社或者履行辅助人支付且不可退还的费用后,将余款退还旅游者;

(三)因旅游者原因解除合同的,组团社应当在扣除必要、合理的费用后,将余款退还旅游者,因此造成组团社损失的,旅游者应当承担责任。

旅游行程中解除合同的,旅行社应当协助旅游者返回出发地或者旅游者指定的合理地点。由于旅行社或者履行辅助人的过错造成合同解除的,旅游者有权要求旅行社支付返程费用。

本条第二款规定的后合同义务,应当单设一条予以专门规定。要特别强调,即使是因旅游者原因解除合同,旅行社也要无条件地承担合同后义务,如协助旅游者返回、安排患病的旅游者到医院等。

第六十二条 (旅行社违约后果处理)由于旅行社或者履行辅助人原因影响合同履行,按下列情形处理:

(一)置换、减少游览娱乐服务项目的,旅行社应当承担继续履行、采取补救措施的责任,或者赔偿旅游者完成遗漏、减少服务项目所需合理费用;

(二)无正当理由拒绝履行合同,应当赔偿旅游者的损失,造成旅游者人身伤害、滞留目的地等严重后果的,并支付旅游费用一倍以上、三倍以内的惩罚性赔偿金;

(三)对旅游者在旅游行程中的人身损害,由旅行社承担赔偿责任,但因不可抗力、旅游者自身原因、履行辅助人之外的第三人造成的除外;

(四)负责保管的旅游者行李物品损毁、灭失的,由旅行社负责赔偿,但因物品自然属性造成的除外。

由于公共交通原因导致旅游者人身伤害或者财产损失的,旅行社应当协助旅游者向公共交通提供者索赔。

因第五十九条事由造成违约的,可以减轻或者免除组团社的违约责任。

(1)本条第一款的内容,可以放在"法律责任"章中一并规定。

(2)本条第一款第二项"无正当理由拒绝履行合同,应当赔偿旅游者的损失"之后,不应当是逗号,而应当是分号。

(3)本条第二款规定的内容,不属于旅行社违约责任,而是协助旅游者索赔的义务,应当单设一条专门规定。

(4)第三款应当参照《合同法》第一百一十七条,"因第五十九条事由造成违约的",应改为"因第五十九条事由造成旅行社不能履行合同的"。

(5)本条第一款的责任主体是"旅行社或履行辅助人",第三款的责任主体则是"组团社",似不妥当。

(6)第一款第三项"对旅游者在旅游行程中的人身损害",应改为"对旅游者在旅游行程中'受到'的人身损害",以免引起歧义。

第六十三条 (旅游者违约责任)旅游者违约造成旅行社、履行辅助人或者其他旅游者损失的,应当承担赔偿责任。

旅游者采取不正当方式解决争议,妨碍旅游行程、造成损失扩大的,不得就扩大的损失要求旅行社赔偿;由此造成旅行社、履行辅助人或者其他旅游者损失的,应当承担赔偿责任。

本条内容可以放在"法律责任"章中一并规定。

第六十四条 (旅游安排、代订、咨询合同)旅行社根据旅游者要求,安排旅游行程、代订交通、住宿等旅游服务,应当以书面形式订立旅游安排合同。

旅行社可以接受旅游者的委托,为其代订交通、住宿、餐饮、游览娱乐等旅游服务,承办此类业务收取佣金或者代办费用的,应当亲自处理委托事务。因旅行社的过错给旅游者造成损失的,旅行社应当承担赔偿责任。

旅行社根据旅游者的委托,有偿提供旅游行程设计、旅游信息咨询等服务的,应当保证其设计合理、可行,信息及时、准确。

(1)本条第二款有严重语法错误。“旅行社可以接受旅行者的委托,为其代订……”,表述的是旅行社可以从事的营业范围;“承办此类业务收取佣金或者代办费用的”,表述的是旅行社的业务行为情形。对这两类事项,不能用一串逗号的语句连接。再者,既然第一款已经规定从事这类业务要订立书面合同,自然表明法律已经允许旅行社从事这类业务,第二款中再强调“可以”就毫无必要。

第二款可以简要表述为:“旅行社为旅游者代订交通、住宿、餐饮、游览娱乐等旅游服务并收取佣金或者代办费用的,应当亲自处理委托事务。”

(2)第二款中“因旅行社的过错给旅游者造成损失的,旅行社应当承担赔偿责任”的规定,应当也适用于第三款规定的情形,因此,这一规定应单列为第四款。

第六十五条 (住宿合同)住宿经营者应当按旅游服务合同规定为旅游者提供住宿服务。住宿经营者未能按照合同提供服务的,应当为旅游者提供不低于原定标准的住宿服务,由此增加的费用由住宿经营者负担;但由于不可抗力、政府因公共利益需要采取措施造成不能提供服务的,住宿经营者应当退还旅游者已支付费用,并协助其安排住宿。

住宿经营者未尽到安全保障义务,致使旅游者携带的物品在住宿场所内损毁、灭失、被盗的,住宿经营者应当依法承担赔偿责任。

住宿经营者提供住宿服务,与客人是不是旅游者无关。

本条应当删除。

第六章 旅游安全

第六十六条 (政府旅游安全职责)县级以上人民政府统一负责旅游安全工作。县级以上人民政府有关部门依照法律、法规履行旅游安全职责。

第六十七条 (旅游目的地安全风险提示、监测、评估)国家建立旅游目的地安全风险提示制度。旅游目的地安全风险提示级别的划分标准和实施程序由国务院旅游行政主管部门会同有关部门依法制定。

县级以上人民政府及其有关部门应当把旅游安全作为突发事件监测和评估的重要内容。

第二款中的“重要内容”,不是通常法律用语。法律规定纳入即可,纳入就已经表明其重要。

第六十八条 (突发事件应对)县级以上人民政府应当依法将旅游应急管理纳入政府应急管理体系,制定应急预案,建立旅游突发事件应对机制。

突发事件发生后,当地人民政府及其有关部门和机构应当采取措施开展救援,并协助旅游者返回出发地或者旅游者指定的合理地点。

第六十九条 (景区流量控制)景区实行旅游者流量控制制度,不得超过景区主管部门核定的最大承载量接待旅游者。

旅游者可能达到或者超过最大承载量时,景区应向当地人民政府报告,景区和当地人民政府应当及时采取疏导、分流等措施,旅游者应当予以配合。

第二款中的“景区”之后,应加上“管理人”。

第七十条 (旅游经营者的安全保障)旅游经营者应当依法取得安全生产资质,严格执行有关标准、安全技术规范以及消防的有关规定,制定旅游者安全保护制度和应急预案。

旅游经营者应当对直接为旅游者提供服务的从业人员开展经常性应急救助技能培训,对其提供的产品和服务进行安全检验、监测和评估,采取必要措施防止危害发生。

旅游经营者组织、接待老年人、未成年人、残疾人等旅游的,应当采取相应的安全保障措施。

本条规定的“安全生产资质”等,不应泛泛地规定“旅游经营者”都应取得。

第七十一条 (旅游经营者的安全警示)旅游经营者应当就旅游活动中的下列事项,以明示的方式事先向旅游者作出说明或者警示:

(一)正确使用设施设备或者接受服务的方法;

(二)预防危害的方法和必要的安全防范、应急措施;

(三)未向旅游者开放的经营、服务场所和设施设备;

(四)不适宜参加活动的群体;

(五)可能危及旅游者人身、财产安全的其他情形。

第七十二条 (旅游经营者的事故救助处置)突发事件或者旅游安全事故发生后,旅游经营者应当立即采取必要的救助和处置措施,依法履行报告义务,并妥善处理善后事宜。

第七章　旅游监管

(1)本章的题目应当是“旅游业监管”。

(2)本章的主要问题,一是行政权力过大,旅游管理部门有扣押、查封的权力;二是权限不明,有的处罚由旅游行政管理部门执行,有的由工商行政管理部门执行,有的处罚由“相关行政主管部门执行”。

第七十三条　(监管机制)县级以上人民政府应当建立有关部门分工负责的旅游市场监管工作机制。

旅游及相关行政主管部门依照本法和其他有关法律法规规定,对旅游市场进行监管,依据法定职责查处相关违法行为。

第七十四条　(监督检查)县级以上人民政府旅游行政主管部门有权对以下事项实施检查:

(一)旅游行政主管部门许可的经营者资质和从业人员资格;

(二)旅行社的经营行为;

(三)导游和领队等旅游从业人员的服务行为;

(四)法律法规规定的其他事项。

第七十五条　(检查手段)旅游执法人员实施检查时,可以进入旅游经营场所,查阅、复制与监督检查内容有关的合同、票据、账簿以及其他资料。

为制止违法行为和保全证据,旅游执法人员可以依法对被检查单位和个人的财产和有关资料采取查封、扣押等强制措施。

第二款规定的执法权力过大,只是旅游执法人员就“可以依法对被检查单位和个人的财产和有关资料采取查封、扣押等强制措施”,易于给相对人造成过度损害。《证券法》也规定了证监会有查封、扣押的权力,但规定了事先要“经国务院证券监督管理机构主要负责人批准”,而本草案却没有类似程序保障规定。

第七十六条　(检查要求)旅游执法人员进行现场检查时,不得少于二人,并应当出示检查通知书和执法证件。少于二人或者未出示检查通知书和执法证件的,被检查单位和个人有权拒绝。

旅游行政主管部门及其执法人员对监督检查中掌握的被检查单位的商业秘密和个人的隐私应当保密。

第七十七条 (被检查者义务)对依法采取的检查措施,有关单位和个人应当配合,如实说明情况并提供文件、资料,不得拒绝、阻碍和隐瞒。

第七十八条 (对违法行为与投诉、举报的处理)旅游行政主管部门和相关部门在执法过程中或者处理举报、投诉时发现违法行为的,属于本部门管理事项,应当依法及时作出处理;不属于本部门职责范围的事项,应当及时书面通知并移交相关部门查处。

本条中"属于本部门管理事项"之后,应当加一个"的"字,即"属于本部门管理事项的"。

第七十九条 (综合处理责任)县级以上地方人民政府建立旅游违法行为查处信息的共享机制,对需要跨部门、跨地区联合处理的违法行为,应当进行督办。

旅游行政主管部门和相关部门应当按照各自职责,及时向社会公告监督检查的情况。

本条第一款有严重语法错误。"建立……的共享机制"其后是逗号,全句的主语应是"共享机制","的"之前全是定语。但是,"共享机制"如何去"督办"其他事项?所谓"督办",应当是上级对下级督办,对上级、对评级,如何督办?

本条应改为:

"县级以上地方人民政府应当建立旅游违法行为查处信息的共享机制。对需要跨部门、跨地区联合处理的违法行为,上级人民政府应当进行督办。"

第八章 权利救济

本章内容无非是纠纷解决方式,其中没有旅游法上的特殊之处。

本章应当删除。

第八十条 (投诉处理)县级以上人民政府应当指定或者设立统一的旅游投诉受理机构。受理机构接到投诉,应及时进行处理或者移交相关部门处理,并告知投诉者。

有关投诉机构设置及其职能权限的规定,可以放到旅游监管一章中。

第八十一条 (争议解决途径)旅游者与旅游经营者发生争议,可以通过以下途径解决:

(一)双方协商;

(二)向消费者协会、旅游投诉受理机构或者相关主管部门投诉;

(三)申请仲裁;

(四)向人民法院提起诉讼。

第八十二条 (争议调解)消费者协会、旅游投诉受理机构和相关主管部门应在双方自愿的基础上,依法对旅游者与旅游经营者之间的争议进行调解。

第八十三条 (共同争议解决)旅游者与旅游经营者发生争议,旅游者一方在十人以上并有共同请求的,可以推举代表参加协商、调解、仲裁、诉讼活动。

第八十四条 (仲裁)旅游者与旅游经营者发生争议时,合同约定有仲裁条款或者事后达成书面仲裁协议的,当事人可以申请仲裁机构仲裁。

第八十五条 (诉讼)旅游者与旅行社因包价旅游合同发生争议提起诉讼的,由合同履行地、原告住所地或者被告住所地人民法院管辖,当事人依法另有约定的除外。

第九章 法律责任

本章存在的主要问题是:

(1)只有行政责任的规定,与"法律责任"的章名不符;

(2)责任设置不当,有"轻者重、重者轻"的情形;

(3)有较多的用语不规范的地方。

第八十六条 (未经许可经营的责任)违反本法规定,未经许可经营旅行社业务的,由旅游行政主管部门或者工商行政主管部门责令改正,没收违法所得;违法所得10万元以上的,并处违法所得一倍以上五倍以下的罚款;违法所得不足10万元或者没有违法所得的,处1万元以上10万元以下罚款。

执法主体应当是一个,不能一个行为由两个部门处罚。

第八十七条 (旅行社责任之一)旅行社违反本法规定,有下列行为之一的,由旅游行政主管部门责令改正,没收违法所得;违法所得5万元以上的,并处违法所得一倍以上五倍以下罚款;违法所得不足5万元或者没有违法所得的,并处5000元以上5万元以下罚款;拒不改正的,责令停业整顿;情节严重的,吊销旅行社业务经营许可证:

(一)超出旅行社业务许可范围经营的;

(二)向不合格的供应商订购产品和服务的;

(三)未为旅游团队安排领队的;

(四)安排未取得导游证或者领队证的人员提供导游或者领队服务的;

(五)未在包价旅游合同中明示导游服务费用的;

(六)低于成本招徕、组织、接待旅游者的。

(1)本条规定的应处罚事项,其性质和程度不一,规定在一条中,易于导致执法裁量权过大;

(2)本条第二项"向不合格的供应商订购产品和服务的",既可能是故意的,也可能是过失的。行政处罚应当考虑到两者的区别。

第八十八条 (旅行社责任之二)旅行社违反本法规定,安排旅游者在指定场所购物、强迫或者变相强迫购物、安排另行付费旅游项目的,由旅游行政主管部门责令改正,没收违法所得,处5万元以上20万元以下罚款;初犯的并处停业整顿;再犯的吊销旅行社业务经营许可证和相关人员的导游证、领队证。

旅游经营者组织接待出入境旅游,对出境旅游者在境外非法滞留和入境旅游者擅自分团、脱团负有责任的,由旅游行政主管部门责令改正,处警告或者5万元以下罚款,没收违法所得;情节严重的,吊销旅行社业务经营许可证。入境旅游者如需遣返的,应当承担其遣返费用。

(1)本条第一款、第二款规定的事项在性质上不同,应当分条规定;

(2)本条中"初犯的"、"再犯的",过于口语化。再者,初犯与再犯之间应有间隔,一年之内再犯和三年之内再犯,其处罚应当不一样。

第八十九条 (导游和领队的责任)违反本法规定,未取得导游证或者领队证从事导游、领队活动的,由旅游行政主管部门责令改正并予以公告,处1000元以上3万元以下罚款,有违法所得的并处没收违法所得。

导游或者领队私自承揽业务,或者擅自变更、替换旅游行程和线路的,由旅游行政主管部门处1000元以上3万元以下罚款,并吊销导游证、领队证,三年内不得重新申请。

第九十条 (违反报告义务的责任)旅行社及其委派的导游人员、领队人员违反本法第五十条规定,未履行报告义务的,由旅游行政主管部门责令改正,对旅行社处5000元以上5万元以下罚款；对导游人员、领队人员处2000元以上2万元以下罚款；情节严重的，责令旅行社停业整顿，或者吊销旅行社业务经营许可证、导游证、领队证。

本条中“情节严重的，责令旅行社停业整顿，或者吊销旅行社业务经营许可证、导游证、领队证”，从语法上看，导游证、领队证是属于旅行社的；而立法意图则是指属于导游人员、领队人员的证件。

第九十一条　（甩团的责任）违反本法规定，旅行社或者导游人员在旅游行程中拒绝履行合同，由旅游行政主管部门责令改正，对旅行社处5万元以上20万元以下罚款、停业整顿，对导游人员处1万元以上5万元以下罚款、暂扣导游证1个月至3个月；造成旅游者滞留目的地的，吊销旅行社业务经营许可证和导游证。

（1）甩团是最为严重的违约行为之一，本条却规定，“对导游人员处1万元以上5万元以下罚款、暂扣导游证1个月至3个月”；造成“旅游者滞留目的地的”，才吊销导游证。比较一下第八十九条第二款，“导游或者领队私自承揽业务，或者擅自变更、替换旅游行程和线路的”即“并吊销导游证、领队证，三年内不得重新申请”。两条相比，明显存在“轻者重、重者轻”的情形。

（2）“吊销旅行社业务经营许可证和导游证”，同样不准确，导游证不属于旅行社。

第九十二条　（组织或者带领旅游者在境内外参加违法或者违反当地习俗游览活动的责任）旅行社及其从业人员违反本法规定，在旅游行程中设置违反我国法律法规和公序良俗的旅游项目，或者组织、带领旅游者参观、从事违反我国法律法规和公序良俗的活动的，由旅游行政主管部门责令改正，没收违法所得，对旅行社处5万元以上20万元以下罚款，初犯的并处停业整顿，再犯的吊销旅行社业务经营许可证；对导游、领队等从业人员处1万元以上5万元以下罚款、暂扣导游证或者领队证1个月至3个月，造成严重后果的，吊销导游证或者领队证；在境外从事上述活动的，直接吊销旅行社业务经营许可证和导游证、领队证。

不同国家或地区有不同的公序良俗，要求旅行社在境外一概遵守我国的公序良俗，似限制过严，执法时的界限不易把握。最好将不允许的违反公序良俗的行为予以列举，以便在执法中参照把握。

第九十三条　（索取小费和给予、收受贿赂的责任）旅游经营者及从业人员违反本法规定,索取小费的,由旅游行政主管部门没收违法所得,对旅游经营者处1万元以上10万元以下罚款,对从业人员处1000元以上3万元以下罚款,情节严重的,吊销旅行社业务经营许可证;导游人员、领队人员违反规定情节严重的,吊销导游证或者领队证。

旅游经营者及从业人员违反本法规定,给予、收受贿赂的,由工商行政主管部门依据有关法律法规处理;情节严重的,并由旅游行政主管部门吊销旅行社业务经营许可证、导游证、领队证。

本条的两款应分两条规定。

第九十四条　(景区的责任)景区违反本法规定,未经批准擅自开放接待旅游者的,由景区主管部门责令关闭,没收违法所得,并处10万元以上100万元以下罚款。景区经营过程中不符合开放条件而接待旅游者的,责令停业整顿直至符合开放条件,可并处10万元以上50万元以下罚款。

景区在旅游者可能达到或者超过最大承载量时未向当地人民政府报告、未及时采取疏导分流等措施,或者超过最大承载量接待旅游者的,由景区主管部门责令改正,情节严重的,责令停业整顿1个月至6个月。

第二款规定不严谨,景区旅游具有季节性,同是“责令停业整顿1个月至6个月”,因季节不同,对景区的影响大不一样。再者,如果是旅游旺季“责令停业整顿1个月至6个月”,可能给景区造成巨大的利益损失。建议只有存在超载接待造成人员伤亡的严重情节时,才给予停业整顿的处罚。

第九十五条　(违反警示义务的责任)旅游经营者违反本法规定,对可能危及人身安全的情况未向旅游者作出真实说明和明确警示,或者未采取防止危害发生的措施的,由其行政主管部门责令改正,并给予警告、停业整顿或者吊销经营资格。法律法规另有规定的,从其规定。

本条规定的处罚执法幅度太宽。

第九十六条　(刑事责任)违反本法规定,构成犯罪的,依法追究刑事责任。

本条毫无意义。构成犯罪,要依据《刑法》而不能依据旅游法追究刑事责任。旅游法写不写这一条,丝毫不影响刑法的实施。

本条应当删除。

第十章　附则

第九十七条　（术语定义）本法下列用语的含义是：

（一）景区，是指以营利为目的，为旅游者提供游览服务的封闭场所或者区域；

（二）包价旅游合同，是指旅行社预先安排行程，提供或者通过履行辅助人提供交通、住宿、餐饮、游览、导游或者领队等两项以上旅游服务，旅游者以总价支付旅游费用的合同；

（三）组团社，是指签订包价旅游合同的旅行社；

（四）地接社，是指接受组团社委托，在目的地接待旅游者的旅行社；

（五）履行辅助人，是指与旅行社存在合同关系，协助其履行包价旅游合同义务，实际提供相关服务的法人或者自然人。

第九十八条　（施行时间）本法自　年　月　日施行。

关于《中华人民共和国旅游法(草案)》的修改建议[①]

渠　涛[②]

一、引言

中国自改革开放以来,旅游事业得到了大发展,特别是随着经济发展带来的国力增强,中国旅游业在短短的30余年内发生了巨大变化。

旅游业的大发展使之在国民经济中所占比重逐年增加,反之,国民经济的发展又会给旅游业带来新的课题。但同时旅游业出现的问题也很多。诸如,市场秩序混乱、服务质量差、旅游安全时常受到威胁等问题已经困扰着旅游业的发展。

应该说,问题的原因是多方面的,而其中可供调整旅游法律关系的实体法缺失,无疑是其中最为重要的原因之一。

关于旅游方面的立法,在改革开放初期已经被列入立法规划,1999年通过的《合同法》在立法过程中也曾将"旅游合同"作为有名合同列入,但由于种种原因而未能成行。

据最新公开介绍,2009年12月,全国人大财政经济委员会牵头组织国家发展改革委员会、国家旅游局等23个部门和有关专家成立旅游法起草组。经过两年多的努力,于2012年3月14日,在财政经济委员会第64次全体会议上审议并通过了《旅游法(草案)》。

作为这部草案起草组的专家之一,仅从学者研究的角度对这部草案提出一些修改建议。

① 本文曾在中国法学网上首发。

② 作者简介:渠涛,中国社会科学院法学研究所研究员。

二、对草案总体的评价及整体体例的修改建议

(一)评价

(1)旅游作为国民经济中的重要组成部分,有其特殊性,因此在该领域单独立法尤为必要。

(2)随着旅游市场的扩大,旅游相关法律关系日渐复杂,各种矛盾日益凸显,作为社会稳定的重要环节之一,亟待一部专门法律予以调整。

(3)旅游法(草案)涵盖的内容比较全面,集行政监督、旅游行业管理、民事合同等各种规范于一体,作为一部专门针对特别领域的单行法较全面地反映了需要调整的与旅游相关的法律关系。

(4)草案在整体的体例安排、条文的逻辑排列、法律概念、具体内容的表述等立法技术方面似乎还有进一步改进的必要。

(二)对草案整体体例的修改建议

(1)在本法的体例上应明确体现逻辑关系。例如,将“旅游者”和“旅游经营者”作相邻章排列;对有些“章”进行分节处理,以体现递进的逻辑关系。

(2)文字上的用词统一。“因”与“由于”以及条目名上是否加入“权利”及“义务”等各种同意同类用词和专业用词在全文中做统一处理,以体现概念的同一性和严肃性。

(3)是否设置概念定义的规定也需要统一。例如,草案中有对“旅游”的概念规定,但关于“旅游者”、“旅游经营者”、“旅游服务合同”等概念却没有具体规定。

(4)增加一些特别针对旅游法律关系的规定。例如,根据商事法律规则对旅游经营者与旅游辅助人之间法律关系的规定;依据程序法对纠纷处理的特别机制的规定等。

三、对具体内容的修改建议

以下所列条文仅限于对具体内容提出修改建议的部分。另外,关于一些比较复杂的条文顺序以及分“节”和增加内容的具体调整,详见附件资料。

第一章　总则

第二条(适用范围)第二款:本法所称旅游,是指自然人为休闲、娱乐、游览、度假、探

亲访友、就医疗养、购物、参加会议或从事经济、文化、体育、宗教活动,离开常住地到其他地方,连续停留时间不超过12个月,并且主要目的不是通过所从事的活动获取报酬的行为。

修改意见:本条条目名为“适用范围”,第一款内容与条目名相吻合,第二款内容则不然,为对“旅游”概念的定义。关于第二款:一是建议删除,因为旅游这一概念在本法中界定不具备特别意义;二是即便采用这一概念界定也有修改的必要。这是因为:第一,该款现采用的列举式,即“为休闲、娱乐、游览、度假、探亲访友、就医疗养、购物、参加会议或从事经济、文化、体育、宗教活动”等,没有必要。就立法技术而言,采用列举者具有排他功能。就是说,除列举内容外,其他不包括在内。第二,“12个月”的限定没有必要。这一限定可以想象到的只有机票的最长有效期,而旅游本身的其他内容基本与此无关,如最长的环球游船应该只有100天左右。如果需要保留概念性规定,建议将本条文字修改为:本法所称旅游,是指自然人离开常住地从事各种活动,且不因其活动本身而获取报酬的行为。

第六条(旅游经营原则)旅游经营实行统一的服务标准和市场规则,禁止行业或者地区垄断。

修改建议:加入“相对”一词。因为“服务标准”和“市场规则”不可能有绝对的“统一”。建议修改为:旅游经营实行相对统一的服务标准和市场规则,禁止行业或者地区垄断。

本章其他内容无修改建议。

第二章　旅游者

修改建议:应将此章分为两节,即“权利”与“义务”。

第一节　权利(第九条至第十四条,移出一条)

第九条(旅游资源享用)旅游者有依法平等享用旅游资源的权利。国家鼓励经营者对残疾人、老年人、未成年人等特殊人群给予便利和优惠。

修改建议:删掉“国家鼓励经营者对残疾人、老年人、未成年人等特殊人群给予便利和优惠。”一句。因为这段内容不是“权利”,与主题不符。建议将这段内容移到总则中。

第十条(旅游信息获取)旅游者有方便和及时获取旅游必要信息的权利。

修改建议:删除此条内容,因为第九条已经包含此内容。

第十一条(假日旅游)国家机关、企事业单位和社会组织职工有权利用法定节假日、周休日或者带薪年休假进行旅游活动。

修改建议:删除此条内容,因为这是不言自明的事,无须赘言。

第十四条(旅游救助)旅游者人身、财产遇有危险时,有请求旅游服务提供者、当地政府和其他相关社会机构及时救助的权利。

出境旅游者在境外陷于困境时,有请求国家驻当地机构在其职责范围内给予协助和保护的权利。

修改建议:此条内容重要,但应该从义务的角度规定。因这种内容作为权利规定不具有实效性。

附加一条:入境旅游者除法律法规另有规定外,享有与境内旅游者同等权利。

第二节 义务

第十八条(出境旅游者义务)出境旅游者不得在境外非法滞留。

第十九条(入境旅游者权利义务)除法律法规另有规定外,入境旅游者享有与境内旅游者同等权利,承担相应义务。

随团入境的旅游者不得擅自分团、脱团。

修改建议:第十八、十九条合并为一条(出入境旅游者义务):出入境旅游者不得擅自分团、脱团、非法滞留。

另外,分节后,建议将条目名上的"权利"和"义务"作统一处理,要么全加上,要么全删除。第十九条中关于"权利"的内容上移至前节"权利"的最后一条。

第三章 旅游规划和促进

第二十二条(规划衔接)旅游发展规划应当依据国民经济和社会发展规划编制,并与主体功能区规划、土地利用总体规划、环境保护规划、城乡规划、海洋功能区划相衔接,与自然保护区规划、风景名胜区规划、林地湿地草原森林公园保护利用规划、文物保护规划、历史文化名城名镇名村保护规划等规划相协调。

修改建议:条目名改为:(规划衔接与协调)

第四章 旅游经营

修改建议:第一,章名改为"旅游经营者",以此与"旅游者"章名相对应,同时最好将此章提前或将"旅游者"一章移后,即将"旅游者"章与"旅游经营者"章比邻。第二,将本章分节:(1)作为第一节(旅游经营者的条件及权利义务),首先,保留第三十二条(有细微修改),其后增加一条"经营者的权利",再其后将第四十七、第五十、第五十一条提前作为"经营者的义务"。(2)将现有内容分类后作为其后的各节分别为:第二节(一般旅游经营者)将草案第三十三条第二款提出作为"一般旅游经营者的内容",其后以第三十三条续后至第三十七条,但第三十七条内容全部纳入第三十六条;第三节(特殊旅游经营者)包括第四十二、第四十三、第四十四、第四十五、第四十六条;第四节(辅助经营者)包括第三十八条至第四十一条、第四十八条、第四十九条,另从商事合同关系的角度对主经营者与辅助经营者之间的关系作原则规定,即在"经营者的连带责任"一条中增加一款:"经营者之间的有偿业务关系适用商事法律(业界习惯优先)的法理。"

第一节　旅游经营者的基本权利义务及条件

第三十二条(旅游经营条件)从事旅游经营应当依法取得相关资质,接受当地人民政府有关部门的监督管理。

修改建议:第一,将"接受当地人民政府有关部门的监督管理"改为"监督检查"。理由是,"政府部门"与"经营者"之间的关系只能是依法监督、检查、服务,绝对不能是"管理"。第二,增设一款:旅游经营者享有独立经营自主权,其合法经营受法律保护。

第三十七条(公平交易)旅行社不得以低于成本的价格招徕、组织、接待旅游者。

旅行社组织、接待团队旅游不得指定购物场所,不得强迫或者变相强迫购物,不得安排任何形式的另行付费旅游项目。

修改建议:第一,将该条内容作为第三十六条的第四、第五款并入前条。第二,在现有的第二款中加入"旅游者",以强调特指。建议修改为:旅行社组织、接待团队旅游不得指定购物场所,不得强迫或者变相强迫旅游者购物,不得安排任何形式的另行付费旅游项目。

第三十八条(导游)国家对导游人员实行执业许可制度。

旅行社应当与聘用的导游人员签订劳动合同,支付劳动报酬,依法缴纳社会保险费用。

修改建议:将“聘用”改为“雇用和聘任”,以强调两者之间的区别。建议修改为:旅行社应当与雇用和聘任的导游人员签订劳动合同,支付劳动报酬,依法缴纳社会保险费用。理由:现在旅游行业(包括最主要的旅行社和旅店业的用人),主要有两部分:一部分是经营者与员工直接签订劳动合同,另一种是通过人才中心等中介机构签订的所谓“智联”劳动合同;还有在旅店业大量使用的所谓“实习生”(实际劳动力)等。实际上的各种劳动保险等待遇根据具体劳动合同不同存在差异。

第四十条 (导游和领队从业规范)导游和领队人员为旅游者提供服务必须接受旅行社委派,不得私自承揽导游和领队业务。

导游和领队人员应当依法接受在职培训。

修改建议:此条规定与合同一般原理以及现行合同法中的规定之间有矛盾,主要是“任意代理与委托代理”之间的关系,需要进一步研究。

第四十一条(导游服务机构)依法设立的导游服务机构为导游人员代理执业注册、介绍导游业务、组织业务培训、提供档案管理等服务。

第四十二条(景区开放条件)景区开放经营应当具备下列条件:

(一)有必要的旅游配套服务和辅助设施;

(二)有必要的安全设施及制度,经过安全风险评估,满足安全条件;

(三)有必要的环境保护设施和生态保护措施;

(四)符合其他法律、行政法规的规定。

具备上述条件的景区,应当向其主管部门提出开放经营申请,批准机关在批准前应当听取旅游行政主管部门的意见。

第四十三条(景区门票管理)景区经过主管部门批准方可有偿收取门票。利用公共资源开放的景区门票实行政府定价或者政府指导价。其他景区门票实行市场定价,其价格应当向价格主管部门备案。

景区门票价格变动应提前6个月公布。景区应当明示另行收费的游览项目。景区部分核心游览项目因故不能开放或者无法提供服务的,应提前告知并相应减少收费。

第四十四条(民俗、乡村旅游经营)城镇和乡村居民利用自有住宅或者其他条件依法从事旅游经营,其管理办法由国务院有关部门或者省、自治区、直辖市人民政府制定。

第四十五条(高风险旅游经营许可)国家对高空、高速、水上、潜水、探险等高风险旅游项目实行经营许可制度。

第四十六条(网络旅游经营)通过网络从事旅游经营的,经营者或者发布旅游经营信息的互联网服务提供者应当在网站主页面或者从事经营活动网页的醒目位置,明示旅游经营相关许可证信息、营业执照信息或者电子链接标识以及旅游经营和服务的项目、内容、价格等事项。

第四十七条(旅游经营规则)旅游经营者应遵守下列规则:

(一)诚信经营,履行谨慎注意、安全保障、投诉处理等义务,保护经营中获得的旅游者个人信息;

(二)预先对产品和服务项目的内容、收费标准及注意事项作出真实、完整、准确地说明;

(三)相关设施、产品和服务符合国家规定的安全技术规范和标准,保障旅游者的人身及财产安全;

(四)取得质量标准等级的,其设施和服务不得低于相应标准,未取得质量等级标准的,严禁使用其称谓和标志;

(五)不得设置违反我国法律法规和公序良俗的旅游项目,不得组织、带领旅游者参观、从事违反我国法律法规和公序良俗的活动;

(六)不得索取小费;

(七)不得给予、收受贿赂。

修改建议:第一,将此条提前;第二,本条第五项是与第五十七条第三项相呼应的规定,但是前段"不得设置违反我国法律法规和公序良俗的旅游项目"的要求,因其规定的对象应解释为国内旅游项目而具有合理性;但后段"不得组织、带领旅游者参观、从事违反我国法律法规和公序良俗的活动"的要求,因其规定的对象应解释为境外旅游项目,故不具合理性。首先,境外,特别是在外国旅游时对于"违法"判断更多需要根据所在国法律,而不是"我国法律",且"公序良俗"更是因地而异。因此建议分清国内与境外。第三,对文字做一些调整,详见:资料部分。

第四十八条(交通、住宿、餐饮、购物、娱乐等衔接)交通、住宿、购物、娱乐等经营者从事旅游接待，应当符合接待旅游团队等要求，并遵守第四十七条规定。

修改建议：注意第四十七条顺序修改后的条目号。

第四十九条（委托经营的连带责任）旅游经营者将其部分经营项目或者场地交由他人从事住宿、餐饮、购物、游览、娱乐、旅游交通等经营的，应对实际经营者的经营行为给旅游者造成的损害承担连带责任。

修改建议：将此条修改为：旅游经营者将其部分经营项目或者场地交由他人从事住宿、餐饮、购物、游览、娱乐、旅游交通等经营，以及将自己的合同义务部分委托他人履行的，应对实际经营者和受托人的行为给旅游者造成的损害承担连带责任。

第五十条（经营者报告义务）旅游经营者组织接待出入境旅游，发现出境旅游者非法滞留境外、在境外从事违法活动，或者入境旅游者擅自分团、脱团或者在境内从事违法活动，应当及时向旅游行政主管部门、公安机关报告。

修改建议：第一，将此条提前；第二，合并内容简单表述，即建议修改为：旅游经营者组织接待出入境旅游，发现旅游者从事违法活动，擅自分团、脱团或非法滞留时，应当及时向相关行政（公安）机关报告。此类"报告"应该直接向公安机关报告，"旅游行政主管部门"如果需要加上也应该排在其后，并提议作为"备案"对象。详见：资料部分。

第五十一条（旅游经营责任保险）国家根据旅游活动的风险程度，对旅行社、住宿、旅游交通等经营者分类别实施强制责任保险制度。

修改建议：第一，条目名改为"旅游经营者的投保义务"；第二，建议此条文字修改为：旅游经营者应当按照国家根据风险程度，对旅行社、住宿、旅游交通等经营者分别实施的强制责任保险制度履行投保义务。

第五章　旅游服务合同

修改建议：第一，"旅游服务合同"一章，可以分节，也可以不分节，但无论选择哪一种，都应该按照合同法的规则顺序——"合同主体"、"合同的订立"、"成立与生效"、"履行与变更和解除"、"违约责任"——排列。第二，鉴于旅游合同中存在不同种类的合同，更应该以一般与特殊的顺序排列。如先规定包价旅游合同的各项内容，然后规定安排、待定、咨询旅游合同以及住宿合同等特殊旅游合同。如果按照这个排列，应该在条目名上强调表现各种合同的内容分类；第三，建议增加几个条文，即"合同的内容"、"合同的成立与生效”。

第五十二条(订立合同)旅行社组织和安排旅游活动,应当与旅游者订立合同,并按照合同约定履行义务。

修改建议:第一,条目名改为“合同的订立”;第二,作为合同主体应该使用“旅游经营者”概念;第三,加入合同概念内容;第四,后段文字加入“合同”一词。建议此条文字修改为:合同的订立,包括旅游服务合同是以旅游经营者提供服务,旅游者支付对价有偿合同;旅游经营者组织安排旅游,应当与旅游者订立合同,并按照合同约定履行义务;双方当事人就旅游合同的主要条款达成合意时,合同成立(合同的成立与生效的规则依合同法第四十四条),合同具体内容以书面合同确定。

需要特别说明的是,第一,此三款也可以分为三个条文;第二,“……合同成立,合同具体内容以书面合同确定”之间的关系主要考虑包价旅游是否成团等特别情况。第三,通过增加这些内容显示出此类合同的一般概念和规则、合同的主体、合同的权利义务内容、合同的订立及效力等几重关系。

第五十三条(包价旅游合同)包价旅游合同应当采用书面形式,并包括下列内容:

(一)组团社、地接社的基本信息;

(二)旅游行程安排;

(三)交通、住宿、餐饮等旅游服务安排和标准;

(四)游览娱乐项目的具体内容和时间;

(五)自由活动时间安排;

(六)旅游费用及交纳的期限和方式;

(七)法律法规规定和双方约定的其他事项。

旅行社签订包价旅游合同时应向旅游者对前款(二)至(六)项内容进行必要的说明。

旅行社不得在包价旅游合同约定之外安排收费项目或者另行收取费用。

修改建议:第一,将此款增加但书,即改为:“旅行社不得在包价旅游合同约定之外安排收费项目或者另行收取费用。但征得旅游者表示同意的除外。”修改的理由:“包价旅游”不能一概排除旅游项目的临时增加,而临时增加不能一概排除费用的增加。此条的设计针对了现实中存在的问题,但矫枉不能过正,特别不能否定契约自由。第二,于第一款增加内容,详见:资料中相关部分。

第五十四条(旅行社告知义务)订立包价旅游合同时,旅行社应当向旅游者告知下列事项:

(一)旅游者不适合参加旅游行程的情形;

(二)行程中的安全注意事项;

(三)旅行社责任限制、减免的相关信息;

(四)旅游者应当注意的目的地相关法律法规、风俗习惯、宗教禁忌,依照中国法律不宜参加的活动等;

(五)法律法规规定的其他应当告知的事项。

包价旅游合同履行中,遇有前款事项也应向旅游者作出提示。

修改建议:第一,将条目名改为"包价旅游合同的告知义务"或"订立包价旅游合同的告知义务";第二,将第一款改为"订立包价旅游合同时,组团社应当向旅游者告知下列事项",以对应前条使用的"组团社"概念;第三,将第二款中"遇有前款事项也应向旅游者作出提示"改为"遇有前款事项也应当及时提醒旅游者"。

第五十五条(不能成团的告知)因未达到约定人数不能出团的,组团社可以解除合同,但应当在下列时限内通知旅游者:境内旅游至少提前七天,出境旅游至少提前三十天。

因未达到约定人数不能出团的,组团社经征得旅游者书面同意,可以委托其他旅行社履行合同。组团社对委托事项承担责任,受委托旅行社在委托范围内对组团社承担责任。旅游者不同意的,可以解除合同。

修改建议:第一,将条目名改为"包价履行合同于履行前的变更和解除";第二,将第一款和第二款中的"出团"改为"成团",以与条目名吻合。

第五十六条(旅游者替换与解除合同)旅游行程开始前,旅游者可以将包价旅游合同中自身的权利义务转让给第三人,旅行社没有正当理由的不得拒绝,因此增加的费用由旅游者和第三人承担。

旅游行程结束前,旅游者可以解除合同,法律法规另有规定的除外。

修改建议:第一,将条目名改为"旅游者对包价旅游合同的转让与解除"(理由:法律概念用词统一);第二,“……费用由旅游者和第三人承担”中的“和”字应用“或”字(因为“费用的承担”完全属于合同自由的范畴,取由当事人自由选择之意)。第三,此条第二款所规定的“解除”为“任意解除”,非“法定解除”,因此与“法律法规另有规定”无涉。建议改为:旅游行程结束前,旅游者可以解除合同,但因此发生的费用由旅游者承担。

第五十七条(旅游者原因的解除)旅游者有下列情形之一的,旅行社可以解除合同:

(一)患有传染性等疾病,可能危害其他旅游者健康和安全的;

(二)非法携带危害公共安全物品且并不同意交相关部门处理的;

(三)从事违法或者违背公序良俗活动的;

(四)从事严重影响其他旅游者权益的活动,且不听劝阻、不能制止的;

(五)法律、法规规定的其他情形。

修改建议:第一,条目名改为“包价旅游合同因旅游者事由的解除”;第二,本条“解除”属于“法定解除”,所采用列举式规定非常恰当,但同时列举的内容需要严谨。第三,第一款正文改为“旅游者在合同约定的旅行活动中有下列情况之一的……”;第四,第一款第一项以下改为:(一)因患有传染性等疾病,可能危害其他旅游者健康和安全的;(二)非法携带危害公共安全物品且不同意交相关部门处理的(体现递进关系);(三)因从事违法或者违背公序良俗活动受到司法机关的处分的。理由是旅行经营者不具备对“违法”进行判断的资格,且违法不同于犯法,在程度上差别也很大,“公序良俗”更是因地而异。另外,所谓“处分”包括处罚和临时措施。

第五十八条(包价旅游合同的履行)组团社将包价旅游合同中的接待业务委托给地接社的,地接社应当按照合同相关内容提供服务。

地接社提供的服务不符合合同约定的,旅游者有权要求组团社或者地接社采取措施进行补救。

地接社或者履行辅助人提供的服务不符合包价旅游合同约定的,由组团社承担违约责任。由于地接社或者履行辅助人的原因造成违约的,组团社在承担责任后,有权向地接社、履行辅助人追偿。

修改建议:将条目名改为“替代履行和委托履行包价旅游合同的责任”。

第五十九条(合同变更限制)非因下列事由影响旅游行程的,旅行社和旅游者均不得变更旅游行程安排：

（一）不可抗力；

（二）政府因公共利益需要采取措施；

（三）旅行社或者履行辅助人已尽合理注意义务仍不能预见的事件。

修改建议：第一，将条目名改为“对包价旅行合同变更的限制”；第二，第一款后段文字改为“非因……的，组团社和旅游者均不得变更旅游合同约定的内容行程安排”。

第六十条（第五十九条事由导致后果的处理）由于第五十九条事由需要变更影响合同履行时的，按下列规则情形处理：

（一）合同不能继续履行的，组团旅行社和旅游者均可解除合同；不能完全履行的，旅行社可以在合理范围变更合同，但应当向旅游者作出说明，因此增加的费用由旅游者承担，减少的费用退还旅游者。旅游者不同意变更的，可以解除合同；

（二）危及旅游者人身、财产安全的，旅行社应当采取相应的安全措施。因此支出的费用，由组团社和地接社合理分担；

（三）造成旅游者滞留的，旅行社应当采取相应安置措施。因此增加的食宿费用，由旅游者承担；增加的返程费用，由双方合理分担。

修改建议：第一，将条目名改为“因受限事由引发的包价旅游合同变更”；第二，将其后的“由于”改为“因”（该法整体需要统一，或采用“由于”或采用“因”，本人意见采用“因”）；第三，建议使用“组团社”概念。条文文字修改建议请详见：资料相关部分。

第六十一条（合同解除的处理）合同解除后，按下列规则情形处理：

（一）因未达到约定的成团人数解除合同的，组团社应当退还已收取的全部费用；

（二）因第五十九条事由解除合同的，组团社应当在扣除已向地接社或者履行辅助人支付且不可退还的费用后，将余款退还旅游者；

（三）因旅游者原因解除合同的，组团社应当在扣除必要、合理的费用后，将余款退还旅游者，因此造成组团社损失的，旅游者应当承担责任。

旅游行程中解除合同的，旅行社应当协助旅游者返回出发地或者旅游者指定的合理地点。由于旅行社或者履行辅助人的过错造成合同解除的，旅游者有权要求旅行社支付返程费用。

修改意见:第一,条目名改为"包价旅游合同解除后的效果";第二,建议重新斟酌第一款第三项后段"因此造成组团社损失的,旅游者应当承担责任"。问题的关键在于"组团社损失"的解释和所承担"责任"的内容。因为"组团社损失"可能是合同法律中所说的"履行利益",即包括可预期的盈利;而"责任"中"赔偿责任"与"补偿责任"又有区别。

第六十二条(旅行社违约后果处理)由于旅行社或者履行辅助人原因影响合同履行,按下列情形处理:

(一)置换、减少游览娱乐服务项目的,旅行社应当承担继续履行、采取补救措施的责任,或者赔偿旅游者完成遗漏、减少服务项目所需合理费用;

(二)无正当理由拒绝履行合同,应当赔偿旅游者的损失,造成旅游者人身伤害、滞留目的地等严重后果的,并支付旅游费用一倍以上、三倍以内的惩罚性赔偿金;

(三)对旅游者在旅游行程中的人身损害,由旅行社承担赔偿责任,但因不可抗力、旅游者自身原因、履行辅助人之外的第三人造成的除外;

(四)负责保管的旅游者行李物品损毁、灭失的,由旅行社负责赔偿责任,但因物品自然属性造成的除外。

由于公共交通原因导致旅游者人身伤害或者财产损失的,旅行社应当协助旅游者向公共交通提供者索赔。

因第五十九条事由造成违约的,可以减轻或者免除组团社的违约责任。

修改意见:第一款第四项文字改为:对所负责保管的旅游者的行李物品造成损毁、灭失负赔偿责任,但因物品自然属性造成的除外。其他文字修改建议请详见:资料中的相关修改部分。

第六十三条(旅游者违约责任)旅游者违约造成旅行社、履行辅助人或者其他旅游者损失的,应当承担赔偿责任。

旅游者采取不正当方式解决争议,妨碍旅游行程、造成损失扩大的,不得就扩大的损失要求组团社赔偿;由此造成旅行社、履行辅助人或者其他旅游者损失的,应当承担赔偿责任。

修改建议:条目名改为"包价旅游合同中旅游者的违约责任";"旅行社"改为"组团社"。

第六十四条(旅游安排、代订、咨询合同)旅行社根据旅游者要求,安排旅游行程、代订交通、住宿等旅游服务,应当以书面形式订立旅游安排合同。

旅行社可以接受旅游者的委托,为其代订交通、住宿、餐饮、游览娱乐等旅游服务,承办此类业务收取佣金或者代办费用的,应当亲自处理委托事务。因旅行社的过错给旅游者造成损失的,旅行社应当承担赔偿责任。

旅行社根据旅游者的委托,有偿提供旅游行程设计、旅游信息咨询等服务的,应当保证其设计合理、可行,信息及时、准确。

第六十五条(住宿合同)住宿经营者应当按旅游服务合同规定为旅游者提供住宿服务。住宿经营者未能按照合同提供服务的,应当为旅游者提供不低于原定标准的住宿服务,由此增加的费用由住宿经营者负担;但由于不可抗力、政府因公共利益需要采取措施造成不能提供服务的,住宿经营者应当退还旅游者已支付费用,并协助其安排住宿。

住宿经营者未尽到安全保障义务,致使旅游者携带的物品在住宿场所内损毁、灭失、被盗的,住宿经营者应当依法承担赔偿责任。

修改意见:在本条第二款中增加"但书":但旅游者不按住宿经营者提示怠于履行特殊物品委托保管义务的除外。

第六章　旅游安全

第六十六条(政府旅游安全职责)县级以上人民政府统一负责旅游安全工作。县级以上人民政府有关部门依照法律、法规履行旅游安全职责。

修改建议:建议将条目名"政府旅游安全职责"改为"政府对旅游安全的职责"。

第七章　旅游监管

第七十三条(监管机制)县级以上人民政府应当建立有关部门分工负责的旅游市场监管工作机制。

旅游及相关行政主管部门依照本法和其他有关法律法规规定,对旅游市场进行监管,依据法定职责查处相关违法行为。

第七十四条(监督检查)县级以上人民政府旅游行政主管部门有权对以下事项实施检查:

(一)旅游行政主管部门许可的经营者资质和从业人员资格;

(二)旅行社的经营行为;

(三)导游和领队等旅游从业人员的服务行为;

(四)法律法规规定的其他事项。

第七十五条(检查手段)旅游执法人员实施检查时,可以进入旅游经营场所,查阅、复制与监督检查内容有关的合同、票据、账簿以及其他资料。

为制止违法行为和保全证据,旅游执法人员可以依法对被检查单位和个人的财产和有关资料采取查封、扣押等强制措施。

第七十六条(检查要求)旅游执法人员进行现场检查时,不得少于二人,并应当出示检查通知书和执法证件。少于二人或者未出示检查通知书和执法证件的,被检查单位和个人有权拒绝。

旅游行政主管部门及其执法人员对监督检查中掌握的被检查单位的商业秘密和个人的隐私应当保密。

第七十七条(被检查者义务)对依法采取的检查措施,有关单位和个人应当配合,如实说明情况并提供文件、资料,不得拒绝、阻碍和隐瞒。

第七十八条(对违法行为与投诉、举报的处理)旅游行政主管部门和相关部门在执法过程中或者处理举报、投诉时发现违法行为的,属于本部门管理事项,应当依法及时作出处理;不属于本部门职责范围的事项,应当及时书面通知并移交相关部门查处。

第七十九条(综合处理责任)县级以上地方人民政府建立旅游违法行为查处信息的共享机制,对需要跨部门、跨地区联合处理的违法行为,应当进行督办。

旅游行政主管部门和相关部门应当按照各自职责,及时向社会公告监督检查的情况。

第八章　权利救济

第八十条(投诉处理)县级以上人民政府应当指定或者设立统一的旅游投诉受理机构。受理机构接到投诉,应及时进行处理或者移交相关部门处理,并告知投诉者。

修改建议:“告知投诉者”前增加“将处理情况及时”。

第八十一条(争议解决途径)旅游者与旅游经营者发生争议,可以通过以下途径解决:

（一）双方协商；

（二）向消费者协会、旅游投诉受理机构或者相关主管部门投诉；

（三）申请仲裁；

（四）向人民法院提起诉讼。

修改建议：第二项修改排列顺序，即"向旅游投诉受理机构或者相关主管部门、消费者协会投诉"。

第八十二条（争议调解）消费者协会、旅游投诉受理机构和相关主管部门应在双方自愿的基础上，依法对旅游者与旅游经营者之间的争议进行调解。

第八十三条（共同争议解决）旅游者与旅游经营者发生争议，旅游者一方在十人以上并有共同请求的，可以推举代表参加协商、调解、仲裁、诉讼活动。

第八十四条（仲裁）旅游者与旅游经营者发生争议时，合同约定有仲裁条款或者事后达成书面仲裁协议的，当事人可以申请仲裁机构仲裁。

第八十五条（诉讼）旅游者与旅行社因包价旅游合同发生争议提起诉讼的，由合同履行地、原告住所地或者被告住所地人民法院管辖，当事人依法另有约定的除外。

第九章　法律责任

第八十六条（未经许可经营的责任）违反本法规定，未经许可经营旅行社业务的，由旅游行政主管部门或者工商行政主管部门责令改正，没收违法所得；违法所得 10 万元以上的，并处违法所得一倍以上五倍以下的罚款；违法所得不足 10 万元或者没有违法所得的，处 1 万元以上10 万元以下罚款。

第八十七条（旅行社责任之一）旅行社违反本法规定，有下列行为之一的，由旅游行政主管部门责令改正，没收违法所得；违法所得 5 万元以上的，并处违法所得一倍以上五倍以下罚款；违法所得不足 5 万元或者没有违法所得的，并处 5000 元以上 5 万元以下罚款；拒不改正的，责令停业整顿；情节严重的，吊销旅行社业务经营许可证：

（一）超出旅行社业务许可范围经营的；

（二）向不合格的供应商订购产品和服务的；

（三）未为旅游团队安排领队的；

（四）安排未取得导游证或者领队证的人员提供导游或者领队服务的；

(五)未在包价旅游合同中明示导游服务费用的;

(六)低于成本招徕、组织、接待旅游者的。

第八十八条(旅行社责任之二)旅行社违反本法规定,安排旅游者在指定场所购物、强迫或者变相强迫购物、安排另行付费旅游项目的,由旅游行政主管部门责令改正,没收违法所得,处5万元以上20万元以下罚款;初犯的并处停业整顿;再犯的吊销旅行社业务经营许可证和相关人员的导游证、领队证。

旅游经营者组织接待出入境旅游,对出境旅游者在境外非法滞留和入境旅游者擅自分团、脱团负有责任的,由旅游行政主管部门责令改正,处警告或者5万元以下罚款,没收违法所得;情节严重的,吊销旅行社业务经营许可证。入境旅游者如需遣返的,应当承担其遣返费用。

第八十九条(导游和领队的责任)违反本法规定,未取得导游证或者领队证从事导游、领队活动的,由旅游行政主管部门责令改正并予以公告,处1000元以上3万元以下罚款,有违法所得的并处没收违法所得。

导游或者领队私自承揽业务,或者擅自变更、替换旅游行程和线路的,由旅游行政主管部门处1000元以上3万元以下罚款,并吊销导游证、领队证,三年内不得重新申请。

第九十条(违反报告义务的责任)旅行社及其委派的导游人员、领队人员违反本法第五十条规定,未履行报告义务的,由旅游行政主管部门责令改正,对旅行社处5000元以上5万元以下罚款;对导游人员、领队人员处2000元以上2万元以下罚款;情节严重的,责令旅行社停业整顿,或者吊销旅行社业务经营许可证、导游证、领队证。

第九十一条(甩团的责任)违反本法规定,旅行社或者导游人员在旅游行程中拒绝履行合同的,由旅游行政主管部门责令改正,对旅行社处5万元以上20万元以下罚款、停业整顿,对导游人员处1万元以上5万元以下罚款、暂扣导游证1个月至3个月;造成旅游者滞留目的地的,吊销旅行社业务经营许可证和导游证。

修改意见:第一,将条目名“甩团的责任”修改为“怠于履行陪团义务的责任”;第二,正文修改为:违反本法规定,旅行社或者导游人员在旅游行程中拒绝履行合同的,由旅游行政主管部门责令改正,对旅行社处5万元以上20万元以下罚款、停业整顿,对具体实施行为的导游、领队等从业人员处1万元以上5万元以下罚款、暂扣导游证和领队证1个月至3个月;因此造成旅游者滞留目的地的,吊销旅行社业务经营许可证和导游证。第三,其中的“暂扣期间”拟应加长。理由是,导游和领队“甩团”触及其职业要求的底线。

第九十二条(组织或者带领旅游者在境内外参加违法或者违反当地习俗游览活动的责任)旅行社及其从业人员违反本法规定,在旅游行程中设置违反我国法律法规和公序良俗的旅游项目,或者组织、带领旅游者参观、从事违反我国法律法规和公序良俗的活动的,由旅游行政主管部门责令改正,没收违法所得,对旅行社处5万元以上20万元以下罚款,初犯的并处停业整顿,再犯的吊销旅行社业务经营许可证;对导游、领队等从业人员处1万元以上5万元以下罚款、暂扣导游证或者领队证1个月至3个月,造成严重后果的,吊销导游证或者领队证;在境外从事上述活动的,直接吊销旅行社业务经营许可证和导游证、领队证。

修改建议:第一,需要分列“国内”与“国外”或者“境外”。理由:如前所述,境外与我国在法律和公序良俗上多有不同,甚至相互之间还可能有冲突,在境外游中强调“我国……”似有不妥。第二,建议将此段“由旅游行政主管部门责令改正,没收违法所得,对旅行社处5万元以上20万元以下罚款,初犯的并处停业整顿,再犯的吊销旅行社业务经营许可证”修改为“由旅游行政主管部门责令改正,没收违法所得;另对旅行社处5万元以上20万元以下罚款,并对初犯的并处停业整顿,对再犯的吊销旅行社业务经营许可证”。

第九十三条(索取小费和给予、收受贿赂的责任)旅游经营者及从业人员违反本法规定,索取小费的,由旅游行政主管部门没收违法所得,对旅游经营者处1万元以上10万元以下罚款,对从业人员处1000元以上3万元以下罚款,情节严重的,吊销旅行社业务经营许可证;导游人员、领队人员违反规定情节严重的,吊销导游证或者领队证。

旅游经营者及从业人员违反本法规定,给予、收受贿赂的,由工商行政主管部门依据有关法律法规处理;情节严重的,并由旅游行政主管部门吊销旅行社业务经营许可证、导游证、领队证。

第九十四条(景区的责任)景区违反本法规定,未经批准擅自开放接待旅游者的,由景区主管部门责令关闭,没收违法所得,并处10万元以上100万元以下罚款。景区经营过程中不符合开放条件而接待旅游者的,责令停业整顿直至符合开放条件,可并处10万元以上50万元以下罚款。

景区在旅游者可能达到或者超过最大承载量时未向当地人民政府报告、未及时采取疏导分流等措施，或者超过最大承载量接待旅游者的，由景区主管部门责令改正，情节严重的，责令停业整顿1个月至6个月。

第九十五条(违反警示义务的责任)旅游经营者违反本法规定，对可能危及人身安全的情况未向旅游者作出真实说明和明确警示，或者未采取防止危害发生的措施的，由其行政主管部门责令改正，并给予警告、停业整顿或者吊销经营资格。法律法规另有规定的，从其规定。

第九十六条(刑事责任)违反本法规定，构成犯罪的，依法追究刑事责任。

四、结语

综上，作为一个法学工作者提出修改建议，仅供参考。

资料一　关于第二章修改建议(案)

第二章　旅游者

第一节　旅游者的权利

第九条　(享用旅游资源的权利)旅游者有依法平等享用旅游资源的权利。

第十条　(旅游信息获取)旅游者有方便和及时获取旅游必要信息的权利。

第十一条　(假日旅游)国家机关、企事业单位和社会组织职工有权利用法定节假日、周休日或者带薪年休假进行旅游活动。

第十二条　(要求质价相符的权利)旅游者有权要求旅游经营者按照约定提供质价相符的产品和服务。

旅游者有权拒绝旅游经营者的强制交易行为。

第十三条　(受尊重的权利)旅游者的人格尊严、民族风俗习惯和宗教信仰自由应当得到尊重。

旅游者有权要求旅游经营者满足其合理的个性化服务需求。

第十四条　(请求旅游救助的权利)旅游者人身、财产遇有危险时，有请求旅游服务提供者、当地政府和其他相关社会机构及时救助的权利。

出境旅游者在境外陷于困境时，有请求国家驻当地机构在其职责范围内给予协助和保护的权利。

——对此条的存废存疑。

第　　条　（入境旅游者的权利）入境旅游者除法律法规另有规定外，享有与境内旅游者同等权利。

第二节　旅游者的义务

第十五条　（尊重旅游目的地习俗的义务）旅游者应当尊重旅游目的地的社会公共秩序、风俗习惯、文化传统和宗教信仰，爱护旅游资源，不得损害当地居民的合法权益。

第十六条　（不损害他人权益的义务）旅游者进行旅游活动或者解决纠纷时，不得干扰他人的旅游活动，不得损害旅游经营者的合法权益。

第十七条　（与安全保证相关义务）旅游者对国家应对重大突发事件暂时限制旅游活动的措施应予以配合。

旅游者购买、接受旅游服务时，应当向旅游经营者如实告知与旅游活动相关的个人健康信息，遵守旅游活动中的安全警示规定，配合有关部门、机构或者旅游经营者采取的安全防范和应急处理措施。

旅游者接受国家或者社会公共组织的救助后，应当支付应由个人承担的费用。

第　　条　（出入境旅游者义务）出入境旅游者不得擅自分团、脱团、非法滞留。

资料二　关于第四章修改建议（案）

第四章　旅游经营者

第一节　旅游经营者的条件及权利义务

第三十二条　（旅游经营者的条件）旅游经营者应当依法取得相关资质，接受当地人民政府有关部门的监督检查。

第　　条　（旅游经营者的权利）依法成立具有独立的法人资格的旅游经营者在法律允许的范围内享有以下权利：

（一）合法经营不受侵害的权利；

（二）独立自主经营管理及其盈利的权利；

(三)向行政机关申诉以及起诉和应诉的权利;

(四)法律规定的其他权利。

第　　条　(旅游经营者的义务)旅游经营者应依诚信原则履行下列义务:

(一)谨慎注意、安全保障、及时妥善处理投诉的义务;

(二)保护旅游者个人信息的义务;

(三)对所提供的产品和服务项目的内容、收费标准及注意事项作出真实、完整、准确说明的义务;

(四)对所提供的相关设施、产品和服务应当符合国家规定的安全技术规范和标准,以保障旅游者的人身及财产安全;

(五)提供的设施和服务,已取得质量标准等级的,应当保证按照相应标准;未取得质量等级标准的,不得冒充;

(六)设计销售的国内旅游项目不得违反我国法律法规和旅游地的公序良俗;境外旅游项目不得违反旅游地国家和地区的法律以及当地的公序良俗;

(七)不得索取小费和收受贿赂(根据原第四十七条修改)。

第　　条　(经营者的报告义务)旅游经营者组织接待出入境旅游,发现旅游者从事违法活动,擅自分团、脱团或非法滞留时,应当及时向相关行政(公安)机关报告。或再加上"并将处理结果及时报旅游行政主管部门备案"(根据原第五十条修改)。

第　　条　(旅游经营者的投保义务)旅游经营者应当按照国家根据风险程度,对旅行社、住宿、旅游交通等经营者分别实施的强制责任保险制度履行投保义务(根据原第五十一条修改)。

第二节　一般旅游经营者

第　　条　(一般旅游经营者的内容)旅游经营者从事招徕、组织、接待旅游者,为其提供交通、住宿、游览、餐饮等两项以上组合服务并以总价销售的,应当取得旅行社经营许可。但在交通工具上和住宿场所内另外提供上述其他单项服务的经营者除外(原第三十三条第二款)。

第三十三条　(旅行社的经营许可)设立旅行社应当具备下列条件,经旅游行政主管部门许可,并依法到工商部门登记设立后方可开始经营活动。

（一）具备固定的经营场所和必要的营业设施；

（二）具备不少于30万元人民币的注册资本；

（三）具备必要的经营管理人员和导游人员；

（四）符合法律、行政法规规定的其他条件。

第三十四条 （旅行社的经营范围）旅行社可以经营以下一项或者多项业务：

（一）境内旅游；

（二）赴港澳台旅游；

（三）出国旅游；

（四）边境旅游；

（五）入境旅游；

（六）其他旅游业务。

旅行社经营（二）至（四）项业务应当取得相应资质，具体条件由国务院规定。

第三十五条 （旅行社的质量保证金）旅行社应当依法交纳质量保证金，用于特定条件下的旅游者权益损害赔偿。

第三十六条 （对旅行社提供服务的基本要求）旅行社组织旅游活动应当向合格的供应商订购产品和服务。

旅行社组织接待团队旅游安排导游的，导游服务费用应在包价旅游合同中明示。

旅行社组织团队出境旅游应当安排领队全程陪同。旅行社组织或者接待入境旅游团，应当安排导游全程陪同。

旅行社不得以低于成本的价格招徕、组织、接待旅游者（原第三十七条第一款）。

旅行社组织、接待团队旅游不得指定购物场所，不得强迫或者变相强迫购物，不得安排任何形式的另行付费旅游项目（原第三十七条第二款）。

发生前款规定情形的，旅游者有权在旅游行程结束后30日内，要求旅行社承担退货、退还费用的责任，但旅游者所购商品已损毁、变质或者腐烂的除外（原第三十七条第三款）。

第三节 特殊旅游经营者

第 条 （景区开放条件）景区开放经营应当具备下列条件：

(一)有必要的旅游配套服务和辅助设施;

(二)有必要的安全设施及制度,经过安全风险评估,满足安全条件;

(三)有必要的环境保护设施和生态保护措施;

(四)符合其他法律、行政法规的规定。

具备上述条件的景区,应当向其主管部门提出开放经营申请,批准机关在批准前应当听取旅游行政主管部门的意见(原第四十二条)。

第　　条　(景区门票管理)景区经过主管部门批准方可有偿收取门票。利用公共资源开放的景区门票实行政府定价或者政府指导价。其他景区门票实行市场定价,其价格应当向价格主管部门备案。

景区门票价格变动应提前6个月公布。景区应当明示另行收费的游览项目。景区部分核心游览项目因故不能开放或者无法提供服务的,应提前告知并相应减少收费(原第四十三条)。

第　　条　(民俗、乡村旅游经营)城镇和乡村居民利用自有住宅或者其他条件依法从事旅游经营,其管理办法由国务院有关部门或者省、自治区、直辖市人民政府制定(原第四十四条)。

第　　条　(高风险旅游经营许可)国家对高空、高速、水上、潜水、探险等高风险旅游项目实行经营许可制度(原第四十五条)。

第　　条　(网络旅游经营)通过网络从事旅游经营的,经营者或者发布旅游经营信息的互联网服务提供者应当在网站主页面或者从事经营活动的网页的醒目位置,明示旅游经营相关许可证信息、营业执照信息或者电子链接标识以及旅游经营和服务的项目、内容、价格等事项(原第四十六条)。

第四节　辅助经营者

第三十八条　(导游)国家对导游人员实行执业许可制度。

旅行社应当与聘用的导游人员签订劳动合同,支付劳动报酬,依法缴纳社会保险费用。

第三十九条　(领队)国家对领队人员实行执业许可。具有相应学历和语言能力、一定旅游从业经历,且与旅行社签订固定或者无固定期限劳动合同的人员,经考试合格取得领队证,方可从事领队业务。

第四十条 (导游和领队从业规范)导游和领队人员为旅游者提供服务必须接受旅行社委派,不得私自承揽导游和领队业务。

导游和领队人员应当依法接受在职培训。

第四十一条 (导游服务机构)依法设立的导游服务机构为导游人员代理执业注册、介绍导游业务、组织业务培训、提供档案管理等服务。

第四十八条 (交通、住宿、餐饮、购物、娱乐等衔接)交通、住宿、购物、娱乐等经营者从事旅游接待,应当符合接待旅游团队等要求,并遵守(原第四十七条)规定。

第四十九条 (经营者之间的连带责任)旅游经营者将其部分经营项目或者场地交由他人从事住宿、餐饮、购物、游览、娱乐、旅游交通等经营,以及将自己的合同义务部分委托他人履行的,应对实际经营者和受托人的行为给旅游者造成的损害承担连带责任。

经营者之间的有偿业务关系适用商事法律(业界习惯优先)的法理。

资料三 关于第五章修改建议(案)

第五章 旅游服务合同

第五十二条 (合同的订立)旅游服务合同是以旅游经营者提供服务,旅游者支付对价的有偿合同。

旅游经营者组织安排旅游,应当与旅游者订立合同,并按照合同约定履行义务。

双方当事人就旅游合同的主要条款达成合意时,合同成立(合同的成立与生效的规则依合同法第四十四条);合同具体内容以书面合同确定。

第五十三条 (包价旅游合同)包价旅游合同应当采用书面形式,并包括下列内容:

(一)组团社、地接社的名称、地址等法人信息;

(二)游客姓名、性别、国籍或籍贯等个人信息;

(三)旅游地、行程、游览娱乐项目、自由活动等内容的安排;

(四)交通、住宿、餐饮等服务的安排及其标准;

(五)旅游费用及其支付方式和期限;

(六)合同转让的条件;

(七)合同内容变更的条件;

(八)合同解除的条件;

(九)违约责任以及争议的处理方法;

(十)法律法规规定和双方约定的其他事项;

(十一)定约地点、时间。

旅行社签订包价旅游合同时应向旅游者对前款(三)至(九)项内容进行必要的说明。

旅行社不得在包价旅游合同约定之外安排收费项目或者另行收取费用。但征得旅游者表示同意的除外。

第五十四条 (包价旅游合同的告知义务)订立包价旅游合同时,组团社应当向旅游者告知下列事项:

(一)旅游者不适合参加旅游行程的情形;

(二)行程中的安全注意事项;

(三)旅行社责任限制、减免的相关信息;

(四)旅游者应当注意的目的地相关法律法规、风俗习惯、宗教禁忌,依照中国法律不宜参加的活动等;

(五)法律法规规定的其他应当告知的事项。

包价旅游合同履行中,遇有前款事项应当及时提醒旅游者。

第五十五条 (包价履行合同于履行前的变更和解除)因未达到约定人数不能成团的,组团社可以解除合同,但应当在下列时限内通知旅游者:境内旅游至少提前七天,出境旅游至少提前三十天。

因未达到约定人数不能成团的,组团社经征得旅游者书面同意,可以委托其他旅行社履行合同。组团社对委托事项承担责任,受委托旅行社在委托范围内对组团社承担责任。旅游者不同意的,可以解除合同。

第五十六条 (旅游者对包价旅游合同的转让与解除)旅游行程开始前,旅游者可以将包价旅游合同中自身的权利义务转让给第三人,旅行社没有正当理由的不得拒绝,因此增加的费用由旅游者或第三人承担。

旅游行程结束前,旅游者可以解除合同,但因此发生的费用由旅游者承担。

第五十七条　(包价旅游合同因旅游者事由的解除)旅游者在合同约定的旅游活动中有下列情形之一的,旅行社可以解除合同:

(一)因患有传染性等疾病,可能危害其他旅游者健康和安全的;

(二)非法携带危害公共安全物品,且不同意交相关部门处理的;

(三)从事违法或者违背公序良俗活动受到司法机关的处分的;

(四)从事严重影响其他旅游者权益的活动,且不听劝阻、不能制止的;

(五)法律、法规规定的其他情形。

第五十八条　(替代履行和委托履行包价旅游合同的责任)组团社将包价旅游合同中的接待业务委托给地接社的,地接社应当按照合同相关内容提供服务。

地接社提供的服务不符合合同约定的,旅游者有权要求组团社或者地接社采取措施进行补救。

地接社或者履行辅助人提供的服务不符合包价旅游合同约定的,由组团社承担违约责任。由于地接社或者履行辅助人的原因造成违约的,组团社在承担责任后,有权向地接社、履行辅助人追偿。

第五十九条　(对包价旅行合同变更的限制)非因下列事由影响旅游行程的,组团社和旅游者均不得变更旅游合同约定的内容行程安排:

(一)不可抗力;

(二)政府因公共利益需要采取措施;

(三)旅行社或者履行辅助人已尽合理注意义务仍不能预见的事件。

第六十条　(因受限事由引发的包价旅游合同变更)因前条事由需要变更合同时,按下列规则处理:

(一)合同不能继续履行的,组团社和旅游者均可解除合同;不能完全履行的,组团社可以在合理范围变更合同,但应当向旅游者作出说明,因此增加的费用由旅游者承担,减少的费用退还旅游者。旅游者不同意变更的,双方可以解除合同;

(二)危及旅游者人身、财产安全的,组团社应当采取相应的安全措施。因此支出的费用,由组团社和地接社合理分担;

(三)造成旅游者滞留的,组团社应当采取相应安置措施。因此增加的食宿费用,由旅游者承担;增加的返程费用,由双方合理分担。

第六十一条 (包价旅游合同解除的效果)合同解除后,按下列规则处理:

(一)因未达到约定的成团人数解除合同的,组团社应当退还已收取的全部费用;

(二)因第五十九条事由解除合同的,组团社应当在扣除已向地接社或者履行辅助人支付且不可退还的费用后,将余款退还旅游者;

(三)因旅游者原因解除合同的,组团社应当在扣除必要、合理的费用后,将余款退还旅游者,因此造成组团社损失的,旅游者应当承担责任。

旅游行程中解除合同的,旅行社应当协助旅游者返回出发地或者旅游者指定的合理地点。由于旅行社或者履行辅助人的过错造成合同解除的,旅游者有权要求旅行社支付返程费用。

第六十二条 (包价旅游合同中组团社的违约责任)因组团社或者履行辅助人事由影响合同履行时,按下列规则处理:

(一)置换、减少游览娱乐服务项目的,组团社应当承担继续履行、采取补救措施的责任,或者赔偿旅游者完成遗漏、减少服务项目所需合理费用;

(二)无正当理由拒绝履行合同,应当赔偿旅游者的损失,造成旅游者人身伤害、滞留目的地等严重后果的,并支付旅游费用一倍以上、三倍以内的惩罚性赔偿金;

(三)对旅游者在旅游行程中的人身损害,由旅行社承担赔偿责任,但因不可抗力、旅游者自身原因、履行辅助人之外的第三人造成的除外;

(四)对所负责保管的旅游者的行李物品造成损毁、灭失负赔偿责任,但因物品自然属性造成的除外。

因公共交通事由导致旅游者人身伤害或者财产损失的,组团社应当协助旅游者向公共交通提供者索赔。

因第五十九条事由造成违约的,可以减轻或者免除组团社的违约责任。

第六十三条 (包价旅游合同中旅游者的违约责任)旅游者违约造成组团社、履行辅助人或者其他旅游者损失的,应当承担赔偿责任。

旅游者采取不正当方式解决争议,妨碍旅游行程、造成损失扩大的,不得就扩大的损失要求旅行社赔偿;由此造成旅行社、履行辅助人或者其他旅游者损失的,应当承担赔偿责任。

第六十四条 （旅游安排、代订、咨询合同）旅行社根据旅游者要求，安排旅游行程、代订交通、住宿等旅游服务，应当以书面形式订立旅游安排合同。

旅行社可以接受旅游者的委托，为其代订交通、住宿、餐饮、游览娱乐等旅游服务，承办此类业务收取佣金或者代办费用的，应当亲自处理委托事务。因旅行社的过错给旅游者造成损失的，旅行社应当承担赔偿责任。

旅行社根据旅游者的委托，有偿提供旅游行程设计、旅游信息咨询等服务的，应当保证其设计合理、可行，信息及时、准确。

第六十五条 （住宿合同）住宿经营者应当按旅游服务合同规定为旅游者提供住宿服务。住宿经营者未能按照合同提供服务的，应当为旅游者提供不低于原定标准的住宿服务，由此增加的费用由住宿经营者负担；但由于不可抗力、政府因公共利益需要采取措施造成不能提供服务的，住宿经营者应当退还旅游者已支付费用，并协助其安排住宿。

住宿经营者未尽到安全保障义务，致使旅游者携带的物品在住宿场所内损毁、灭失、被盗的，住宿经营者应当依法承担赔偿责任。但旅游者不按住宿经营者提示怠于履行特殊物品委托保管义务的除外。

注释：

一、据报道：国家旅游局局长邵琪伟于2011年12月28日在十一届全国人大常委会第二十四次会议上，受国务院委托向全国人大常委会报告我国旅游业发展工作主要情况时称：经过30多年发展，我国旅游业从小到大、由弱到强，成为国民经济的重要产业。“十一五”时期，我国国内旅游、入境旅游、出境旅游三大市场全面繁荣，成为世界第三大入境旅游接待国和出境旅游消费国，并形成全球最大的国内旅游市场，旅游业已进入大众化、产业化发展的新阶段。我国旅游经济持续较快增长，旅游业的经济拉动作用也更加突出。据测算，我国旅游业增加值已占到GDP的4%以上，与旅游相关的行业超过110个。2010年，我国居民国内旅游消费达到12579.8亿元，占居民消费总支出的9.4%。目前，我国旅游直接从业人数超过1350万人，与旅游相关的就业人数约8000万人。参见：第一旅游网，www.toptour.cn。

二、据中国之声《新闻晚高峰》报道，按照世界旅游业发展的一般规律，人均GDP接近5000美元时，旅游将成为城镇居民生活的基本内容和主要的消费需求。据预测，“十二五”期间，我国人均GDP将达到并超过5000美元，城乡居民年均出游将超过两次。同时，随着交通、城市建设、旅游基础设施的发展完善,将使旅游通达性和便捷性明显提升,这都为旅游业持续快速发展奠定了一定的坚实的基础。参见:中国广播网,http://www.cnr.cn/china/xwwgf/201201/t20120101_509005645.shtml。

三、《旅游法(草案)》载中国人大网,www.npc.gov.cn,访问日期:2012-08-31。

关于《旅游法(草案)》的立法修改建议[①]

孟雁北[②]　王超　等

2012年8月27日,《中华人民共和国旅游法(草案)》首次提请全国人大常委会审议,并向社会公开征集意见。一时间,《旅游法(草案)》受到社会各界的广泛关注,引起了强烈反响。鉴于正在给中国人民大学法学院经济法专业的硕士研究生讲授《规划与产业法》的课程,孟雁北副教授便组织有关硕士研究生进行课堂讨论,并在课堂讲授、分析和讨论的基础上,与经济法专业硕士研究生一起完成了关于《旅游法(草案)》的立法修改建议。

一、关于《旅游法(草案)》章结构的修改建议

为了加强《旅游法(草案)》的逻辑性、规范性,建议在现有章结构的基础上,进一步调整结构顺序和表述方法。

(1)旅游规划是宏观产业调控手段,将第三章"旅游规划和促进"插在"旅游者"和"旅游经营"这两章中间,不仅割裂了旅游者和旅游经营的联系,而且也不符合从宏观到微观的逻辑顺序。

建议:第三章"旅游规划和促进"提前,变为"第二章"。

(2)旅游法作为规范旅游产业的立法,政府在其中的作用是很重要的,但同时,政府

① 本立法建议稿是在中国人民大学法学院经济法专业硕士研究生课程《规划与产业法》两次课堂讲授、讨论的基础上完成的集体智慧的结晶,课程讲授教师是中国人民大学法学院孟雁北副教授。王超、解蕙、曹昊辰、丁福灵、魏忠、李晓斯、王磊、刘进同学按照分工,不仅在课堂上发表自己的想法,而且负责将课堂讲授和讨论的成果进行意见梳理并形成文字初稿,王超同学负责将各部分文字初稿进行汇总和整理,孟雁北副教授负责对全文进行最后的调整、修改、完善,最终形成本立法建议稿。

② 作者简介:孟雁北,中国人民大学法学院副教授。

的职责也不仅仅是监管,还有促进,以及对旅游安全的保障,这些规定都散见在《旅游法(草案)》的不同章节中,可以重新整合。

建议:将宏观产业调控手段留在第二章“旅游规划与促进”中,微观产业规制手段全部调整至第七章“旅游监管”,并将该章的名称改为“旅游规制”,表达的含义是:政府规制旅游业的措施是多种多样的,不仅仅是监管,监管也不仅仅是检查。而且,“旅游规制”中也可以增加协会等主体的相关条款,产业规制不仅仅是政府规制,产业也可以进行自律性规制。

(3)旅游安全是旅游产业发展中很重要的问题,但旅游安全的实现需要政府、旅游经营者和旅游者各自承担不同的安全义务或安全保障义务,而《旅游法(草案)》中已经分章节对旅游者、旅游经营者和政府的权利(力)义务进行了规定,思路很清晰。

建议:将第六章“旅游安全”的内容拆散,按照安全义务或安全保障义务的主体不同,分别归入“旅游者”、“旅游经营”、“旅游规制”等章节中。

(4)第八章“权利救济”的题目与内容不是非常契合,而且最关键的是,与其他各章的题目也不能形成有机的联系。

建议:第八章“权利救济”修改为“旅游争议解决”。

建议:《旅游法(草案)》章结构

第一章　总则

第二章　旅游规划与促进(宏观措施)

第三章　旅游者

第四章　旅游经营

第五章　旅游服务合同

第六章　旅游规制

第七章　旅游争议解决

第八章　法律责任

第九章　附则

二、关于第一章“总则”的修改建议

(1)第二条“旅游”的概念界定存在不准确、不规范之处,而这个概念的界定会影响旅游法的适用范围,是整部法律权利义务架构的基础。目前草案对于"旅游"这个关键概念的界定过于宽泛,条文中列举的活动涵盖范围过于广泛,例如"参加会议或者从事经济、文化、体育、宗教活动"是否属于旅游活动就值得商榷。建议立法者进一步明确"旅游"的概念界定,适度缩小旅游法的调整范围。

建议:如果没有准确的对"旅游"的定义可供选择,建议"旅游法"也不要对"旅游"进行界定。理由:①许多国家的《旅游法》都没有对"旅游"进行界定;②我国《公司法》也没有对"公司"进行界定;③界定不准确对《旅游法》的立法影响重大,但不界定"旅游"对《旅游法》的立法影响反而不是很大;④若一定要界定,可以对"旅游业"进行一下界定,这是有其他国家的立法经验可供借鉴的。

(2)建议:将"第三条(公民旅游权利)公民有依法在境内自由旅游和出境旅游的权利。国家依法保护公民的旅游权利并创造条件逐步满足其旅游需求。"修改为:"第三条(公民旅游权利)公民有依法在境内自由旅游和出境旅游的权利。国家依法保护公民的旅游权利。"

(3)"利用公共资源建设的游览场所应当体现公益性质"的含义不是很明确,容易引发歧义,而且"社会效益"已经包含了"公益性质"的内容。

建议:将"第四条(旅游发展原则)旅游业发展应遵循社会效益、经济效益和环境效益相统一的原则,鼓励各类市场主体在有效保护的前提下,依法合理利用旅游资源。利用公共资源建设的游览场所应当体现公益性质。"修改为:"第四条(旅游发展原则)旅游业发展应遵循社会效益、经济效益和环境效益相统一的原则,鼓励各类市场主体在有效保护的前提下,依法合理利用旅游资源。"

(4)第六条"统一的服务标准"含义模糊。旅游经营活动的特征之一就是多样化、复杂化,对于不同形式、不同条件的旅游经营者实行何种"统一的服务标准"令人困惑。

建议:进一步明晰此概念或者删去此概念。

三、关于第二章"旅游者"的修改建议

本章的中心内容是对旅游者的权利义务进行规定,建议调整与旅游者权利义务无关的内容,以保证本章内容的逻辑清晰。

(1)第九条规定的是“旅游者有依法平等享用旅游资源的权利”。而“国家鼓励经营者对残疾人、老年人、未成年人等特殊人群给予便利和优惠”与“平等享用旅游资源的权利”无关,更多是政府对经营者经营行为的期望和引导。

建议:将“国家鼓励经营者对残疾人、老年人、未成年人等特殊人群给予便利和优惠”移至“旅游经营”一章中。

(2)第十条规定了旅游者有方便和及时获取旅游信息的权利,但是并没有明确实现旅游者此项权利的义务主体,旅游经营者或者政府主管部门实现此项旅游者权利的义务处于不确定状态。

建议:本条中应明确保障旅游者知情权的义务主体;或者在“旅游经营”或“旅游监管”中明确旅游经营者和政府有关部门实现旅游者知情权的义务或措施。

(3)第十一条中规定的职工利用假日旅游的权利,应是劳动法规定的内容,放在旅游法中略显突兀,而且也没有任何实质意义。

建议:删去本条。

(4)第十二条中“质价相符”一词含义模糊不清,应予以修正。第一,“质价相符”的字面意思是否排除了利润的空间。第二,“质价相符”也很难认定。在市场经济的条件下,只要双方作为民事主体,在平等的基础上订立的合同,即应受到保护。用“质价相符”这个概念来干涉旅游者和旅游经营者之间的协议明显并不合适。第三,“旅游法”中已经规定了旅游者和旅游经营者之间必须签订明确的合同,并且对合同的履行也有严格要求。这样,结合本法对旅游合同的特殊规定和民法通则、合同法对合同的一般规定,足以保护旅游者在签订合同时的合法权益。因此,“质价相符”这一概念使用并不恰当。

本条可从旅游者公平交易权的角度进行修改。

建议:第十二条第二款:“旅游者有权拒绝旅游经营者的强制交易行为。”重新单列一条,因为本项旅游者的权利属于自主选择权的内容,与“公平交易”、“质价相符”不是同一项权利。

(5)第十三条第二款规定了“旅游者有权要求旅游经营者满足其合理的个性化服务需求”,但何种要求是“合理”十分难以界定。这种模糊的概念在今后法律适用过程中会增加法律适用成本,并且带来不必要的纠纷;要求合理的个性化服务能否成为旅游者的基本权利，有待商榷；且本款规定也不具有可操作性。

建议：删去第十三条第二款“旅游者有权要求旅游经营者满足其合理的个性化服务需求”的规定。

(6)第十五条关于旅游者应当尊重旅游目的地风俗习惯的规定带有更多的道德提倡性的色彩，法律约束色彩不强，而且本草案中并没有规定对于违反该条规定的旅游者，应当承担何种法律责任。

建议：在草案法律责任的部分考虑加入违反此项规定的相关法律责任的条款。

(7)第十六条的法律规定没有任何意义，是当然的情形，而且也是旅游者当然应履行的法律义务。

建议：删去本条。

(8)第十七条“安全义务”第三款与第六十条第二款规定不协调，且第六十八条“突发事件应对”中未提及费用承担问题。旅游者接受国家或者社会公共组织的救助后，费用承担问题应区分情况分别规定。例如，针对不可抗力、自然灾害等原因或者非因旅游者过错引起的事故，旅游者个人无须承担费用，就像119出警不收取任何费用一样；针对因旅行社行程安排不合理或未尽到注意义务等引起的事故，由组团社、地接社及其他相关辅助人合理分担；针对因旅游者个人不听劝阻、擅自行动等原因引起的事故，应当由旅游者承担。

建议：分情形对救助费用进行分担。

四、关于第三章“旅游规划和促进”的修改建议

(1)关于第三章标题中“促进”的概念，有几点疑问。首先，这里的“促进”到底是何种含义？是产业政策意义上的产业促进政策，抑或一般意义上的促进旅游产业发展的举措？如果是后者，那么其涵盖的范围就远远大于条文列举的方面。因此，可以推测起草者应当采用的是产业政策意义上的含义。那么，第三章标题似乎也可以修改为“旅游规划和促进政策”。其次，关于旅游促进的条文中，都是以国家或者政府为主体，突出体现立法上的政府本位，而对于行业协会等其他主体在促进旅游业发展上的作用，则没有涉及。事实上，对于旅游宣传、旅游从业人员职业教育培训及资质认证、旅游信息服务等环

节而言,行业协会发挥了极为重要的作用,应当在立法中有所体现。

建议:第三章增加行业协会的促进旅游业发展的内容。

(2)第二十条第一款规定:"国务院、省级人民政府和旅游资源丰富的市级人民政府应当组织编制旅游发展规划。"那么,这里的"应当"是一种什么性质的规定呢?国务院为了统筹全国旅游业的发展和管理,毫无疑问应当编制全国性的旅游发展规划。那么省级人民政府和旅游资源丰富的市级人民政府是否必须编制旅游发展规划呢?这涉及地方政府产业选择问题,似乎不宜作出强制性规定,应当允许地方政府根据实际情况决定,以尊重和发挥地方的主动性和积极性。

建议:区分国务院、省级人民政府、旅游资源丰富的市级人民政府的制定旅游发展规划的义务,国务院是"应当",省级人民政府和旅游资源丰富的市级人民政府是"可以"。

(3)从逻辑上来讲,草案第三章对于旅游发展规划的规定少了程序一环;与此同时,草案第二十四条出现了旅游发展规划的"批准"程序的表述,显得比较突兀。

建议:应当增加一条关于旅游发展规划编制和批准程序的规定,这样逻辑上会更加周全,也能够与第二十四条的规定自然衔接。

(4)我国的旅游景区质量等级划分为五级,由全国旅游景区质量等级评定委员会评定,由国家旅游局颁发,而草案第三章中并未提及旅游景区质量等级问题。

建议:增加这部分内容,促使各地方政府加大投资力度以改善硬件设施,强化管理以提升软件水平,吻合境内外游客需求,形成在国际上有竞争力、在国内真正成为标杆的旅游景区。

五、关于第四章"旅游经营"的修改建议

(1)建议:第三十二条在"从事旅游经营应当依法取得相关资质,接受当地人民政府有关部门的监督管理"规定的基础上要对"旅游经营者"进行界定,以完成与第三十三条的衔接。

(2)第三十三条没有对旅行社进行专门的界定,使得旅游经营者的主体不太清晰,应当将旅行社、其他旅游经营者进行区分,并分别规定主体资格。

建议:①增加第一款,对旅行社进行界定,可以借鉴《旅行社管理条例》对旅行社的界

定,如:“旅行社,是指从事招徕、组织、接待旅游者等活动,为旅游者提供相关旅游服务,开展国内旅游业务、入境旅游业务或者出境旅游业务的企业法人”;②设立旅行社的条件作为本条的第二款;③草案第二款规定:“旅游经营者从事招徕、组织、接待旅游者,为其提供交通、住宿、游览、餐饮等两项以上组合服务并以总价销售的,应当取得旅行社经营许可。在交通工具上和住宿场所内另外提供上述其他单项服务的经营者除外。”是否与草案第四十四条规定的民俗、乡村旅游经营存在矛盾？是否与携程等提供交通、住宿等服务的企业存在矛盾？建议对本条的表述进一步斟酌。

(3)第三十六条将订购产品和服务与导游服务费用、导游陪同义务放在同一条,衔接突兀。

建议:第三十六条可以分为两条,对旅游经营中提供合格服务和商品,和旅游合同应明示导游服务费用、导游必须陪同的义务分别进行规定。

(4)草案第十二条规定了旅游者有权获得质价相符产品的公平交易的权利,那么对应地应当对经营者施以提供质价相符的产品、服务的义务。草案第三十七条第一款:“旅行社不得以低于成本的价格招徕、组织、接待旅游者”也试图从公平交易的角度来对“零负团费”进行规定,但是规定得过于绝对。

建议:①草案第三十七条第一款与旅游经营者的公平交易义务一同规定,单独成为一条,该条第一款为:“第三十七条　旅行社应当向旅游消费者提供质价相符的产品、服务,保障旅游者公平交易权利的实现”;②对草案进行修改以保证规范的包容性,该条第二款为:“没有正当理由,旅行社不得以低于成本的价格招徕、组织、接待旅游者”;③第三十七条的第二款、第三款单列一条,这是关于旅行社保障旅游者自主选择权的内容。

(5)第三十八、第三十九条对导游和领队的规定,涉及劳动合同的规定,也涉及与劳动法的协调问题。

建议:①两条可以合并为一个法条,本条只对导游的执业许可和领队的执业许可进行规定,而删除签订劳动合同和缴纳社会保险费用等问题的规定;②这样也能与草案的第四十条顺利衔接。即:“第三十八条(导游、领队的执业许可)国家对导游人员、领队人员实行执业许可制度。”

(6)第四十六条对于网络旅游经营的规定含混不清,该规定的立法目的到底是规范旅游经营者在网上从事旅游经营的活动还是规范以网络为平台进行旅游经营的经营者?网络旅游经营者是否需要取得特殊的经营许可,还是同一般的旅游经营者一样?

建议:进一步明确网络旅游经营的概念,关注网络经济下旅游经营的网络化问题,将其作为一种新型的旅游业务形式进行规范。

(7)建议:第四十七条在列举旅游经营者应当遵循的规则时,增加一个弹性条款,以保证法条规定的周延。

(8)第四十九条对委托经营的连带责任未作区分而一概规定,不能凸显公平正义,而且要注意与本草案对"履行辅助人"的规定相协调。

建议:参照《旅行社管理条例》中分类的规定对本条进行修改。即:"接受委托的旅行社违约,造成旅游者合法权益受到损害的,作出委托的旅行社应当承担相应的赔偿责任。作出委托的旅行社赔偿后,可以向接受委托的旅行社追偿。接受委托的旅行社故意或者重大过失造成旅游者合法权益损害的,应当承担连带责任。"

(9)旅游法的立法宗旨不仅仅是为了保护旅游者,更是为了维护旅游秩序,在某些情况下,导游的权益会受到侵害,也应当受到本法的保护。

建议:本章增加一条:"导游人员进行导游活动时,其人格尊严应当受到尊重,其人身安全不受侵犯。导游人员有权拒绝旅游者提出的侮辱其人格尊严或者违反其职业道德的不合理要求。"

六、关于第五章"旅游服务合同"的修改建议

(1)草案第六十五条以包价旅游合同为示范来规定合同双方的主要权利义务,而包价旅游合同是否是旅游服务合同中最重要最核心的形式,其提法是否合适还值得商榷。就旅游实践而言,包价旅游合同并不是旅游行业中普遍使用的概念,在理论上就其具有委托、承揽、居间合同性质的复杂属性也一直未有统一的观点。

包价旅游合同的独特性在于合同中旅游经营者的组织义务是独有的,体现在旅游经营者提供的整体性、综合性服务。包价旅游多是以团体形式开展的,旅行社通常包揽旅游者该次旅行所需全部服务。对于包价旅游合同需要特别关注很大程度上也是因为旅游者在旅游中对旅行社的严重依赖。根据附则中包价旅游合同的定义,只要旅行社提供

或者通过履行辅助人提供的行程安排中包括交通、住宿、餐饮、游览等两项以上，就被认为是包价旅游合同。而随着旅游业、特别是旅游网站的发展，旅游服务越来越个性化，旅游者可选择任意项服务进行个性组合，这种情况下是否还可以叫做“包价旅游合同”，是否还符合包价旅游合同要规制的本质需要探讨。包价旅游合同的定义试图将个人选择两项以上旅游服务的情况纳入进来，但用“包价旅游合同”这个名词似乎并不合适。

建议：本章以旅游服务合同或旅游合同的概念统领全章，而不宜以“包价旅游合同”为中心来进行规范。

(2)草案第五十二条规定“旅行社组织和安排旅游活动，应当与旅游者订立合同，并按照约定履行义务”，第五十三条规定“包价旅游合同应当采用书面形式”，第六十四条规定“旅行社根据旅游者要求，安排旅游行程、代订交通、住宿等旅游服务，应当以书面形式订立旅游安排合同”，可以看出草案将旅游合同分为第五十三条的包价旅游合同和第六十四条的旅游安排、代订、咨询合同，而这两类合同都明确要求书面形式，但草案第五十二条用的是“订立合同”，并未排除口头合同的情况，而口头合同适用于哪种情况并未言明，使得旅游合同形式上存在不明确之处。

建议：对旅游服务合同上述内容的冲突和不完善之处进行全面的梳理。

(3)旅游业普遍存在虚假宣传、夸大宣传的情况，旅行社对某项旅游安排或服务强力推介，以各种优惠条件、旅游项目吸引旅游者，可在实际履行合同中这些书面合同外的优越条件并没有得到落实。虽然民法总论部分已经将这种情况视为订入合同，经营者要达到旅游宣传文案、店堂告示、口头推介等中提到的服务标准，但针对旅游业中这种普遍存在的情况，有必要在条文中列明。

建议：增加一条，将旅游经营者公开的宣传、承诺，视为合同的组成部分，从而可以对旅游经营者的宣传行为进行规制。

(4)第五十四条规定“订立包价旅游合同时，旅行社应当向旅游者告知下列事项”，旅行社告知义务的前提是“订立包价旅游合同时”，这种表述似乎将其他的旅游合同排除出去，并不合适。旅行社告知义务这一条应当适用于所有的旅游合同。

告知义务项看似从旅游者的知情权出发，实际上从条文来看是要保护旅游者的安全权，避免发生危险的情况，第三款“旅行社责任限制、减免的相关信息”的告知义务就更加重要,应该增加不能告知的法律后果的内容。可以参照《保险法》的规定:“对保险合同中免除保险人责任的条款,保险人在订立合同时应当在投保单、保险单或者其他保险凭证上作出足以引起投保人注意的提示,并对该条款的内容以书面或者口头形式向投保人作出明确说明;未作提示或者明确说明的,该条款不产生效力。”

建议:①本条使用“旅游服务合同”的概念替换“包价旅游合同”的概念;②增加一款规定:“对旅游服务合同中旅行社责任限制、减免的条款,旅行社应当在订立合同时对该条款的内容以书面或者口头形式向旅游者作出明确说明,未明确说明的,该条款不产生效力。”

(5)第五十五条第二款规定:“因未达到约定人数不能出团的,组团社经征得旅游者书面同意,可以委托其他旅行社履行合同。组团社对委托事项承担责任,受委托旅行社在委托范围内对组团社承担责任。旅游者不同意的,可以解除合同。”如果将这种情况视为合同的概括转让,在征得旅游者同意的情况下,相当于组团社退出了合同,那么按照合同法的相关规定,受委托旅行社应当成为新的合同方承担责任,其是否只在委托范围内对组团社负责而不对旅游者负责?如果将这种情况视为组团社对受委托旅行社的委托,则与前面草案第四十九条委托经营的连带责任相冲突。第四十九条“旅游经营者将其部分经营项目或者场地交由他人从事住宿、餐饮、购物、游览、娱乐、旅游交通等经营的,应对实际经营者的经营行为给旅游者造成的损害承担连带责任”,在第四十九条旅游经营者将部分事项交由他人经营,而第五十五条旅游经营者将合同转给他人履行,实际经营者在第四十九条的情况需直接对旅游者承担责任,在第五十五条的情况下只需对组团社承担责任,不必对旅游者直接承担责任,是不是使旅游者丧失了多一个责任承担人的机会呢?特别是在旅行中发生的合同约定内容外的突发情况,如果不属于当初合同中的约定事项,则组团社只对委托事项负责,受委托旅行社只对委托事项负责,而旅游者的问题可能出现无人负责的情况。

旅游者选择信任的旅行社提供旅游服务,同样对于“外包”的情况没有预期,对于实际经营者没有了解,第五十五条的情况下旅游者可以选择解除合同,那第四十九条的情况下旅游者得知外包的情况可否解除合同?

建议:①第四十九条是否可以考虑增加特定情形下旅游者可以解除合同的规定;

②第五十五条建议在责任设计上规定“组团社和受托社承担连带责任”；③对相关法条从整体上进行梳理、修改，以保证法条相互之间的协调性。

(6)第六十条关于救助费用的规定与第十七条存在矛盾。

建议：对救助费用的分担原则分类别分情形完整进行规定。

(7)第六十五条是对住宿合同的规定，而实际上条文内容是对住宿经营者的各项义务进行的规定，“住宿经营者应当按旅游服务合同规定为旅游者提供住宿服务”，住宿合同已经包含在旅游服务合同中作为其中一项服务，并不需要单列一条住宿合同来规定。

建议：①本条关于住宿经营者应当为旅游者提供不低于原定标准的住宿服务、对旅游者财物的安全保障义务等，都是从旅游经营者的角度来规定的，可以放在第四章旅游经营中进行规定；②需要作为旅游经营者的酒店与通常的住宿经营者在损害赔偿责任的承担上是否有区别，如果有区别，应当在本条作出明确规定；如果没有区别，则适用《侵权责任法》即可，本条就没有必要作出规定。

七、关于第六章“旅游安全”的修改建议

(1)第六十六条对于政府及相关部门的旅游安全职责的规定过于原则性，不利于权责明确，这种泛泛的说明也会导致在实际操作中法律被架空的窘境。

建议：本条在与《旅游安全管理条例》及其实施细则等下位法衔接的基础上，细化政府旅游安全职责的具体内容，增强法律的可操作性。

(2)第六十七条对安全风险提示的规定只涉及了安全风险提示的级别划分标准和实施程序，但对于安全风险提示应当包括哪些方面的内容并未明确，此种缺漏在法律实施中无疑会造成操作性困难。

建议：草案增加诸如“重点旅游地区要建立旅游专业气象、地质灾害、生态环境等监测和预报预警系统，防止重大突发疫情通过旅行途径扩散”等安全风险制度具体内容的规定。

(3)第六十八条规定了政府和有关部门对于突发事件的应对和处理，但对于旅游突发事件中必不可少的紧急救援环节却并未从法律上制度化。根据草案现有规定，旅游救援的主体仅限于政府及相关部门，对于商业化的市场主体是否能够进入旅游救援环节却

未置一词,这就将实践中大量存在的民间救援团体排除在法律调整范围之外,这与市场对旅游安全越来越大的需求是相悖的。另外,充分利用保险服务是国际专业旅游救援服务通行的做法,但通观整部《旅游法(草案)》,并未涉及任何旅游保险的内容,这样的缺漏无疑不利于建立完善的旅游突发事件应对机制,应予以弥补。此外,六十八条第二款中只规定了政府及有关部门对于境内旅游者的救援救助,对于我国的出境旅游者遇到突发事件的应对没有规定,这也是不合理的。

建议:增加相关内容规定。

八、关于第七章“旅游监管”的修改建议

(1)总则第八条(旅游行业组织)规定:“依法成立的旅游行业组织,实行自律管理,引导会员诚信经营、公平竞争。”根据该条意旨,规范和促进旅游行业健康发展,除应当坚持政府对旅游业充分、高效的行政管理,更应广泛动员各方面力量,实现社会层面的积极参与。因此,旅游法从立法宗旨而言应当积极动员社会各方面力量参与到旅游业的管理中来,充分发挥如旅游业协会等旅游行业组织的专业性强、管理手段灵活、紧密联系旅游经营者等优势特征,将旅游经营从业者充分组织和凝聚起来,实现自我管理、自我教育,制定相应自律管理规程,促进旅游行业经营者诚信经营,营造良好的公平竞争环境。在当前各类社会组织已经充分参加到社会管理活动的背景和形势下,旅游监管活动应当坚持政府主导、社会力量积极参与的监管原则,实现监管主体的多元化。

建议:草案在充分规定政府旅游行政管理部门监管权限的同时,也应当承认行业协会对旅游行业的自律管理,还应当将媒体、旅游者等公众监管囊括进来,充分扩充监管渠道,实现对旅游行业更全面、专业、高效的监管。

(2)第七十四条对旅游监管对象作出了规定,主要是旅游业经营者和从业人员资质及其经营行为。旅游经营活动呈现出多样性、复杂性的特征,其参与者除专业的旅行社等经营机构外还应当包括旅游餐饮业、住宿业、交通业、娱乐业等辅助行业,它们共同构成了旅游经营业的整体。只有全面并精确理解了旅游、旅游业、旅游经营等概念的内涵和外延,才能实现旅游业立法的精准性和全面性,进而达到可操作性和可实践性。因此,旅游监管的对象不宜做局限的理解,应扩展到旅游业的各个方面。

在我国现行的各政府行政机关职权划分上，与旅游相关的餐饮、住宿、交通等行业分别由物价、安监、交管、工商、城市管理、文化等多家政府机关分工负责管理，旅游行政主管机关在这些领域和事项上的执法权必须有严格的法律授权。而草案第七十五条规定授予旅游行政执法机关进入任何“旅游经营场所”查阅复制相关材料，以及查封扣押相关财物的执法权。“旅游经营场所”可以做较为宽泛的理解，除景区外，还可包括餐饮、住宿、零售等多类经营场所，而这些场所的经营活动还受到工商、物价等其他行政机关的执法监督，旅游行政主管机关是否对这些经营场所具有监督执法权特别是财产扣押权还有待进一步明确。另外，如果对整个旅游业进行条块分明的分割管理，虽然避免了不同机关行政执法权的相互冲突，但可能降低行政监管的效率和力度，另一方面也给旅游者及时有效维护自身合法权益带来相应的不便。

建议：旅游法应当思考如何实现行政力量的有效整合，完善协调机制，加强联合执法，实现对旅游业的有效监督管理。

九、关于第八章“权利救济”的修改建议

（1）建议：本章名称应为“旅游争议解决”。

（2）对于第八十条“受理机构接到投诉，应及时进行处理或者移交相关部门处理，并告知投诉者”，“及时”的含义过于广泛，不具有太大的操作性，为了加强行政效率，督促政府行为，可以为之规定一个更为具体的处理期限。参照国家旅游局在2010年发布的《旅游投诉处理办法》第二十五条的规定：“旅游投诉处理机构应当在受理旅游投诉之日起60日内，作出以下处理：（一）双方达成调解协议的，应当制作《旅游投诉调解书》，载明投诉请求、查明的事实、处理过程和调解结果，由当事人双方签字并加盖旅游投诉处理机构印章；（二）调解不成的，终止调解，旅游投诉处理机构应当向双方当事人出具《旅游投诉终止调解书》。调解不成的，或者调解书生效后没有执行的，投诉人可以按照国家法律、法规的规定，向仲裁机构申请仲裁或者向人民法院提起诉讼。”

建议：《旅游法（草案）》第八十条可以修改为：“县级以上人民政府应当指定或者设立统一的旅游投诉受理机构。受理机构接到投诉，应及时进行处理或者移交相关部门处理并告知投诉者，受理机构和相关部门应当在接受投诉后60日内作出处理结果。”

(3)对于第八十三条共同争议解决,由于《民事诉讼法》第五十四、五十五条,及其解释第五十九条对共同诉讼已有较为明确的规定,而旅游者与旅游经营者发生的争议并无特殊性,直接适用《民事诉讼法》的相关规定即可。

建议:删去本条。

(4)第八十五条规定:"旅游者与旅行社因包价旅游合同发生争议提起起诉的,由合同履行地、原告住所地或者被告住所地人民法院管辖"。其中,以原告住所地为管辖较为不妥,首先,以原告住所地为管辖违反了《民事诉讼法》中原告就被告的原则,而在《旅游法(草案)》中并无特别且足够合理的理由去推翻它;其次,旅游者与旅行社的诉讼中,原告数量一般比较多,若各自在原告住所地起诉,一方面被告将疲于在各地应诉,另一方面也会加重各地法院的工作量,并容易出现同诉不同判决的结果。

建议:由被告住所地、合同履行地的人民法院管辖。

(5)建议:本章可以对《旅游法(草案)》第三十五条"(质量保证金)旅行社应当依法交纳质量保证金,用于特定条件下的旅游者权益损害赔偿"中交纳的质量保证金的动用条件、程序作出规定,以利于旅游争议的解决。

十、关于第九章"法律责任"的修改建议

(1)本章是法律责任的规定,在已经对行政责任和刑事责任作出规定的情况下,应当有民事责任的条款。

建议:①增加民事责任的条款;②吸收最高法院司法解释的精神和司法审判工作经验,对旅游争议中的精神损害赔偿等问题作出规定。

(2)第八十六条规定"未经许可经营旅行社业务的,由旅游行政主管部门或者工商行政主管部门责令改正",这是行政处罚权的重叠,职责权限不清容易造成不同行政部门间的"利益之争"。

建议:明确负责法律处罚的主体,是否可以主要由旅游行政主管部门行使职权即可。

(3)建议:①第八十七条规定"拒不改正的,责令停业整顿;情节严重的,吊销旅行社业务经营许可证",应明确"拒不改正"与"情节严重"是并列关系还是递进关系;②"向不合格的供应商订购产品和服务的",这里故意和过失责任不同,建议区分处罚;③增加弹

性条款。

(4)第八十八条第二款规定“入境者如需遣返的,应当承担其遣返费用”,从条文逻辑上来讲,承担遣返费用的主体应当是旅行社,但从草案现行行文上来看却容易造成误解。

建议:修改为“旅游经营者应当承当其遣返费用”,消除表述误解。

(5)第九十二条规定“旅行社及其从业人员违反本法规定,在旅游行程中设置违反我国法律法规和公序良俗的旅游项目,或者组织、带领旅游者参观、从事违反我国法律法规和公序良俗的活动的”要受到行政处罚,事实上,“公序良俗”的概念难以界定,反而增加了法律的不确定性。

建议:删掉“公序良俗”的部分,仅用法律法规来调整就足够。

(6)建议:①本章措辞的规范性应加强,例如“初犯”、“再犯”的妥当性值得斟酌;②行政责任罚款的数额的妥当性值得斟酌;③建议考虑对导游、领队在特定条件下可以规定“市场禁入”条款。

十一、关于第十章“附则”的修改建议

(1)附则中关于将景区定义为“以营利为目的,为旅游者提供游览服务的封闭场所或者区域”,这就将免费开放的一些游览场所排除在法律监管之外,值得商榷。

建议:对景区概念重新界定。

(2)包价旅游合同在本法中应有的地位本立法建议稿已经作了详细的阐述。

建议:删去“包价旅游合同”概念,而对“旅游服务合同”作出界定。

(3)关于履行辅助人与旅行社之间的关系,草案也并未说明清楚。

建议:进一步明确两者之间的关系。

(4)建议:增加旅游业、旅游者、旅游经营者的术语解释。

专题研讨

谈旅游权利和旅游者权利[①]

——献给第一个中国旅游日

杜一力[②]

设立中国旅游日，目的是让社会更关注“旅游”。但是关注“旅游”，不仅要关注万里江山千年文化和吃住行游购娱，更为重要的是要关注“旅游”这件事与我们每个社会成员的关系，关注这件事所蕴涵的人文价值和社会价值。

此时正是中国旅游立法研究深化的阶段。一批研究人员和一批“大旅游”的主张者，特别希望和努力坚持以“旅游权利和旅游者权利”为中国《旅游法》开宗明义的第一章。虽然与此相关的方方面面、圈内圈外看法还很不一致，最终能否入法也还说不定，但是笔者认为，“旅游权利和旅游者”所蕴含的内容，关乎中国旅游业的使命、责任、发展方向和成色水平。值此第一个中国旅游日，写下一些个人看法，是立法研究中的点点心得，也是一个旅游工作者对第一个中国旅游日的献礼。

一、关于问题的研究情况：《旅游权利和旅游者权利》，要还是不要

要还是不要，不是指权利本身，而是指作为《旅游法》的一章，其基础坚实程度怎么样。

关乎宗旨岂能放弃。参加研究的同志们总体上认识都是差不多的。我们认为：如果这一部分（旅游权利和旅游者权利）立得住，《旅游法》的根子就落在“以人为本”、“满足人民群众日益增长的物质文化需求”上，旅游法的宗旨和导向就明确了，接下来的章节中对政府、对各相关部门和经营者提要求，就有了充分的内在逻辑。这也是国务院41号文

① 本文曾发表于《北京第二外国语学院学报》2011年第5期（总第193期）。

② 作者简介：杜一力，中华人民共和国国家旅游局副局长。

件的一个逻辑主线。我们认为只有牢牢把握这样的宗旨,旅游立法才能站在一个理论和逻辑的高度,处理好法与法之间、各相关主体之间的矛盾和问题。

主张权利绝非易事。一年半的研究,没有形成一致意见。在2010年5月31日起草领导小组第二次会议讨论旅游法提纲时,部分意见是建议取消这一章。核心观点是:旅游者权利就是民事权利,只是在旅游的过程中得以表现,说到底就是民事权利。因此带来两个具体意见:一是旅游者权利一章没有必要,现在的内容都是宣誓和口号,如果有需要保护的事项应该落实到民事权利一章中去;二是更进一步的看法,就是旅游者是一个无法界定的概念,从民事权利义务看就是一个自然人,并无特殊性,完善民事权利、加强民法典的编撰就可以解决共性的问题。

核心在于特殊性。接下来一年的工作中,相关的同志汇聚才智和精力,问题研究聚焦于:旅游权利的内容、特点,还有旅游者权利的特殊性。希望在由"大纲"演进成第一次成文草案的时候,能够满意地回答这几个问题;以透彻的研究和扎实的法条来回应本章"要,还是不要"的问题,以此解决好《旅游法》立法宗旨的问题。在第一稿中,以"旅游者"为章名,把有关旅游权利和旅游者权利的内容融汇其中,概括为"七权利三义务"。

在起草组第三次会议上,这样的立法思路得到了起草领导小组各组成部门的多数同志赞同。起草小组副组长、发改委副主任朱之鑫发言,阐述旅游立法要站在十几亿人的立场上,保护最大多数人的利益,而不是几万、几十万的那一部分人的利益。起草组成员研究认为:这一稿"最大的亮点,就是把旅游者放到了第一位,这完全符合我国法制社会的进程,也符合世界潮流的大趋势。这也应该是旅游法和其他国内法以及新制定的法中一个显著的亮点,就是把保护公民的私权和个人权益提升到相当重要的位置",评价相当到位。

不经百诘理未明,不过千询法难立。立法工作的难度在于,立法需求和愿望是比较容易达成共识的事,观点和法条要立住则是一个需要经过百诘千询的过程。拿出第一稿上第三次全体会进行讨论的时候,《旅游者》一章中的"七权利三义务"中,有两个关键的问题仍然没有达到"问不倒"、"驳不倒"的程度:一是旅游权利是什么,和其他基本权利是什么关系;二是旅游者权利和其他消费者权利的差别究竟在哪里。这两个问题如果得不到充分论证,得不到基本权利方面的法律专家和民、商法相关的方方面面的认同,《旅

游权利和旅游者权利》一章就算写出来了,但是也很可能通不过。果然,有人提出了这样的意见:

——草案中提出了一些类似公民基本权利和义务的概念,如"旅游自由权"、"救助权"、"救济权",这些权利和义务,与宪法、民法通则中规定的权利和义务之间是何种关系需要斟酌。

——"休假权"应当是相对应"休息权"的部分内容,将其作为旅游者的主要权利,似有不妥,应当斟酌。理由一是休假权主要是《劳动法》的调整范畴,而不是《旅游法》应当规定的内容。二是休假权与旅游者的权利没有直接的必然联系。休假可能去旅游,也可能不去旅游,休假权是否应该由本法调整需要研究。

——旅游者的合法权益以旅游者的存在为前提和基础。但是旅游者是动态的、有时间限制的个体。只有在旅游期间才是旅游者,在非旅游期间就不是旅游者,也不受该法调整。

二、关于问题的核心:"旅游权利"是什么

问题提得相当好,切中要害。部分同志看出来旅游权利是一个非常复杂的问题,建议回避。笔者以为,回避是因为没有研究透彻。从业经年,我们自身对"旅游权利"的客观存在有相当的体悟,但是我们各方面的同志还没有准确地把"旅游权利是什么"说清楚,更没有把旅游权利的法源说清楚,没有把"旅游权利"在法律上存在的必然性、必要性论清楚。

什么是旅游权利?我们是这样定义的:旅游权利是现代社会中人们离开常住地实施旅行游览活动的权利,是人们通过利用时间和空间去获得精神、文化、健康等需求的一种权利。这个概念是世界旅游组织反复提议和倡导的。在研究制定《旅游法》的过程中,中国旅游研究院承担《旅游者》研究问题的小组作了如上的总结。我认为还比较准确,故而采用。

旅游权利不是旅游者权利。看内涵,旅游权利是公民人人拥有的权利,属于基本权利的范畴。旅游者权利,则是进入旅游活动之中的那部分公民的对世权。现在《旅游者》一章中的"七权三义务",实质上包含有"旅游权利"和"旅游者权利"两个层次的内容。

其中,休假权、旅游自由权、旅游服务关系平等享有权(旅游资源享有权)、旅游救济权均是旅游权利的意思。而其他的如旅游知情权、旅游方式选择权和个人信息保护等则是旅游者权利,也即进入旅游活动才形成这些权利。显然,"旅游权利是什么"比"旅游者权利是什么"是更基本层面的问题。但是我们在草案稿中,没有刻意去区分这两种不同性质的权利。不是内容不明确,而是不想把那么多层次的法理概念体现在框架结构上,造成立法逻辑上的繁复。现在虽然章节标为"旅游者",实质则是从旅游权利出发,落实到旅游者权利和义务上。"旅游权利"与"旅游者权利"的关系,就是基本权利和具体权利的关系,是从地基建设到地面建筑的关系。根据这两者在社会生活中的相互关系来认识,必是先有旅游权利,然后才有旅游者权利。

旅游权利包括哪些内容?综合各种国际公约、各国旅游法、各种教科书和理论文章,旅游权利有这么几点内容:第一,"旅游自由权"。有的表述为"人的自由流动"(WTO)的权利,国际旅游公约中早先的提法是"人的自由行走权利";在有关国际公约中称为"旅行和旅游的自由"(《联合国人权宣言》);我们在"《旅游法(草案)》"中表述为"旅游自由权"。第二,"旅游资源享有权"。在其他国家法律和国际旅游公约中表达为"人人有直接拥有发现和享受旅游资源的权利"。因为"所有旅游资源都是人类遗产的一部分",所以人人应该享有,所以"各国和整个国际社会必须采取必要的旅游资源保护措施"(《马尼拉宣言》)。这个意思在草案中被改为"旅游服务平等享有权"。第三,现代社会中国家要提供人们实现旅游权利的必要条件,即"休假权"。第四,与旅游权利相对应的权利救济。

三、关于旅游权利之一:对"自由权"三问

有法律研究者说,有人类就有旅行,自然权利不必用法律来明确。"在法律的范围内自由行走或者自由旅游",这项人的自由权利在道理上不需解释。但是在法律上需不需要明确呢?都知道自然权利是消极权利,不需要明确。有人说,人的自然权利很多,法不禁止即是允许,未必非要写进法律。旅游旅行自由权是自然权利不假,但是自然权利就不需要明确吗?我们都没有忘记改革开放前,我们几乎没有人真正享有自由行走这个自然权利,如果有人仅仅是因为出于自由行走的目的出现在异地,那是会被严重干预的。

干预的专有名词叫“盲流”。所以,同样是人的自然权利,结婚生子需要法律规范和法律保护,人们锻炼自己的身体则不必法律明确,视社会和外界有无对自然权利构成障碍而定。由于国家的存在,由于人口流动管理的各种规则存在,国际国内,对“人的自由行走”都是有制约的,有的合法有的不合法。所以明确“人的自由行走”的权利并不多余。

“旅行旅游自由权”的明确是有历史过程的。从历史和现实充分演绎的实际情况来看,“人的自由行走”这样一项权利不仅在中国是需要明确的,在人类社会发展历程中也是逐步要明确的。旅行是自由还是不自由,在古代社会主要取决于当时的生产生活水平和社会条件,而在现代社会则主要取决于法律环境。所以,率先进入现代社会的国家最先从宪法上明确了旅行自由权利,其代表是1215年英国《大宪章》。在英国宪制过程中具有重要意义的《大宪章》第41条、42条规定:“敌对国之外的所有商人,除战争时期外,皆有权经由水路和陆路安全出入英格兰,或在英格兰境内逗留或经商;英格兰人可由水路或陆路安全出入国境。”据研究者说,这是人类历史上第一次以法律明确的旅行权,其中包含本国公民和外国公民自由出入境的权利。之后一些国家的宪法纷纷明确了公民的旅游旅行权。同时“二战”后建立世界新秩序的主要的国际法,包括《联合国宣言》和《联合国人权宣言》,也明确了在法律范围内自由行走的权利。看来,如同人的生存权一样,虽然是个自然权利,但是在人类社会发展中,“自由行走”、“自由旅行”是需要确权的。

接下来的问题是,在当下中国把“旅游旅行自由权”通过法律的形式明确下来有什么价值和意义呢?

第一,“旅行自由”是经济社会发展的必然要求。从人类有交流开始,就有自由旅行的需求;随着经济发展水平的提高,旅行和自由旅行的要求同步提升。从最简单的道理上来讲,上层建筑适应经济基础的基本理论是不可破的。部分人喜欢讲普适性,这是最大最基本的普适性。明确旅行自由和旅行自由权就有经济社会发展价值。

第二,什么样的发展阶段有什么样的法律保障,我们这个发展阶段,需要这样的法律来匹配。“全面建设小康社会”阶段的任务是:按照“从温饱到小康”的要求,满足人们基本需求的提升。其中满足人民群众的精神文化需求,曾被认为是“吃饱了没事干”的那一类精神需求、健康需求,在这个阶段不是奢侈,而是基本需求。这是当代人民的权利,不是格外的恩赐!党和国家的战略思想、政策引导都确定了旅游这一类与精神文化需求、健康要求、发展要求密切联系的需求的重要性,提出了旅游业要成为"国民经济的战略性支柱产业"和"人民群众更加满意的现代服务业"的要求。一部分在社会发展上一个阶段生活时间比较长的人,继续认为保证人们的旅游等相关的文化精神需求是超前,是脱离实际的。所以现阶段明确人们的旅游权利,有针对性,有必要性,这是时代性的体现,是法律先进性的体现。

第三,我们实际上拥有这个自由,在法律中加以明确,是真实地反映中国人权的实际。既然旅游自由权是基本权利的延伸,自然就有人权的价值。但是这个人权价值的来源是中国宪法。中国宪法赋予公民的基本权利和其中体现的价值观和评价标准从根本上支持着旅行旅游自由的人权价值。我们签署《联合国人权宣言》和其后的《政治公约》及《经济社会文化公约》,都基于我们的宪法。曾经有一批研究者对各主要国际公约提出的旅游者权利进行阐述,基于国际人权理论的语境状态下,强调了旅游自由权的人权价值。笔者认为"旅游旅行自由权利"的人权价值不必放到别人的语境下去表达。因为国际人权问题掺杂了太多的政治内涵,各有各的标准,各说各的话,是敏感话题。而事实上各国在战后和平的60多年时间内,为旅行自由和行走自由,注重的并非"人权"理论争辩,而是不断落实和争取更加合理宽松的签证和出入境的管理措施。梳理联合国和世界旅游组织30年的一贯主张,也是在这一类有实质意义而且可比较可借鉴的具体制度上。在对实际问题的推进中,中国进步最为巨大。我们的自由行走和旅行自由的历程是从1978年改革开放开始的。从那时起我们的对内对外出入境政策和法律法规快速健全,特别是2004年的护照改革,中国在30年的时间内成为世界第三大旅游接待国、第四大旅游出境国,每年1亿多人次的出入境人数说明,中国实际上30年就跨越了西方国家300年的自由行程,拥有同大多数西方国家同等程度的行走自由、旅行自由、旅游自由的权利。不带偏见地比较,中国对外国人和本国公民旅游权利的保障有很多是超过一些发达国家的能力和水平的。我们的出入境管理法赋予公民出入境的权利和所有西方国家是完全平等的,赋予外国人出入中国国境的权利和各国给予中国公民的权利原则上是对等的。同时在现实中中国对各国旅行者的入境管理比相应的一些国家和地区对中国公民的出入境管理要更多一些自由度。此时,美国的旅游业正在对本国政府签证管理和出入境管理带给本国旅游经济的严重制约加以检讨,在这个领域和环节,其人权主张是被严重屏蔽的。同时,中国的公民在国境内的旅行旅游权利可以得到自由兑付,为使公民旅行旅游自由权利实现,政府提供政府管制方面的允许性条件,并且主动保障人们出游出行方便。正是这样的制度环境,保证了中国成为世界第一大国内旅游人数大国。第一大国内旅游人数、第三入境旅游人数和第四出境旅游人数表明了中国的旅游旅行自由权利,所以,在旅游法上明确这个权利,是对现实的一个追认,是对我们享有的权利的一个确认,是体现我们人权实际的一个说明,是对我国社会主义法律体系的一个完善。那么,我们为什么不在法律中明确它呢?

第四,过去我们没在法律法规中明确公民的旅行旅游自由的权利,从宪法到各部门法律法规没有一部适合明确。现在在《旅游法》中明确再适宜不过了。

四、关于旅游权利之二:"资源享有权"的法源依据

世界旅游组织在有关公约和文件中把我们所说的"旅游资源享有权"表述为:人人"有直接拥有发现和享受旅游资源的权利"。这至少区别两个问题:第一是区别于旅游资源所有权,注意这个权利是一种对自然社会资源的使用,或者更准确一些是利用,是一种在不占有、不消耗、不损害的前提下的使用权利;第二是区别于旅游自由权,意思就是不是权利主体单方可以实现,而是要通过主体对自然社会和文化等客体的作用才可以实现的权利。而且按照我们对国内法律体系和国际有关法律公约的理解,"旅游资源享有权"有比较坚实的法源基础。一个基础是通过《世界自然文化遗产公约》被认同的人类遗产人类"共同享有"的国际公约基础。世界自然和文化遗产全人类"共同享有"的共识是人类文明历史上很值得骄傲的共识。这个"共同享有"的自然哲学思想源自美国自然保护的科学工作者,并于美国成立第一个国家公园时成为法律——美国国会 1872 年 3 月 1 日通过法案,黄石地区"自此在美国法律下予以保存,并免于开垦、占据或买卖,为了人民的福祉和享受的缘故,被献为并划定为公众公园或休闲地"。100 年以后,联合国教科文组织《世界遗产公约》等国际公约把这个法理精神拓展到国际社会,形成了现在"主权原则下的自然和文化资源共享原则"。《世界自然文化遗产公约》明确提出:"世界遗产对于人类的生存与发展具有特殊意义,因此保护世界遗产适用资源共享原则符合人类社会的福祉。""无论是属于哪国人民的,罕见且无法替代的文化遗产和自然遗产对人类社会具

有重要意义,涉及人类的共同利益,都必须作为整个人类遗产的一部分加以保护。"世界旅游组织是"共享"精神最积极的推动者。世界旅游组织在《马尼拉宣言》中,把这个思想和法理转述和表达为"人人有直接拥有发现和享受旅游资源的权利",完成了从"共同享有"到"人人享有"的转换。我国参与《世界自然文化遗产公约》以来,人类遗产"共同享有"于法于理被广泛认同,"人人享有"不言自明。

最重要的基础是我们的公有制的宪法基础。国际公约的"共同享有"建立在不同社会制度和不同文化的国家之间,多数私有制的社会制度都认同"共同享有"。在公有制制度体系下,"共同享有"有更加充分和深刻的法理依据和制度保证。我国实行的是自然资源的国家所有制,宪法第九条、第十条明文规定了自然资源的所有权,即矿藏、水流、森林、山岭、草原、荒地滩涂和城市的土地属于国家所有;森林、山岭、草地、荒地、滩涂和农村、城市郊区的土地,除法律规定属于国家所有的以外属于集体所有。由此,我们在社会主义市场经济体系的建设过程中,形成了自然资源、文化资源全民所有的制度群。《中华人民共和国环境保护法》、《文物保护法》、《风景名胜区条例》等相关法律法规对具有代表性的各种类型的自然生态系统区域,珍稀、濒危的野生动植物自然分布区域,重要的水源涵养区域,具有重大科学文化价值的地质构造,著名溶洞和化石分布区,冰川、火山、温泉等自然遗迹,以及人文遗迹、古树名木,都按照全民所有的性质,明确了国有的管理体制。同时很多研究者注意到,我们的这一系列源于全民所有的管理体制,有一个重大的薄弱环节,就是在这个复杂的管理体系中,重点是强化对这些资源的管理,但恰恰没有从"全民所有"到"全民共享"的核心内容。所以,研究者审视我们这些制度,明显表现出"见物不见人",不够"以人为本",从法律调整关系来看,"管理者"和"所有者"权利严重不对等。且在现实生活中,强化了旅游资源国家所有,但具体的资源产权的主体代表往往代表的不是国家;虚化了旅游资源全民共享,公众在旅游资源方面连宣示性的保障也没有得到。因此各方资源管理者很少具有"全民共享"的意识;也因此,以公共资源为基础的旅游区点没有满足公众旅游需求的制度安排,甚至造成实际上对旅游资源的垄断,有悖"全民共享"宪法精神和社会主义制度的方向。也正因为此,"公地不公"和"公地悲剧"交错和反复上演。所以,在旅游法中明确公民有旅游资源享有权,是宪法应有之义,也是今后调整各类关系的一个法理依据。

五、关于旅游权利之三："休假权"的归属问题

休假权和旅游权有什么关系？为什么要放在旅游法里？这是很多人的直观困惑。休假权从属于休息权，休息权对应于劳动权，休息权和劳动权由劳动法调整，这一点不可置疑。所以对旅游一定要拉上休假，从已然形成的法律体系来说，似乎对不上。休假权和旅游权利的关系，可以简单描述为孪生关系或者寄生关系。没有闲暇，就没有旅游、文化和体育这一类属于生存需要和发展需要的人类活动的基础——这也是休息权之所以成为基本人权的理由。同理，没有集中的闲暇，就没有旅游活动的基础。旅游活动必须要有一定量的时间，因为旅游是一个以离开常住地为主要特征的经济社会活动。离开常住地，需要时间，所以，旅游活动的实现要以时间的保证为制度基础，争取旅游权必先争取休假权。这就是多年来国际国内旅游发展过程中，一再为假日而奔走呼号的内在逻辑。此现象背后的规律是：休假的时间是旅游活动的基本条件，需要制度保证；旅游权利必须在休假权的基础上才有可能得以实现。正因为此，世界旅游组织《旅游权利法案》第一条就申明："普遍的旅游权利必须视为休息和休闲权利的必然结果。这种休息和休闲的权利包括《国际人权宣言》第 24 条和《经济社会文化公约》第 7 条所保证的工作时间和周期性带薪休假的合理限制。"

"休假权要不要写进旅游法"的问题变成了"旅游权利的基本条件要不要写进旅游法"的问题。先前的认识是作为和劳动权利相对应的休假权是劳动法调整的范围，不需要写进旅游法。现在讨论的问题是同时作为旅游权利必要条件的休假权要不要写进旅游法。所以这个问题只是一个纯技术问题，就是彼法调整范围内的法条是否绝对不可以纳入此法。可不可以认为，只要没有这种明确的禁止，应该不成问题。特别是休假权进入此法对在彼法中的地位作用没有影响，而且在保障其衍生权利实现的同时，还推动和促进原权利的实现，形成相互关联互相促进的权利实现体系，是否应该说是一件很好的事情呢？如果这是一个不错的价值判断，即便中国立法中没有前例，在此法中创设这样的方法，是否也应该被允许呢？

六、关于旅游权利之四：从"旅游权利"看旅游权利救济

没有救济就没有权利，这是常理。过去我们对旅游权利救济的认识还不够深入，比

较简单地把旅游救济权作为旅游消费者的权利,纳入对消费者救济的制度思考范围,所以主要追踪和研究的是民事权利救济。其中偏重基于旅游消费者异地、信息不对称等不同于一般消费者的特点,研究旅游消费者比一般消费者需要的特殊的救济方式。但是在我们明确了旅游权利所表达的内涵后发现,如果旅游自由权、旅游资源享有权、休假权等旅游权利客观存在,旅游权利救济的内涵就远远大于民事救济权利。

我们试以这样的法理价值去判断实际问题。基于这样的认识,我们对生动活跃的旅游发展现实中的一些法律盲区现象就有了符合法理的价值判断。第一现象:一些旅游者在自己旅游的过程中遇到了困难和危险,驴友"自己旅游"、"自发旅游"、"自助旅游",行使的是旅游自由权,没有对应的民事法律关系,但是当驴友遇到危困时,政府相关部门一般都给予了救助。这在法律上引发了争议。第二现象:具有合同关系的旅游者和经营者在境内外遇到不可抗力因素,国家和各地政府依据什么法律规定给予救助,救助到什么程度,没有救助或者救助程度不足,旅游者和经营者可否就此寻求权利救济。旅游权利救济的自力救济和他力救济以及权利救济的度、量,都是需要深入研究的问题。但是应该有这样一个基于旅游权利的救济制度设计,这应该是《旅游法》题中应有之义。我国法律建设体系正探索建立多样化的权利救助系统,正在通过各种相关法律完善对公民的权利救济途径,落实宪法规定的公民对国家的权利救济权。如果《旅游法》在此有所作为,也是本法制定过程中的创新性和先进性的体现。

七、关于旅游权利的性质和特点

第一,旅游权利也是基本的社会文化权利。旅游权利对于公民来讲,像健康权、受教育权、文化权一样,是人的经济社会权利的一个具体体现。它在社会发展进程中形成,在中国改革开放以后才真正形成。所以在宪法规定的公民的五大基本权利中,人身自由权、经济社会权和教育、科学、文化权利都是旅游权利的根源,但是宪法没有明示。我们认为这是社会发展进程中的一个普遍现象,五大基本权利在现代经济社会生活中延伸,实实在在地存在而且得到普遍认同,体育权、旅游权都是如此。人类社会发展中,基本权利在伸展,在丰满,所以在新的立法中明确这些权利是必要的。

第二,因为是基本权利的延伸,所以是人人享有的权利。旅游权利的明确,是社会公平的表现。在中国很多人认为旅游是有钱人的奢侈消费,正是这种认识约束了人人都有的旅游权利,压制了人人都有的旅游愿望。“人人享有旅游”的理念,在很发达的国家和不发达的国家,都已成为社会共识。西方国家都有“社会旅游”的概念,就是不基于经济层面,而作为一种社会制度的安排,对于公共机构支持下的社团旅游活动的支持;对青年、老年、妇女、残障人士等特殊人群进行照顾性的旅游安排。遍布全球的青年旅馆,就是为青年学生实现其旅游权利提供的设施。近日,笔者见到非洲毛里求斯旅游与休闲部长,问及其休闲的职能是什么内容。回答是,推动国内各种文化旅游资源为本国居民享有,每年4次活动,公共海滩等旅游资源为居民免费享有。非洲国家尚且有社会成员人人享有的条件,我们更应有这个条件,而且应该在法律中明确这个权利。

第三,因为是基本权利的延伸,国家和社会需要承担相应的义务和责任,这就是旅游的公共政策产生的依据。中国各级政府为保障旅游业发展、保证旅游者权益做了许多工作,这是世界各国政府所难以相比的。特别是在旅游安全方面,几乎成为无限责任的承担者。但是我们在旅游法律和规则上却没有明确责任义务,同时也就没有明确责任限度。一系列国际公约认为:社会有义务必须为其公民采取实际、有效和非歧视性措施,使其参与此类(旅游)活动。1982年世界旅游组织《关于旅游度假的阿卡普尔科文件》和1989年4月各国议会参加的旅游业大会,主张人人普遍享有旅游权利时,主要对政府应该承担的责任进一步具体化、明晰化,特别是建议各国议会把包括保护旅游者权利等国际法规要求的内容内化到各国的法律法规中去。我国人大财经委和国家旅游局参加了这次会议。明确责任,也就规范了责任。笔者认为只有在法律明确的基础上,无责和无限责任的两难局面才会理顺。

第四,因为是延伸的权利,和其相匹配的义务亦有特殊性。法律的基本精神是权利和义务的匹配。在旅游权利确认的情况下,责任和义务才会相应明确。围绕旅游自由权等旅游权利,人们应该承担何种义务和责任,这是一个必须明确的问题。国际社会1985年通过了《旅游权利法案和旅游者守则》,主张明确旅游权利的具体内容和内涵,同时对旅游者义务提出明确要求。1999年世界旅游组织发布《全球旅游伦理规范》,明确旅游业与经济社会自然的十大关系,其中对旅游权利主张更加充实,而且权利责任匹配,更加完善。旅游权利的性质决定了义务的多寡和特点。其中作为基本权利的一个衍生权利,有些方面权利和义务都是特殊的:比如,旅游权是一个可以克减的权利,赋予旅游权利的程度要根据社会经济发展水平来调整,给予什么程度的保证,和社会文化权利公约的原则一样,将视经济社会发展的水平而确定。同时作为一种个人权利,在发生涉及旅游者、接待者及其他人的生命财产安全和涉及国家安全、公共秩序和道德伦理的状况下,旅游权利应该相应克减。一些情况下,对旅游权利要限制,我们以前做过这样的事情,但是我们无法可依,大都是行政命令式操作。这已经给人们和社会生活带来了相当的困扰。现在是解决这些问题的时候了。

旅游法若干问题的思考与研究

韩玉灵[①]

一、中国旅游立法模式研究[②]

旅游立法模式又称旅游立法体例，指立法机关进行旅游立法所采取的立法形式。学界通常从旅游立法的结构体系和旅游法律的框架体系探讨立法模式问题。立法内容决定立法形式，立法形式也会影响立法内容，国家的旅游立法模式对国家旅游业的保护极为重要。选择何种旅游立法模式，与政治体制、经济制度、国家结构、法律背景与文化等因素密切相关，同时也体现国家对旅游业发展的重视程度和保护力度。尽管我国学界对于旅游立法在结构体系上有着不同看法，但较为一致的观点是：建立以旅游基本法为龙头，单行旅游法律、法规和地方性旅游法规为基础，相关法律、法规作补充的旅游法律体系。

从旅游法律的框架体系研究中国的旅游立法模式，学界也进行了积极的探索，提出了不同的看法。比较有代表性的观点如下：一是主张采取综合旅游立法模式（也有学者称其为集中综合立法模式）；二是主张采取综合性实体法和部门法的立法模式；三是主张采取以“促进”与“可持续发展”为中心构建一部原则性法律，将以往旅游立法历史中模糊的问题尽量界定清楚；四是主张在注重国情的基础上与国际社会接轨，指出《旅游权利法案》是我国旅游基本法可资借鉴的资源，换言之，该观点主张我国应当坚持制定旅游基本法，但基本法的内容以规定旅游权利为主。

根据世界旅游组织 2009 年对旅游目的地的排名，除我国台湾地区外，在前 50 位之

① 作者简介：韩玉灵，北京第二外国语学院旅游管理学院教授，硕士生导师。

② 韩玉灵.基于比较的中国旅游立法模式的选择.旅游学刊.2011(1):6.

内,笔者选择了旅游业较为发达、旅游立法也相应具有代表性的 16 个国家、地区作为研究对象进行旅游立法模式比较研究。研究结论表明,根据对象国旅游法的内容,可将旅游立法模式大体上划分为旅游促进法、旅游组织法、旅游合同法、旅游综合立法 4 种典型立法模式,旅游综合立法模式是我国旅游立法应当选择的较为符合我国国情、有利于我国旅游业发展的理想模式。

旅游促进法模式:通常是宣示国家对旅游业发展的重视程度,表示国家将采取相应手段促进旅游业的发展,规定的内容多属于形象推广、优惠措施等。采取该模式国家的立法背景,一般是该国具有健全的法律体系,能够解决旅游业发展中的问题,旅游法颁布的目的在于特定时期对旅游业发展的促进,一定程度上属权宜之计,较为典型的有美国和日本。

旅游组织法模式:根据调整对象的不同,又可以分为以旅游行政主管部门为调整对象的旅游行政组织法、以公司法为调整对象的旅游企业组织法。较为典型的国家有新加坡和埃及等。该立法模式的优点是,明确了旅游行政主管部门的职责与权力边界,规范了国家管理旅游业的组织基础。旅游组织法多适用于一国旅游业发展之初,为确立旅游行政管理部门职责而颁行。

旅游合同法模式:主要规定包价旅游合同的订立、变更、履行和担保等,有些国家将其纳入民法典,有些颁行特别法。较为典型的国家有德国和瑞士。该立法模式的优点是,立法阻力小,依托民法和合同法,在一定程度上节约了立法资源。但由于其调整范围的狭窄,在一定程度上对立法环境要求较高。

旅游综合立法模式:通常是指法律规定的内容比较全面,涵盖发展原则、促进、旅游主管部门职权、旅游服务、旅游者权利、旅游监管等。各国根据立法需求,在法律内容的选择及权重、章节安排各有千秋。旅游综合立法模式的优点是,在同一部法律中将一国旅游业发展中最主要、最根本的问题囊括其中,立法成本小、效力高;所规定的旅游法基本原则,为旅游法的执行确立了适合其特征的基础,有利于执法者把握相应的尺度;规定了旅游者权利,彰显了旅游立法的社会效应;为构架一国旅游法体系奠定了坚实的基础,避免了由于基本法的缺位而导致的立法的分散性、多层次性和片面性而带来的不能适应日益突出的旅游业发展对旅游法的需求问题。

为此，笔者以为，基于我国政治体制、法律体系、法制环境以及我国政府主导性和旅游行政管理部门弱势地位的现状，市场经济条件下我国旅游产业虽然已经具有相当规模，但基于产业尚不成熟、在国民经济中地位不高的事实，以及传统文化的厌讼、消费者心理不成熟、信用体系不完善的影响和立法资源紧缺、偏爱法典编纂的现实性，选择旅游综合立法模式比较符合我国的政治、经济、文化和法制建设的国情。

二、《旅游法(草案)》的立法特点研究①

从理论上分析，世界各国旅游立法有不同的模式，关注点不尽相同。与其他各国旅游立法相比，我国旅游立法的最大亮点，体现在以人为本，将公民的福祉放在首位，具有鲜明的时代特征和中国特色。

第一，《旅游法(草案)》的立法宗旨，宣示了对旅游者权益的保护；在章节构架、内容布局等方面，充分体现了旅游法坚持以人为本，将保障公民合法权益作为贯穿始终的主线；对旅游者权利的规定无论在内容和保护力度上与其他国家明显不同，体现了国家对富裕起来的人民渴望过上美好生活愿望的充分关注。

第二，从本质而言，旅游者是具有特殊性的消费者。旅游活动具有空间移动性、时间性和对外界的依赖性，旅游消费的非即时性、复杂性和专业性等特征；旅游目的最终实现，不仅需要旅游经营者的诚实信用，也需要旅游者的积极合作和文明程度的不断提高。忽略了对满足旅游者需求的旅游经营者的保护，旅游者的权利很难落到实处。为了更好地保护旅游者的合法权益，《旅游法(草案)》规范了旅游经营者的权利义务，平衡了旅游者和旅游经营者之间的利益，体现了权利义务的一致性。

第三，问题导向，保护旅游者"无形之手"和"有形之手"协调并用。"零负团费"现象在旅游业发展过程中似乎无法避免，是旅游经营者采取价格竞争手段后的产物。从市场经济的本质角度而言，经营者如果一味地采用没有任何利益的价格竞争，按照优胜劣汰的法则，通过市场机制的自行调节和消费者的觉醒，不遵守市场规则的不良经营者会被淘汰出局。问题在于，"零负团费"现象的负面效应太大，这种现象严重侵犯了旅游者的

① 韩玉灵. 关注公民福祉、促进旅游业健康发展的重要保障. 旅游学刊，2012(12)：6.

合法利益,而现象的成因又异常复杂,不仅有经营者的原因,也有旅游者的问题。在旅游经营者诚信经营还存在问题、旅游者旅游消费知识还比较欠缺、价格趋低心理的影响还严重存在的背景下,仅仅靠市场机制不能有效地解决问题。《旅游法(草案)》通过对该不良经营行为的干预,显示了国家为保护旅游者合法权益对这种现象的否定态度。

实践中,经营者采取的低价促销的营销方式,与《旅游法(草案)》规定的"低于成本的价格"招徕、组织、接待旅游者并不相同。产品的价格应当是在扣除成本、保证一定利润的基础上制定的。由此,低价促销,应当是企业在一定程度上降低利润空间的让利行为。在经营过程中,为了取得竞争优势地位,经营者采用有奖销售、微利(低价)促销,都是不违反市场规则或者竞争规则的。从产业经济学的角度而言,甚至在一定阶段内为了获得竞争对手的市场份额,实施"驱逐对手"定价战略,即我们通常说的采用低于成本的价格促销,短期内也是可以的。但实施这种竞争战略是有条件的:实施企业的实力必须强大,能够承担短期亏损;不能长期使用。总之,低价促销,其目的是通过薄利或者微利经营,扩大产品影响,在短期内占领市场,最终是为了获取更大的市场份额,达到营利的目的。若一个企业以低于成本的价格开展经营活动成为常态,在理论上立不住,实践中也是不可能的,必然要通过其他途径获取利益。现阶段,在其他途径尚不能确保不侵害旅游者利益的情况下,低于成本的报价开展经营活动就失去了基础和存在的可能性。

《旅游法(草案)》从维护市场经营秩序、保护旅游者合法权益的角度,严格规范经营者的经营行为,对社会上反映强烈的"零负团费"等问题作出了积极的回应,彰显了国家维护旅游者利益的态度,值得充分肯定。当然,法律不是万能的,一部好的法律最终还需要通过完善相关制度体系,通过正确的执法来实现其立法目的;也需要社会的进步和旅游经营者、旅游者整体素质的提高。

第四,法律关系纵横交错,法律保护的手段多元化,充分展现了综合立法对旅游者合法权益保护的比较优势。我国采取综合立法模式,既节约了立法成本,又能够解决旅游业发展中的问题。以旅游合同为例,市场经济条件下,交易合法性必须要有立法作保障,而我国《合同法》的有名合同中,并没有旅游合同。但旅游合同客观存在且关系复杂,旅游消费的非即时清结性、旅游者实现旅游目的对旅游经营者的依赖性、旅游消费目的的非物质性、合同履行的人身关联性等特点,需要通过立法对其进行专门的规范。

由各国的立法经验可见,各国均很重视对旅游合同的规范。法制建设比较完备、公民法律意识相对比较健全的英国、瑞士、德国、法国等国,对旅游合同都有法律规定,德国还有专门的旅游合同法;亚洲各国立法中也可以看到这样的情形,例如日本有专门的标准旅行社条款,越南旅游基本法中也有专门的旅游合同规定。

旅游活动中,旅行社与旅游者的纠纷多发生在合同条款不完备、对合同条款存在不同理解,以及发生合同不能履行时的合同变更和终止的责任分配情形。尽管《旅行社条例》规范了旅游合同的相关内容,但由于法律效力与现行《合同法》的衔接存在技术问题,导致纠纷的解决比较复杂,因而影响了旅游者权利的实现。本次旅游立法抓住了旅游实践中矛盾最多、迫切需要法律规范的合同问题,专章规范旅游服务合同,与前两次立法实践相比,应当是我国旅游立法的一大亮点,体现了以下特点:一是将签订书面旅游合同规范为强制性行为;二是签订合同时,旅游经营者必须履行的提醒、告知义务,为责任的分配提供了依据;三是考虑旅游活动与一般消费活动的区别,为双方合理、公平解决纠纷提供法律依据。如《旅游法(草案)》第五十六条关于旅游者替换问题,一般而言,合同的权利是可以转让的,但旅游权利义务的转让却不会那么简单,交通购票实行实名制,合同主体替换了,会涉及原购票的退改和替换人票的购改,不但可能产生新的费用,还有可能因为旅游旺季旅行社不能购买到团队票,出现与其他旅游者不一样的交通费,甚至因购不到票,影响旅游者权利义务的转让。《旅游法(草案)》从旅游活动的特殊性出发,既规定可以转让,又规定了合理分担由此产生的责任。

三、旅游立法问题研究①

国外对于旅游法的研究较为成熟,特别是德国对于旅游合同的研究对我国旅游立法具有借鉴意义。近年来,国内对旅游法的研究开始活跃,文献检索发现,目前学界对旅游法的研究呈现出以下特点:旅游立法与旅游法方面的专题研究居多,尤其是地方旅游立法的具体问题、立法内容;问题导向的研究较多,基础理论研究相对薄弱;在观点和内容上重复性研究较多。因此,旅游法基础理论、旅游法与民商法的关系、旅游业发展与管理

① 韩玉灵.当前我国旅游立法亟须研究的几个问题.北京第二外国语学院学报,2012(11):84.

中的法理问题已经成为亟待深入研究的课题。

2012年8月27日,《旅游法(草案)》已经提交第十一届全国人大常委会第二十八次会议讨论并向全国公开征求意见。纵观草案,需要从理论上进一步论证的问题有以下七个方面:

第一,关于基本概念的界定。长期以来,学界对于旅游的基本概念,诸如旅游、旅游业、旅游者、景区等从不同角度进行研究,但并没有达成共识。立法界定的概念,涉及调整对象、法律适用的范围,因此,从立法的角度研究相关概念关系到旅游立法的严谨性、科学性,应当引起关注。

第二,关于旅游者的权利义务。保障旅游者的权利既是国际视野下旅游立法的普遍要求,也是使我国旅游业得以健康发展的关键问题。旅游者与一般消费者的区别何在?旅游者权利的理论基础是什么?有何特殊性?与相关宪法权如何衔接?旅游者权利实现的途径、对旅游者权利保障等问题,需要在理论上进一步厘清。

第三,关于旅游规划。围绕着旅游规划是否应当纳入旅游法调整范围有着不同的观点。从立法的角度而言,需要从理论上论证旅游规划的含义、旅游规划的类别与内容、旅游规划与城市规划关系、旅游规划与国家国民经济和社会发展规划的关系。

第四,关于行政许可。市场经济是法治经济,政府应当依法行政、依法管理。旅游业又是市场竞争较为充分的行业,在现阶段旅游市场环境亟待改善的情况下,"无形之手"和"有形之手"协调并用十分必要。但行政许可的设立应当符合必要、科学、合理的原则。由此,行政许可的类别、行政许可的权限范围、行政许可的归属需要进行深入研究。

第五,关于旅行社和导游人员。随着旅游业的快速发展,公民参与旅游活动更加广泛,在旅游市场秩序方面,旅行社及其导游人员经营和服务行为不规范的问题日益凸显,引起了政府、学界和业界的关注。虽然旅游行政主管部门采取了相应的措施,但问题并没有得到根本的解决,其间出现的"零负团费"经营模式、低于成本招徕游客组团、违反经营许可的法律规定从事经营活动、导游人员薪酬机制等更是成为困扰行业健康发展的焦点问题。上述问题与旅游业发展阶段的关系、成因,以及如何治理、治理的理论依据、相关制度设计等需要进行深入思考。

第六,关于旅游合同和住宿合同。如前所述,一些国家的旅游法主要规定了旅游合同的相关内容,而我国现行《合同法》的有名合同中,并未涵盖旅游合同及住宿合同,旅游合同与住宿合同究竟有何特殊性,相关制度安排与《民法典》、《合同法》如何衔接? 这些需要从学理上给出论证。

第七,关于旅游者权利救济。权利救济制度的设计,关系到旅游者权利能否真正得以实现。在现有法律制度已经规范了通用权利救济制度的背景下,如何规范旅游者权利救济制度以更好地保护旅游者的利益,是需要进行深入思考的问题。

四、《旅游法(草案)》修改建议

(一)旅游概念需进一步明确[①]

《旅游法(草案)》第二条规定,中华人民共和国境内的旅游与旅游经营活动,包括在境内组织的出境旅游经营活动,适用本法。该条还对何为旅游作了解释,即指自然人为休闲、娱乐、游览、度假、探亲访友、就医疗养、购物、参加会议或从事经济、文化、体育、宗教活动,离开常住地到其他地方,连续停留时间不超过 12 个月,并且主要目的不是通过所从事的活动获取报酬的行为。

该条规定更多的是从技术上考虑,即从统计的角度。旅游概念的关键在于旅游的人,就是旅游者。概念过于宽泛,表明旅游者的范围就很宽泛。这样会引起歧义。

在研究中发现,学界对于旅游的概念有很多提法,达几十种之多。但都包括时间、空间移动、动机和功能这几个关键词。在国外,真正对旅游下定义的旅游法也不多。对于旅游的概念可以用离开常住地到异地、为参加旅游活动等来界定,而不必列举。

另外,第九十七条关于"景区"的定义要斟酌,全文不统一,景区是封闭场所和区域,从客体的角度界定,但法律责任第九十四条规定景区违反本法的,从主体的角度界定,需要调整。景区称之为区域,是和风景名胜区条例相协调的(第二条),但是后面第四条又有县级以上人民政府设立的风景名胜管理机构负责风景名胜的保护、利用和统一管理,主体、客体的关系很清晰。而景区这个概念是可以从两个方面来说的,但那是在不同的场合;另外,即便是从主体的角度入手,景区违反规定的该处罚的对象则不易确定。

---

① 《旅游法(草案)》正在向社会公开征集意见　专家认为旅游概念过于宽泛应适当缩小. 法制日报,2012 - 09 - 15.

(二)保障旅游从业人员权益[①]

《旅游法(草案)》在第一条立法宗旨中规定了制定旅游法的目的是为了保障旅游者和旅游经营者的权益。应增加“旅游从业人员”,即为“保障旅游者、旅游经营者和旅游从业人员的合法权益”,这样可以进一步体现旅游者、旅游经营者和旅游从业人员的利益平衡。

(三)增加旅游者有获得旅游相关知识的权利[②]

针对草案第十条规定的旅游者有方便和及时获取旅游必要信息的权利,建议增加旅游者有获得旅游相关知识的权利,相关内容与该条合并。因为信息主要是指消息,以及适合于通信、存储或处理的形式来表示的知识,而旅游活动中旅游者可能会有需要掌握专业知识才能参与的,信息不能满足要求掌握相关知识的需要;另外,掌握相关知识,可以帮助旅游者正确消费。规定旅游者有获取相关旅游知识的权利,从而使得权利的内容会比信息获取权内容丰富。

(四)增加旅游者旅游投诉的权利[③]

建议增加旅游者旅游投诉的权利,防止相关部门推诿;增加旅游经营者的免责情形,即在旅游经营者已经告知旅游活动相关限制条件后,旅游者不如实提供个人健康信息而造成损害的,不遵守安全警示规定出现意外的,旅游经营者不承担责任。

(五)增加旅游者的法律责任[④]

旅游消费有其特殊性,不仅应当规范经营者行为,规定旅游者权利,也需要规定旅游者的义务。因为实现参加旅游活动的目的,常常需要旅游者的配合,旅游者不履行相应的义务、不理智消费、不适度维权,最终其权利还会受到侵害,从这个意义上说,规定旅游者的义务,一方面体现了权利义务的一致性,另一方面也是为了更好地保护旅游者合法权益。所以,旅游法不仅规范了广泛关注的零负团费、低成本销售等问题,也规范了具有特殊性的旅游服务合同;还规定了旅游市场监管和权利救济,这些都体现了立法者希望

① 《旅游法(草案)》重视旅游者权利保护 专家建议旅游相关从业者权益也应给予保障. 法制日报,2012-09-18.

② 同上.

③ 同上.

④ 《旅游法(草案)》:争议与亮点都很突出. 中国青年报,2012-09-07.

营造良好的市场氛围、保护旅游者合法权益的立法思路。

(六)增加旅游安全内容[①]

草案第四十二条关于景区开放条件规定得很好。建议增加一些必要的内容,例如配备与景区相适应的安全、监督、管理、救护人员等,这样能够及时处理突发事件。还可增加需达到国家安全标准的内容,为今后制定景区安全标准留下空间。应当制定不同类别的景区安全标准,规定诸如安全设施、人员、突发事件应对与处理等,还要规定应急预案等。草案中现有的相关内容比较薄弱,修改时应予以加强。

(七)将旅游者单列一章

1. 旅游者的特殊性

从本质上说,旅游者具有消费者的属性,但与一般消费者相比,旅游者是具有特殊性的消费者。

旅游者参加旅游活动的目的是为了获得精神上的愉悦,与满足人的基本需求有明显的不同。由此,对于提供旅游服务的经营者要求更高。旅游活动空间的移动性和一定的时间性特征,使旅游者的弱者位置更加明显,与一般消费者相比,他们不但会遇到经济上的损害,还可能遇到生命安全的威胁,由此,特殊的安全保障是必不可少的。旅游消费的复杂性、专业性和先付费再旅游的特点,旅游者要满足旅游需求,对旅游经营者的依赖更加明显。实现旅游活动的最终目的,不仅需要经营者的诚信和努力,也需要旅游者的积极配合与合作,更需要旅游者文明程度的不断提高。基于上述认识,消费者权益保护法,不能替代旅游法的作用是不争的事实。

2. 对旅游者权利与义务的立法建议[②]

旅游立法应该构建完善的旅游法律体系,规定政府、相关部门的责任,规范经营者经营行为,专章规范旅游者权利义务。具体内容应包括:带薪休假、法定假日休息权,旅游自由权,旅游消费信息获取权,个人信息被保护权,旅游资源、服务共享权,风险提示、获得救助权,权益损害的救济权,遵守旅游目的地法律、习俗、文化、宗教信仰,提供个人真

---

① 评价:中国旅游发展里程碑　建议:修改时兼顾各方权益.人民日报海外版,2012-09-11.

② 对旅游者权利义务规定的建议.中国旅游报,2011-06-03.

实信息,理智消费合理维权,文明旅游、爱护旅游资源。

(八)将第二章与第三章交换位置[①]

这样从逻辑上更加顺畅。体现从宏观到微观,目前的写法,感到不是很顺畅。事实上保护旅游者合法权益,不一定仅仅体现在章节的排列上,相关制度的设计最重要。将权利救济改为旅游争议解决,一是在整个体例上比较和谐;二是体现旅游法特点;三是鲜明。

(九)其他建议[②]

第九条规定的“国家鼓励经营者对残疾人、老年人、未成年人等特殊人群给予便利和优惠”。建议增加学生群体,主要考虑到对青年学生的教育,他们也是无收入者,目前很多景区对学生有优惠,可以延续、保留。

增加旅游行政管理部门的质量保证金划拨权。现行旅行社条例规定了设立旅行社应当交纳质量保证金,并规定了数额、方式、用途及其动态管理。规定了旅行社在违反合同约定、破产、解散等情况下造成旅游者预交的旅游费用损失的,可以使用。要求旅行社支付,不支付的怎么办,只要去法院,因为法院判决应当赔偿时,旅行社不赔或者赔不起时,法院可以划拨。问题是用这样的方式解决争议,旅游者的成本太高。所以,增加旅游行政管理部门的行政强制权,不仅是争议解决的有效手段,而且解决争议会减少很多环节。第七十五条规定了相关的行政强制执行权,是对经营者而言,对于旅游者而言,也需要保护手段。同时,要注意和国家新出台的行政强制法相衔接,从法律的角度,赋予旅游行政管理部门划拨权。

第六十九条,景区流量控制制度解决的是事中和事后的事情,没有解决事前问题。没有设计重点景区或者国家重点文物保护单位的预约制度。将两项制度合二为一,在保护旅游者权利的同时,实现资源的可持续发展。目前这项制度很好,但落地很难。往别的地方疏导存在困难。应当建立包括预约在内的制度体系,预约在很多国家都在实施,法律化很重要。

增加协会的具体相关条款。

---

① 旅游业健康发展的重要保障——在全国人大法律委员会召开的关于旅游法征求意见会上的发言,2012-11-12.

② 同上.

增加职业经理人内容,考虑旅行社经理资格考试制度。

五、自助游安全研究[①]

我国探险自助游起步较晚,相关的各种规章制度不够健全,应急保障措施不够完善、体系不健全,而且参与者缺乏相关的专业知识,对探险过程中的风险认识不足,导致事故频频发生。

类似"结伴出游"等形式的自助游因涉及问题较多,诸如结伴人的出行约定、旅游目的地可进入性与责任的分配、公益救援费用的承担等,暂不宜在《旅游法(草案)》中进行过细规制。但要规定国家主管部门制定安全标准、风险评估的职责,规定参与人相关权利、义务及责任承担。另外,探险执业人资格认证制度还需进一步探讨。

六、旅游产品研究[②]

判定侵权的前提是"享有法律规定的权利",而相对于实物商品,旅游服务产品具有"不可专利性",使得旅行社行程单创意作为"专利"获得法律保护非常困难。

目前,产品、线路设计还没有相关法律规定类似图书市场的"版权"。应对这种情况,首先,对具个性化的线路、服务申请专利是可行的,以"北京胡同游"为例,商标、车夫服饰的品牌都已经申请专利,若有企业模仿,即可判定侵权。

在热门线路的设计上,旅行社应该根据自己的优势资源设计行程,扬长避短,降低相关环节的成本,以产品的高性价比赢得游客的消费忠诚度,同时增加旅游服务市场上的产品多样性。一个健康的旅行社行业应该以"优势资源"导向产品,而非以"产品"为依据整合资源。

七、旅游景区限流研究

(一)《旅游法(草案)》对景区限流的规定及意义

目前,《旅游法(草案)》第六十九条对景区流量控制问题进行了规定,第一款规定实

---

① 自助游出现问题该如何定分止争——专家建议通过完善立法解决"驴友"之困. 检察日报,2012-09-30.

② 高价差折射旅行社管理乱象. 北京商报,2013-02-05.

施控制流量制度;第二款规定了流量控制的措施。景区限流的根本目的是为了增强游客的游览体验、实现资源的可持续发展。

该项规定更多考虑游人的安全、游览的体验的质量以及对旅游资源的保护,尽管这样会在某种程度上影响景区收益。实际上,限流应该是一个完整的制度设计,限流一般是针对节假日、大型活动举办人流量大的情况下。人数减少,在门票经济的影响下,收入确实可能会减少;但是,坚持以人为本、坚持资源的可持续利用,这项制度的设计一定是利大于弊。

限流的意义体现在两个方面:一是为了保护旅游者的人身、财产安全权。景区人流过大,设施、设备超负荷运作,服务人员有限,服务质量下降,容易导致安全事故的发生,威胁旅游者的人身、财产安全,这一点从去年的华山景区不难发现。二是为了保护旅游资源。景区长期超承载量接待容易导致旅游资源不可恢复性的破坏,从旅游可持续发展的角度而言,需要通过限流来对旅游资源进行保护。而旅游资源得到保护,旅游业可持续发展亦是保障旅游者享用旅游资源与服务的权利、维护代际旅游公平。

(二)景区限定人数的计算方法

人数的限定由景区的承载力决定,属于旅游地理学研究范畴。景区环境容量的计算有不同的方法,诸如面积容量、游线容量、生态容量、卡口容量等;不同类型、规模的景区的经营、接待不尽相同,规定统一的方法确实有困难。实际上,各旅游景区(点)在做发展规划时,专家们都会参照通常标准,制定各景区(点)的游客容量。

(三)草案规定实施的可行性

草案的设计还需要完善,仅规定限流,而没有其他措施相辅助,会引发新的矛盾。例如,国内外游客千里迢迢来到某景区(点),因为人多不能进去,事先并不掌握景区客流量,因此会表现出不满,甚至可能采取过激行为。

但是,旅游法起草小组的专家先后参加过若干次修改稿、疑难问题的讨论,翻译了世界主要旅游业发达国家最新的旅游法律、法规,为旅游立法做借鉴。在《旅游法(草案)》公开征求意见后,相关专家受全国人大法工委的邀请参加征求意见会,因而立法的整个过程是民主的、科学的。各景区完全可以按照法律规定、根据自身实际情况,采取必要的措施,及时疏导、分散客流,实践证明这是可以做到的。

(四)国内景区限流经验

目前能做到限流的景区还局限于受到国家全额或差额补贴的景区,这些景区不必担心收益与成本。就景区类型而言,需要限流的景区大多属于生态环境脆弱、文物价值高、破坏后无法修复等。

故宫曾经宣布实施限流措施,后又宣布不再限流。这与故宫所处的位置有关,主要原因还是对预约不习惯、陌生,没有形成制度。此外,也与故宫宣传不到位有关,没有提前告知游客全天的最高接待量、当日余票情况,以获得游客的理解。实施限流需要一个引导的过程,习惯的养成过程并不完全是自觉的行为,要重视养成教育,发挥立体媒体的巨大作用。

另外,颐和园、天坛等景区曾在黄金周期间对重点景点实行限流,圆明园、香山等景区曾经在重要节事活动,如圆明园荷花节限制游客人数。

(五)应对景区超载的对策

1. 提前告知

这几年,随着黄金周假日被越来越多的人关注,很多地方的旅游行政管理部门与相关部门合作,采用了很多办法告知游客。国家及各地假日办更是早早行动起来,为游客出行提供必要的信息,且做法越来越规范。例如,北京市旅委制定了专门的《北京市假日旅游工作手册》,里面对市政府相关的 39 个部门、8 个相关专业管理部门、16 个区县政府、14 个大型旅游企业的职责都有规定。其中,就包括对于交通状况、住宿设施、景区流量的预报,突发事件的应对等,要求实时呈现假日统计数据并及时公布;对重点景区和人员密集场所的人流量进行监测,实时发布北京重点景区游览舒适度指数。调度中心获得的数据将通过北京旅游网、北京旅游官方微博、北京旅游手机报等平台进行实时发布。与北京市假日办的做法大体相同,从国家层面到全国各地,假日期间都会有相关信息公布。

2. 完善制度

在制度设计上,至少要考虑这么几个问题:各景区(点)在编制旅游规划时,应当科学地计算景区(点)的环境容量,应当规划疏散场所;重要景区点实行门票预约、鼓励其他景区点在节假日实行门票预约;节假日景区点流量信息发布制度;景区点实行弹性的限流制度、分流制度;突发事件应对措施等。

与此同时,为了保证在实行门票预约之后出现门票"黄牛",除预约采取实名制外,可对旅行社和散客门票的合理分配作出必要的限定,保证散客的旅游权利。对于团队游客,协调旅行社改变旅行行程安排;对于散客,告知超过景区容量后,对游客的不利影响,以及对景区各方面的危害,劝其错峰游览。

论旅游权与劳动者休息、休假权的关系

姜　颖　沈建峰[1]

在旅游法理论发展和《旅游法》制定的过程中，旅游权和劳动者的休息、休假权之间的关系是一个很有争议的问题。有学者认为，带薪休假权是普遍旅游权的三大基本内容之一[2]（以下简称包容说）。也有论者主张，“休假权和旅游权利的关系，可以简单地描述为孪生关系，或者寄生关系。……旅游活动的实现要以时间的保证为制度基础，争取旅游权必先争取休假权。”[3]基于此，这些专家主张作为旅游权实现保障的休假权也应该写进《中华人民共和国旅游法》（以下简称“前提说”）。如何界定旅游权和劳动者休息休假权的关系，不仅涉及《旅游法》本身的内容和结构安排，涉及《旅游法》和《劳动法》之间的关系，而且在更深层的意义上涉及基本权利和普通权利、宪法和狭义法律之间的关系问题。有鉴于此，笔者不揣浅陋，从对我国学者现有观点的分析出发，结合宪法和劳动法的基本理论，对上述问题提出自己的意见，希望能起到抛砖引玉的作用。

一、国际旅游组织文件语境下的旅游权与劳动者休息、休假权的关系

（一）建立在国际组织文件基础上的意见分歧

目前，学者们关于旅游权和劳动者休息、休假权关系的分析并不是以权利理论为出发点，而是以《马尼拉世界旅游宣言》（Manila Declaration on World Tourism）、《阿尔普尔科文件》（the Acapulco Document）、《旅游权利法案》（Tourism Bill of Right and Tourist Code）以及《全球旅游伦理规范》（Global Code of Ethics for Tourism）等国际旅游组织的文件为基

① 作者简介：姜颖，中国劳动关系学院法学系教授；沈建峰，法学博士，中国劳动关系学院法学系讲师。

② 夏赞才，刘焱．论旅游权利．旅游学刊，2010（5）．

③ 杜一力．谈旅游权和旅游者权利．中国旅游报，2011－05－20．

础进行的。这些不同文件中的表述也成了上述"包容说"和"前提说"的源头。1985年的《旅游权利法案》第一条提出,"所有人在法律限制的范围内享有的休息和休闲、合理限制工作时间、带薪休假以及不受限制的自由活动的权利已得到普遍承认。"从该文件的表述和结构来看,其标题是"旅游权利法案",因此学者们认为其开宗明义所提出的"得到普遍承认的权利"自然被是旅游权利,而这些"得到普遍承认的权利"又包括带薪休假和活动自由的权利等,所以学者们就认为带薪休假的权利属于旅游权利的内容(即"包容说")。而同为国际旅游组织公布的《全球旅游伦理规范》(1999)第七条的规定则成为"前提说"的依据。该条明确使用了"旅游的权利(Right to Tourism)"的表述,此外其第二款规定,"普遍的旅游权利必须被视为休息和休闲权利以及《世界人权宣言》第二十四条和《经济、社会和文化权利国际公约》第七条所保证工作时间的合理限制和周期性的带薪休假权利的必然结果。"根据该规定,旅游权利只不过是休息、休假权利的结果,休息、休假权利是旅游权利的前提。

(二)作为基本权利的旅游权与保障旅游开展的基本权利的区分

从以上分歧来看,似乎《旅游权利法案》和《全球旅游伦理规范》在旅游权和劳动者休息、休假权的关系问题上采取了不同的立场。但深入分析这两个文件却可以发现,"包容说"误读了《马尼拉宣言》和《旅游权利法案》,将这两个文件中提到的为保证旅游而应该得到保障的基本权利混同于旅游权,即混淆了作为基本权利的旅游权与为保障旅游进行而必需的基本权利,从而导致上述观念上的分歧。

持"包容说"的学者认为《马尼拉宣言》、《旅游权利法案》等已经提出了旅游权的概念,[①]但从上述文件的文本分析来看,这并不准确。被认为提出旅游权的《马尼拉宣言》第四条仅仅指出"获取度假的权利、自由旅行以及自由旅游的权利(The right to access to holiday and to freedom of travel and tourism),是工作权的自然结果,是《世界人权宣言》以及许多国家立法所承认的发展人本身的方面之一"。它所谈到的只是获得度假的权利以及自由旅行和自由旅游的权利,并不是严格意义上的旅游权;自由旅游的权利(Right to freedom of tourism)不等于旅游权(Right to Tourism),前者不过是《世界人权宣言》所提到

① 王德刚.旅游权利论.旅游科学,2009(4);夏赞才,刘焱.论旅游权利.旅游学刊,2010(5).

的自由权的一种具体形态而已。在此基础上,该宣言只是大量提及保障旅游活动开展所必要的、已有国际文件规定的人的基本权利,例如休假权(《马尼拉宣言》第十四条)。《旅游权利法案》虽名为"旅游权利"法案但是它并没有提及作为基本权利的旅游权,它所列举的仅仅是为了旅游事业的发展,人们应该享有的基本权利。这些权利本身并不是旅游权,而是保障旅游实现所必要的基本人权。事实上,上述《马尼拉宣言》也一再坚持"现代旅游是实施工人每年享有带薪假期的社会政策的结果。"[①]而不是带薪休假权就是旅游权的内容。

我们认为,《全球旅游伦理规范》第七条首次提出了作为基本权利的旅游权。该条不仅在标题上使用了旅游权(Right to Tourism)的概念,而且在第一款中明确提出"直接并且亲自发现和享受地球上(旅游)资源的可能性构成了一项对全世界居民都平等开放的权利"。这才是其他基本权利以外的作为基本权的旅游权。我国也有学者持这样的观点,认为旅游权是"现代社会中,人们离开常住地实施旅行游览活动的权利。"[②]《规范》第七条除了说明旅游权的概念以外,还进一步明确了旅游权和休息权等基本权利的关系:"普遍的旅游权利必须被视为休息和休闲权利以及《世界人权宣言》第二十四条和《经济、社会和文化权利国际公约》第七条所保证工作时间的合理限制和周期性的带薪休假权利的必然结果。"

综上所述,在国际旅游法律发展的过程中,有关的规范性文件首先只是为了保障旅游的进行,而将已经有的人的基本权利引入到了这些文件中;直到 1999 年,《全球旅游伦理规范》才提出了一项新的基本权利——旅游权。在此前提之下,和旅游进行有关的基本权利包含两大类型:作为基本权利独立的旅游权和所有人都享有的其他基本权利。旅游者享有的其他基本权利包含休息休假权,而旅游者享有的旅游权则以休息休假权为前提,但独立存在。

二、基本权利保障范围理论框架下旅游权和劳动者休息休假权的关系

上述旅游权以休息权为前提,但又独立存在的认识不仅建立在对国际组织文件文本

① 《马尼拉宣言》第 14 条第 1 句。

② 刘红婴. 旅游权的法理释义. 旅游学刊,2006(9);杜一力. 谈旅游权和旅游者权利. 中国旅游报,2011-05-20.

分析的基础上,而且可以得到基本权利保障范围理论的支持。

尽管和狭义的法律权利有所区别,但基本权利作为一个制度存在,它不只是空洞的说教,不是任何名词加上"基本权利"几个字就可以成为基本权利。基本权利和所有其他权利一样,必须具有自己特定的内容,这样才有存在的必要和存在的可能。"宪法所保障的每一种基本权利都有一定(初步)保障领域(Scope);凡是属于初步保障领域内的行为或法益受到宪法初步的保障,各个不同的基本权利规范所保障的生活领域各不相同。"①和上述基本权利保障范围理论相悖,"包容说"的一个基本特点是将休息、休假权纳入到了自己的内容之中。因此,出现了休息、休假权和旅游权保护范围的重合。由此产生的疑问在于,当宪法已经规定了休息休假权的情况下,是否还需要旅游权这个基本权利;或者反过来,当我们承认了旅游权之后,是否还需要休息、休假权?毕竟,两个内容重合的权利同时出现在理论和立法中不仅将导致法律资源的浪费,而且导致两种权利具体运用的困难。特别值得追问的是当发生休息权侵害时,劳动者是否可以同时主张旅游权受到侵害?

此外,认为旅游权包含了休息休假权还将导致宪法法律体系本身的混乱。"任何权利都以法律秩序的存在为前提,通过该法律秩序权利得到承认,在或多或少的程度上得到保护。"②所以权利和法律规范是一体两面的关系。当两个权利本身重合时,权利背后的规范也将发生重合,各个宪法规范之间的关系理顺也将变得非常困难。从我国宪法学理论的发展来看,如何避免或者解决这样的权利或者规范冲突、竞合,正是宪法学者们努力的重点。"对基本权利规范的内涵进行具体界定,通过法教义学的阐释以形成一个更加缜密的基本权利的规范体系,并有效地解决基本权利的竞合问题,均属于规范宪法学在人权规范理论领域中的重要任务。"③

基于上述分析,我们认为,旅游权如果要作为一个基本权利存在,则必须具有自己特有的内容,而不能将其他在宪法中已经承认的基本权利涵盖在内。作为基本权的旅游权和作为基本权利的休息权不应该具有包含关系。因此"前提说"具有更多的合理性。

---

① 林来梵,翟国强.论基本权利的竞合.法学家,2006(5).

② Georg Jellinek, System der subjektiven öffentlichen Rechts, 2. Auflage, Verlag von J. C. B. Mohr, 1919, S8.

③ 林来梵,翟国强.论基本权利的竞合.法学家,2006(5).

三、旅游权和休息休假权在立法中的协调

"前提说"比较合理地界定了作为基本权利的旅游权和休息、休假权之间的关系,但是该理论却不合理地主张应当将休息、休假权写入《旅游法》。其理由是要不要将劳动者休息、休假权写入《旅游法》的问题的另一个提法就是"作为旅游必要条件的休假权要不要写入旅游法?这只是一个纯技术问题,就是彼法调整范围内的法条是否绝对不可以纳入此法。可不可以认为,只要没有这种明确的禁止,应该不成问题。"① 该观点一方面忽视了宪法和普通法律之间的分工;另一方面,也忽视了普通法律之间的分工关系。而认识这个问题,以正确认识劳动者休息休假权的两层内涵为前提。

(一)劳动者休息、休假权的两层含义

休息、休假权作为一个统一的概念包含了两层不同的含义:作为基本权利的休息、休假权和具体法律关系中的休息、休假权。这两层含义在规范表现形式上差异就体现为《宪法》第43条的规定:"中华人民共和国劳动者有休息的权利。国家发展劳动者休息和休养的设施,规定职工的工作时间和休假制度。"和《劳动法》第39条至第45条关于休息休假制度的规定。这两个层面上休息休假权的关系在于:宪法调整的"社会关系亦为人民和政府之间的关系。"② 作为基本权利的休息休假权主要用以规范国家和公民之间的权利和义务关系,其最主要的功能有二:其一,防卫功能,防止国家公权力对个人休息休假权利的侵害;③其二,保护命令功能,"它涉及国家保护在基本权利中体现出来的价值和利益免受侵害的义务。"④主流意见认为基本权利并不直接调整不同私主体之间的权利和义务关系。与基本权利不同,"普通法所规定的权利是基本权利的具体化。"⑤据此,普通法律中的休息、休假权是宪法中休息休假权利的制度实现,也是宪法中休息休假权的保护命令在制度上的落实,它所解决的是在具体的劳动关系中,劳动者依法可以向用人单

---

① 杜一力.谈旅游权和旅游者权利.中国旅游报,2011-05-20.

② 魏定仁,甘超英,付思明.宪法学.北京:北京大学出版社,2001.

③ Zöllner/ Loritz/Hergenröder, Arbeitsrecht, 6. Auflage, C. H. Beck, S77;韩大元,林来梵,郑贤君.宪法学专题研究.北京:中国人民大学出版社,2004.

④ Zöllner/ Loritz/Hergenröder, Arbeitsrecht, 6. Auflage, C. H. Beck, S80.

⑤ 韩大元.中国宪法学上的基本权利体系.江汉大学学报社会科学版,2008(1).

位提出的休息休假的权利。上述两个层面上的休息休假权的权利和义务主体并不相同,其和旅游权的关系应分别讨论。

(二)《旅游法》不应当规定作为基本权利的休息休假权

从"前提说"的论证思路来看①,学者们所讨论的其实都是作为基本权利的休息、休假权和旅游权的关系,认为作为基本权利的休息、休假权是旅游权的前提。在逻辑上,旅游确实以休息休假为必要条件;但作为基本权利的休息、休假权却不应当规定在《旅游法》中。其原因在于:其一,我国《宪法》第43条已经规定了劳动者的休息休假权,因此没有必要通过其他规范性法律文件再次规定基本权利意义上的休息休假权。其二,《旅游法》在根本上属于普通法律、狭义的法律,也就是宪法之外的法律,宪法之外的普通法律不应该也不能规定基本权利,"公民的基本权利和基本义务,是指由宪法所规定的、公民享有和履行的最主要的权利和义务。"②"基本权利只能由宪法加以规定"③尽管由于人的基本权利的开放性,理论界主张"未列举基本权利"的存在④,但其所指的也是习惯宪法或者国际人权文件中存在的基本权利,没有任何人认为狭义的法律可以创设或者有必要规定基本权利。如果所谓的狭义法律规定或者创设了基本权利,那该法律就会成为宪法性法律,其制定和通过就应该遵守宪法制定和修改的基本程序,否则宪法对基本权利的规定就会被狭义的法律架空。在这个意义上,旅游权本身也不应该规定在《旅游法》中,否则就是对旅游权本身的贬损,该权利属于未列举的基本权利,应该留给习惯宪法去解决。《旅游法》所要做到的是对旅游基本权的制度落实,而不是也不应该是对旅游基本权的宣示。

有专家认为,"如果旅游权利和旅游者权利这一部分立得住,《旅游法》的根子就落在了'以人为本','满足人民群众日益增长的物质文化需求'的根子上。"⑤应该承认,《旅游法》以人为本为宗旨,是非常正确的,但问题在于并不是在《旅游法》中列举了这些权利就

---

① 杜一力.谈旅游权和旅游者权利.中国旅游报,2011-05-20;夏赞才,刘焱.论旅游权利.旅游学刊,2010(5).

② 魏定仁,甘超英,付思明.宪法学.北京:北京大学出版社,2001:226;许崇德.宪法.北京:中国人民大学出版社,1999:139、251;周叶中.宪法.北京:高等教育出版社,2001.

③ 徐显明.基本权利析.中国法学,1991(6).

④ 王广辉.论宪法未列举权利.法商研究,2007(5);屠振宇.未列举基本权利的认定方法.法学,2007(9).

⑤ 杜一力.谈旅游权和旅游者权利.中国旅游报,2011-05-20.

能够以人为本,立法并不同于制定政策性文件,成功的《旅游法》不应该是基本权利宣言书,而应该是落实基本权利的具体制度设计。“如果仅有宪法的规定,而缺乏普通法律的具体规定,公民基本权利依然无法得到实现。”①我们一定要正确理解宪法和狭义法律之间的分工:宪法是基本权利、基本价值的宣言书;狭义的法律是在宪法基础上对宪法价值和基本权利的制度落实和实现。《旅游法》作为狭义的法律和宪法的关系也应该如此理解,它不应该规定基本权利意义上的劳动者休息、休假权。

(三)《旅游法》不应当规定普通法律意义上的劳动者休息休假权

作为旅游基本权利制度落实的《旅游法》也不应该规定普通法律意义上的劳动者休息休假权。对此有专家认为,休息休假权是旅游权的保障,所以“只要没有这种明确的禁止,应该不成问题。”②但实际上所有权、债权、人格权等权利都是旅游权实现的保障,难道旅游法应该将所有这些制度都纳入自己的调整范围吗?从立法发展史来看,现代国家立法的一个基本特色就是不同法律的分工和协调,而不是一揽子地通过一个法律解决所有的问题。一揽子的解决方案不仅导致法律本身的庞杂,而且往往会导致法律之间的冲突和难以协调。立法协调和分工的标准,从目前来看,最主要的一点就是有关法律所要调整的特定法律关系,“法律是调整社会关系的,每个法律规范的制定都是对某一社会关系的规定。”③对此,我国《劳动法》开宗明义地指出“为了保护劳动者的合法权益,调整劳动关系,建立和维护适应社会主义市场经济的劳动制度,促进经济发展和社会进步,根据宪法,制定本法。”那旅游法它所要调整的法律关系何在?对此,旅游法学研究者们意见有所差异,④但在一点却是统一的:旅游法调整旅游法律关系,也就是旅游活动中发生的权利和义务关系。作为旅游活动基础的其他法律关系,显然并不属于旅游法律关系的范畴。将其纳入到《旅游法》中,只会冲淡《旅游法》的主题,增加《旅游法》通过的障碍。

---

① 许崇德.宪法学.高等教育出版社,2005:350.

② 杜一力.谈旅游权和旅游者权利.中国旅游报,2011-05-20.

③ 沈宗灵.法理学.北京大学出版社,1999:432.

④ 比较有代表性的观点包括:“旅游法是以旅游关系为调整对象的各种法律规范的总和”(参见:刘海山.旅游法.北京:法律出版社,1988.);“旅游法是调整纵向旅游关系和横向旅游关系的法律规范的总和”(参见:王立刚.旅游法学.上海:同济大学出版社,1990.);“旅游法是调整旅游活动领域中各种社会关系的法律规范中总和,即以旅游法律关系为调整对象的法律规范的总和”(参见:焦承华.旅游法教程.北京:高等教育出版社,1998.)

(四)作为旅游权前提关系的休息、休假权在立法中如何体现

尽管我们认为旅游法不应该直接规定休息休假权,但是正如"前提说"所正确指出的休息、休假权毕竟是旅游活动开展的重要前提,如果立法者为了保障旅游活动的正常开展,希望在旅游法中强调这种特殊的前提关系,并且认为这种强调是必要的,则可以通过指示性法条(verweisende Rechtssätze)来实现。所谓指示性法条是指"它所涉及的构成要件的法律效果不是直接的,而是间接的通过指向其他法条来确定"。在旅游法中可以规定"所有人依法享有休息和休闲、合理限制工作时间、带薪休假的权利"。此处的"依法"是指依据劳动法律。[①] 通过该条款可以避免在旅游法律中直接规定休息、休假权,同时又可以指出在旅游法适用的过程中,应该顾及到劳动法关于劳动者休息、休假权的规定。

四、结论

旅游权的基本内容在于直接并且亲自发现和享受地球上旅游资源的可能性。劳动者的休息休假权是旅游权的前提性权利,而不是包含在旅游权之内。作为落实旅游基本权的普通法律,《旅游法》既不应当规定基本权利意义上的劳动者休息休假权,也不应当直接规定普通法律意义上的劳动者休息休假权。《旅游法》应该以旅游法律关系为自己的基本调整对象。但是为了强调休息、休假权对于旅游活动的前提意义,可以通过指示性条款指出"所有人依法享有的休息和休闲、合理限制工作时间、带薪休假的权利"。

① Karl Larenz, Methodenlehre der Rechtswissenschaft, 2. Auflage, Springer - Verlag, 1969, S197.

旅行社质量保证金制度的立法发展及未来的完善

郑　晶①

1994 年,《国务院办公厅关于对旅行社实行质量保证金制度的复函》原则同意对旅行社实行质量保证金制度,以此为起点,有关旅行社质量保证金的具体规定相继出台并施行,成为一项重要的保护旅游者合法权益的旅游市场管理制度。而且从比较法的角度研究,也可以为旅行社质量保证金存在的合理性和必要性找到立法上的佐证。但是值得思考的是,在旅行社质量保证金十多年的实施过程中,该项制度的现实作用并不显著,《合同法》、《行政强制法》等法律的施行又对质量保证金的制度完善提出了要求。

一、《旅行社管理条例》框架下的旅行社质量保证金制度

在此阶段,旅行社质量保证金制度得以建立并在实务中推行,体现了一定的积极作用。但是因为旅行社质量保证金是旅游行政管理部门的行业立法,且相关立法的位阶较低,随着法制建设的发展,旅行社质量保证金制度的立法缺陷也凸显出来。

(一)《旅行社管理条例》及相关规定

1995 年,国家旅游局陆续出台了《旅行社质量保证金暂行规定》、《旅行社质量保证金暂行规定实施细则》、《旅行社质量保证金财务管理暂行办法》、《旅行社质量保证金赔偿试行标准》,上述文件明确了质量保证金的管理机构、案件受理范围、处理程序②和赔偿标准,因此形成了质量保证金的制度框架。

① 作者简介:郑晶,北京联合大学旅游学院副教授。

② 在处理程序方面,旅行社质量保证金最初沿用了 1991 年《旅游投诉暂行规定》的案件处理程序,由于质量保证金的理赔和处理旅游投诉案件都是旅游行政管理部门解决旅游消费纠纷的行政程序,只是在立法内容的侧重点和表述方面有所不同。本文对旅行社质量保证金立法的探讨包括"质量保证金"和"旅游投诉"两个方面的规定。

1996年颁布的《旅行社管理条例》使得质量保证金制度有了行政法规层面的依据，明确规定了质量保证金的缴纳数额和赔偿范围。根据《旅行社管理条例》的规定，对应国内旅游业务、入境旅游业务和出境旅游业务的业务分类，旅行社质量保证金的相应缴纳数额分别为10万、60万和100万，作为旅行社对旅游者履行合同义务的资金担保。根据《旅行社管理条例》第24条的规定："因下列情形之一，给旅游者造成损失的，旅游者有权向旅游行政管理部门投诉：(1)旅行社因自身过错未达到合同约定的服务质量标准的；(2)旅行社服务未达到国家标准或者行业标准的；(3)旅行社破产造成旅游者预交旅行费损失的。"旅游行政管理部门在受理投诉之后，有权根据《旅行社管理条例》第37条的规定责令旅行社予以赔偿；当旅行社拒不承担或者无力承担赔偿责任时，旅游行政管理部门可以从旅行社所缴纳的质量保证金中划拨款项以赔偿旅游者的损失。

表1　质量保证金赔偿数额统计数据

年份	1999	2000	2001	2002	2003	2004	2005	2006	2007	2008
企业赔偿金额(万元)	707.3	787	575	879	454	979.5	616.5	730.7	858.2	694.8
质保金赔偿金额(万元)	15.04	46	31	39	2	2.8	1.9	1.9	15.5	2.8

(根据《中国旅游年鉴》2001、2003、2005、2006、2007、2009公布数字整理)

(二)相关立法提供了较为确定的执法依据

数据表明，在质量保证金的初始施行阶段(1999—2002)，质量保证金的赔偿数额和企业赔偿金额之比相对较高，体现了对消费者的保障作用和对企业的震慑作用。从制度层面分析，则是因为在《旅行社管理条例》框架下所形成的旅行社质量保证金制度赋予了旅游行政管理部门对质量保证金相对确定的管理权限。

首先，旅游行政管理部门对旅行社质量保证金有直接的管理权限。旅游行政管理部门开设专门的银行账户，用来存储旅行社缴纳的质量保证金，这使得旅游行政管理部门有直接支配该笔资金的能力，可以实现便捷的资金划拨。

其次，旅游行政管理部门应当对旅游消费权益纠纷作出裁决。《旅游投诉暂行规定》和《旅行社质量保证金赔偿暂行办法》都明确规定，对于投诉至旅游行政管理部门的旅游消费权益纠纷，能够调解的，旅游行政管理部门应当进行调解；对于调解不成的，旅游行政管理部门应当根据案件的具体情况作出处理决定。该程序对质量保证金赔偿的启动程序是非常重要的，一旦旅游行政管理部门作出具体的处理决定即进行行政裁决，而旅行社又不愿或者不能承担赔偿责任时，旅游行政管理部门就可以作出划拨质量保证金的决定。

再次，立法明确了旅游行政管理部门作出裁决的确定标准。《旅行社质量保证金赔偿试行标准》提供了比较具体的旅行社违约赔偿标准，这使得受案机构和执法人员在处理案件时相对简便，也保证了同类案件的处理结果相对一致。

（三）问题的产生

旅行社质量保证金制度在施行之后，其赔偿数额在2003年开始明显下降，对赔偿数额产生影响的因素自然是综合性的，但是旅行社质量保证金制度刚性的赔偿标准在个案中会导致不公平的处理结果。马骋等诉上海春秋黄浦旅行社有限公司旅游合同案就是一个很典型的案例。

在此案中，旅行社减少了两个游览项目，没有履行合同约定。马骋及其子因此向旅游质量监督管理机构提起投诉，要求旅行社赔偿损失，继续履行并赔偿违约金，后因调解不成而向人民法院提起民事诉讼。在诉讼过程中，旅行社主张依照《旅行社质量保证金赔偿试行标准》进行违约赔偿，即退还原告马骋等未游览景点的门票及导游费用并赔偿同等金额，共计280元。但法院并未采纳被告旅行社的主张，而是综合考虑被告违约的情况，参考原、被告合同中约定的交通、食宿、门票、导游等标准，酌情确定赔偿金额，共计2400元。①

旅游行政管理部门没有对此案作出具体的处理决定，因此并未直接牵涉其中。但是值得注意的是，此案的法官并未按照国家旅游局制定的《旅行社质量保证金赔偿试行标准》来确定赔偿数额，而是根据《合同法》的规定按照事实情况作出了裁量，使得判决结果更具公正性。这给旅游行政管理部门的执法人员之后处理违约投诉案件出了一个难题：如果不依照《旅行社质量保证金赔偿试行标准》来确定赔偿金额，可能有违依法行政的要求；如果依照《旅行社质量保证金赔偿试行标准》来确定赔偿金额，相关的处理决定可能

---

① 姜海清，陈树森. 旅游合同中违约责任的承担方式及责任范围. 人民司法，2008(17)：101.

得不到司法机关的支持。这一立法缺陷导致具体处理投诉案件的机构和工作人员难以对案件作出行政裁决。

作为旅游行业一项重要的行业管理制度,由旅游行政管理部门主导制定旅行社质量保证金制度也是顺理成章的。只是行业主管部门在立法过程中,要注重行业管理制度和其他部门立法之间的关系,避免在技术上出现瑕疵;尤其是旅游立法的位阶较低,在立法内容上要避免和上位法发生冲突。当旅游行政管理部门对旅行社质量保证金制度的现实施行持比较积极的态度,是可以及时对制度进行完善的。但是在旅行社质量保证金制度的施行过程中,旅游行政管理部门却表现出回避的态度,具体的表现是:设置独立的事业单位法人——旅游质量监督管理机构负责处理旅游投诉案件并管理质量保证金;在处理投诉案件时,倾向用调解而不是裁决来结案。当这样的管理思路体现在之后的立法中,旅行社质量保证金的现实作用就会被明显削弱。

二、《旅行社条例》框架下的旅行社质量保证金制度

在《旅行社管理条例》框架下的旅行社质量保证金制度虽然在行政裁决标准上存在瑕疵,但是整体制度框架还是完整的,无论是旅游行政管理部门作出裁决还是划拨质量保证金,都有法规或规章上的依据。但是在2009年《旅行社条例》施行之后,旅游行政管理部门的管理权限则被弱化和模糊化,而且随着《行政强制法》的生效施行,旅行社质量保证金制度本身的合法性也存在问题。

(一)与旅游行政管理部门的行政裁决权的规定相互冲突

依照《旅行社条例》的规定,质量保证金不再存储在旅游行政管理部门的专门账户上,而是由旅行社将款项存入指定银行的专门账户。旅游行政管理部门根据《旅行社条例》第15条的规定有权使用质量保证金:"有下列情形之一的,旅游行政管理部门可以使用旅行社的质量保证金:(一)旅行社违反旅游合同约定,侵害旅游者合法权益,经旅游行政管理部门查证属实的;(二)旅行社因解散、破产或者其他原因造成旅游者预交旅游费用损失的。"但是此种使用是否以旅游行政管理部门对具体案件作出裁决为前提,《旅行社条例》未作任何规定,只能留待国家旅游局作出细化的规定。

2009年,国家旅游局发布了《关于加强旅游质监执法工作和质监执法队伍建设的意

见》,根据该意见,各级旅游质监执法机构对所接受的旅游投诉,一般采用居间调解、转送其他部门、建议旅游行政管理部门处理和处罚、建议采取其他途径解决等方式处理。依法取得行政执法权的,依据授权进行行政裁决或做出处罚。该文件表明,国家旅游局对旅游行政管理部门有行政裁决权持肯定态度。

但是,该文件的精神并没有体现在国家旅游局之后颁布的规章中。2010 年颁布的《旅游投诉处理办法》没有对行政裁决权作出规定,而是采取了处理投诉案件和使用质量保证金两个程序分立的技术处理:首先,该办法第 25 条规定,旅游投诉处理机构以"调解"的方式处理旅游投诉案件,调解不成的进入仲裁或诉讼程序来解决纠纷。也就是说,依照该办法,旅游行政管理部门是不对旅游投诉案件作出裁决的。其次,该办法第 26 条规定了旅游行政管理部门可以划拨质量保证金的案件范围,具体包括:①旅行社因解散、破产或者其他原因造成旅游者预交旅游费用损失的;②因旅行社中止履行旅游合同义务、造成旅游者滞留,而实际发生了交通、食宿或返程等必要及合理费用的。上述两类案件调解不成时,旅游投诉处理机构应当做出划拨旅行社质量保证金赔偿的决定或建议。不难发现,作为下位法的《旅游投诉处理办法》对旅行社质量保证金的赔偿范围作了技术处理,缩小了质量保证金的使用范围。从实施效果来看,如此的技术设计确实便于旅游行政管理部门确定划拨数额,而且对送返费用的明确规定也利于对旅游者提供即时的救济。但是,从立法效力来看,这样的设计和上位法《旅行社条例》是有冲突的。对于旅行社的其他违约行为且旅游者提起投诉要求赔偿的案件,也属于可以用质量保证金理赔的范围,那么旅游行政管理部门不作出划拨决定的行为是否可以认为是怠于行使职权呢?另外,在旅游行政管理部门不作出行政裁决的情况下,质量保证金的使用显然缺乏相应的启动程序。

(二)《行政强制法》的施行使质量保证金制度丧失上位法依据

规范行政行为是行政法治原则的要求,相关立法的出台往往会导致原有的行政架构发生变化。《行政强制法》明确了行政强制措施的种类及其设定依据,这导致质量保证金制度必须作出相应的调整。

《行政强制法》第 12 条规定,行政强制执行的方式包括:加处罚款或者滞纳金;划拨存款、汇款;拍卖或者依法处理查封、扣押的场所、设施或者财物;排除妨碍、恢复原状;代履行和其他强制执行方式。第13条同时规定,行政强制执行由法律设定;如法律没有规定行政机关强制执行的,作出行政决定的行政机关应当申请人民法院强制执行。

从行为性质上分析,如果旅游行政管理部门出具文书动用质量保证金,在客观上就是从旅行社的账户上划拨存款,该行为属于《行政强制法》第12条规定的行政强制执行方式。因此,划拨质量保证金需要在法律层面上加以规定,但是设定质量保证金的依据仅是行政法规——《旅行社条例》,这显然不符合《行政强制法》的要求;如果都由人民法院来强制执行,这显然不符合质量保证金制度的立法初衷。[①]

旅游行政管理部门对自身职责的回避和摇摆体现在立法中,以及上位法的立法发展,导致现行旅行社质量保证金制度在具体条款上产生冲突,这既影响了该项制度的权威性,同时也造成该项制度现实操作的困难。

三、基于《旅游法》的规定分析质量保证金的制度建构

为了解决现有的法律冲突问题,需要在立法上加以厘清。作为最高层级的旅游立法——《旅游法》的出台,对质量保证金制度的未来发展无疑会起到决定性的作用。

(一)《旅游法》有关质量保证金的规定

《旅游法》第31条规定:"旅行社应当按照规定交纳旅游服务质量保证金,用于旅游者权益损害赔偿和垫付旅游者人身安全遇有危险时紧急救助的费用。"但是对旅游行政管理部门是否作出裁决以及是否有权划拨,《旅游法》没有作出任何规定。

此外,《旅游法》第92条规定了旅游者与旅游经营者的纠纷解决途径,包括:"(一)双方协商;(二)向消费者协会、旅游投诉受理机构或者有关调解组织申请调解;(三)根据与旅游经营者达成的仲裁协议提请仲裁机构仲裁;(四)向人民法院提起诉讼。"并且在第93条强调了消费者协会、旅游投诉受理机构和有关调解组织对纠纷的调解职能。《消费者权益保护法》规定的纠纷解决途径则是"(一)双方协商和解;(二)请求消费者协会调解;(三)向有关行政机关投诉或申诉;(四)根据双方达成的仲裁协议提请仲裁机构仲裁;(五)向人民法院起诉"。条文表明,《旅游法》将消费者协会作为社会团体的民间调

① 《旅行社条例》规定有权使用质量保证金的机关包括旅游行政管理部门和人民法院。

解职能和行政机关的调解、行政裁决职能合并规定，从立法效果上讲仍然是回避了对行政裁决的规定。

《旅游法》的规定再次表明了旅游行政管理部门对质量保证金的管理态度：淡化旅游行政管理部门在质量保证金制度上的管理权限，完成质量保证金的“去行政化”。①

（二）行政法规和部门规章需做的相应调整

如果旅游行政管理部门不对案件进行裁决也可以使用质量保证金，那么质量保证金的使用范围和标准应当是十分确定的，不需要旅游行政管理部门对双方之间的责任作出裁量。但《旅游法》对质量保证金使用范围的修改十分令人费解。在最初的设计思路里，质量保证金主要用于违约赔偿支付，而侵权赔偿主要由保险支付。② 而《旅游法》第 31 条很明显地将侵权赔偿也纳入了质量保证金的使用范围，使用范围的扩大固然是为了增强质量保证金对旅游者的保障作用，但是如果旅游行政管理不对旅游消费权益纠纷作出行政裁决，又如何认定双方的责任以及赔偿的具体数额？

所以，比较可行的方式是在行政法规或部门规章中明确质量保证金的使用程序，并且将质量保证金的行政划拨行为转化为民事主体之间的支付行为。相应的立法可以参照澳门地区的规定。根据澳门地区 48/98/M 号法令，旅行社要以银行存款或银行担保的方式，为自身的经营行为提供担保，该担保金额为 500 000 澳门币，受款人为旅游司。一旦旅行社和旅游者发生债权债务纠纷，旅游者可以向旅游司提交申请，要求旅行社进行支付。旅游司在受理旅游者的申请后，要向旅行社送达旅游者的支付请求和相关理由；旅行社在收到上述文件后，应通知旅游司已用担保作出支付及被拒绝之申请，并指明拒绝之理由。因为是由旅行社作出支付请求，这其中不涉及旅游行政主管部门行政职权的行使，所以不需要在法律层面上规定旅游行政管理部门的行政强制权。另外，即使旅游

---

① 梁三利，郭明. 旅行社质量保证金使用去行政化原因、问题及完善对策. 旅游学刊，2010（3）：84.

② 《旅行社质量保证金赔偿暂行办法》（1997）规定，旅游者在旅游期间发生人身财物意外事故的不适用质量保证金赔偿。另外，在一些地方旅游局和工商局发布的旅游合同示范文本中，也有明确的质量保证金用于违约赔偿而保险用于侵权赔偿的表述：“属于《旅行社质量保证金赔偿标准》规定以外的因旅行社过错给旅游者造成的人身、财产损害，根据《旅行社投保旅行社责任保险的规定》由保险公司按照有关标准赔付，旅行社应当积极向保险公司办理理赔事宜。”（参见《北京市出境旅游合同》BF－2003－2702，《北京市国内旅游合同》BF－2004－2705）虽然现在各地的合同文本已不再作此约定，但是之前的表述还是能够比较清晰地体现旅游行政管理部门对质量保证金赔偿用途的设计思路。

者和旅行社对纠纷的解决持不同意见,旅游行政管理部门也只需在其中起到居间调解的作用,不必担心一旦作出行政裁决或者执行保证金而可能卷入行政诉讼。但是这一模式存在的问题是,如果旅行社拒绝支付,那么质量保证金的即时赔付作用一样难以发挥。

四、进一步完善旅行社质量保证金制度的思考

在《旅游法》或《旅行社条例》的既定框架下,技术上确实可以对质量保证金制度进行修补,使其在立法效力上不至于存在瑕疵。但是能否实现该制度的立法目的,确实是立法者和执法者更需要考虑的问题。

根据国家旅游局2010年公布的数字,质量保证金的存储总额超过13亿[①],而2010年当年的赔偿金额仅为35.4万。[②] 这样一个悬殊的赔付比例不能不让人质疑该制度存在的意义,认为质量保证金的主要作用是行业准入的限制性条件。曾有学者指出,旅游代理业本身就是一个进入壁垒较低的行业。人为地通过投资规制、财务会计规制来提高其进入壁垒,必将会使一部分投资主体徘徊于市场之外。一旦这些"欲退还进"的"游资"想绕过这些非自然壁垒时,违规操作的不正当竞争就产生了。[③] 因此,对质量保证金制度的真正完善在于增强其现实赔付作用,如果立法能对质量保证金制度作出根本性的变革,应当考虑引入公共赔偿基金模式。

在公共赔偿基金的运作模式下,旅行社所缴纳的资金应形成公共基金。对于个体旅行社而言,这可以降低其缴款数额,减轻企业的基金负担;对于消费者而言,由于公共赔偿资金的总额较高,所以赔偿作用更强。在这方面,我国香港地区的"旅游业赔偿基金"和台湾地区的"旅游品质保障金"都提供了可资借鉴的经验。

(一)中国香港地区的"旅游业赔偿基金"

在香港,旅行代理商有义务以缴付征费方式,向赔偿基金供款,该款项按照旅游费用和确定的比例进行计算。这样形成的赔偿基金在数量上非常庞大,既可以为维护旅游者

---

① 参见《国家旅游局公告》(2010年1号)。此外,由于工商银行没有公布存储数字,所以实际存储金额应当更高。

② 国家旅游局旅游质量监督管理所. 2010年全国旅游投诉情况通报. http://www.cnta.gov.cn/html/2011-3/2011-3-4-11-20-28324_3.html,最后访问日期:2012年3月4日。

③ 戴斌. 论政府规制与旅行社业不正当竞争. 桂林旅游高等专科学校学报,1999(1):47.

的合法权益提供充裕的资金保障,同时又不会造成旅行代理商的负担。

香港旅游业赔偿基金为外游旅客提供的保障包括:如光顾的持牌旅行代理商倒闭,外游旅客可申请最高相等于所付外游团费90%的赔偿;参加持牌旅行代理商所提供或举办的包办式旅行团外游时,于旅行代理商安排的活动过程中发生意外,导致死亡或身体受伤,每位旅客可根据旅行团意外紧急援助基金计划申请总数高达300 000元的紧急援助。

(二)中国台湾地区的"旅游品质保障金"

台湾地区区分不同类型的旅行社,有不同的保证金要求:综合旅行业缴纳新台币1000万元的保证金;甲种旅行业为150万元的保证金;乙种旅行业为60万元。但是,如果旅行业最近两年未受停业处分,且保证金未被强制执行,并取得经主管机关认可足以保障旅客权益之观光公益法人会员资格的旅行业者,保证金的数额则会降低到原标准金额的十分之一。

这一规定为台湾地区的旅游公共基金——旅行业品质保障协会的旅游品质保障金铺平了道路,这笔基金是由该协会的会员缴纳形成的。如果发生财务问题的旅行业是旅行业品质保障协会的会员,旅游者得向协会提出申诉,经过旅游纠纷调处委员会的调处后,如承办旅行业确实有违反旅游契约而负起赔偿责任时,可以用旅游品质保障金代偿。①

香港、台湾地区的经验给我们的启示是:在未来,如果建立一个专门的机构能够快速、有效地解决旅游消费纠纷,这个机构应当有充裕的资金保障;在管理机构性质方面,行业协会或者其他公益性的社会组织比政府更适合充当这样的角色;在社会监督方面,要对公共基金进行严格的审计监督;在法律依据上,应当在法律层面对旅游公共赔偿基金的建立作出规定。

① 根据品保协会公布的统计资料,其受理的案件包括行前解约、饭店变更、机位机票问题、导游领队服务质量、行程有瑕疵、证照问题、购物、意外事故、不可抗力事变、中途生病、行李遗失和飞机延误。

旅游者任意解除权初探[①]

申海恩[②]

《旅游法》起草过程中,关于是否应当赋予旅游者以任意解除权,一直存在着截然对立的两种意见:一种意见认为应当赋予旅游者任意解除旅游合同的权利;一种意见认为应当坚持合同严守的原则,坚决不能赋予旅游者任意解除权。此外,还有一种非常具有诱惑力的观点认为,境内旅游可以赋予旅游者任意解除权,出境旅游因为涉及返回国内的问题,不应当赋予旅游者任意解除权。《旅游法(征求意见稿)》第65条第2款规定,旅游行程结束前,旅游者可以解除合同,法律法规另有规定的除外;2013年4月25日通过的《旅游法》第65条规定,"旅游行程结束前,旅游者解除合同的,组团社应当在扣除必要的费用后,将余款退还旅游者"。这其中反映出一些问题,特别是后者,虽然起草小组的立法解释是将其解释为旅游者的任意解除权[③],但从文义解释出发,根本无从发现旅游者任意解除权的影子。鉴于此项权利对旅游者的重大意义、法律起草过程中的存在的争议以及《旅游法》第65条规定的含糊其词,笔者不揣谫陋,重述原委,阐发理据,以正视听,期望有助于旅游者任意解除权功能之发挥,并就教于方家。

一、旅游者任意解除权配置的正当性

(一)旅游者任意解除权的赋予

旅游者任意解除权,是指旅游者在旅游行程开始前或者进行中,可以随时解除旅游

---

① 本文是国家社科基金项目《民法典背景下的形成权理论研究》的阶段性成果,也得到了北京市属高等学校人才强教计划资助项目支持。

② 作者简介:申海恩,北京第二外国语学院法政学院法学系主任、副教授。

③ 《〈中华人民共和国旅游法〉解读》编写组.《中华人民共和国旅游法》解读.中国旅游出版社,2013:199.

合同的权利。

旅游者的任意解除权,是旅游者在旅游合同成立后、旅游行程结束前所享有的权利。旅游者在旅游合同成立之前,并没有缔结旅游合同的义务,不受旅游合同的约束,也就没有解除合同的必要。旅游行程结束后,由于旅游合同已经履行完毕,旅游者与旅游经营者不再受旅游合同的约束,与解除权打破合同约束的规范目标不合,也没有另行解除合同的必要。因此《旅游纠纷规定》第 12 条关于"旅游行程开始前或者进行中"旅游者单方解除旅游合同的规定,并不具有任何规范意义,属于旅游者解除权的当然含义。

旅游者的任意解除权,是旅游者随时解除旅游合同的权利,不必具有任何原因。合同的解除权,通常情况下在符合法律规定或者当事人约定的条件下产生,不符合该条件的,当事人解除合同属于违约行为,应当承担违约责任。例如,《合同法》第 94 条规定,因不可抗力致使不能实现合同目的,或者在履行期限届满之前,当事人一方明确表示或者以自己的行为表明不履行主要债务,或者当事人一方迟延履行主要债务,经催告后在合理期限内仍未履行,以及当事人一方迟延履行债务或者有其他违约行为致使不能实现合同目的,当事人可以解除合同。但是,在某些特殊场合,基于合同的属性或者某种特殊的法律政策,法律允许当事人一方可以随时解除合同①。例如,根据《合同法》第 232 条、第 233 条、第 268 条、第 376 条、第 391 条、第 410 条规定,在不定期租赁合同②、租赁物危及承租人安全③、承揽合同④、委托合同⑤以及保管合同⑥、仓储合同⑦的情况下,当事人一方

① 崔建远.合同法.北京:法律出版社,2010:247.

② 不定期租赁合同赋予双方当事人以任意解除权,乃是基于不定期继续性合同的特殊性。参见黄茂荣.论租赁(下).植根杂志,2000(4):9.

③ 租赁物危及承租人安全赋予承租人以任意解除权的理由主要在于,对自然人生命权和健康权的绝对保护。参见江平.中华人民共和国合同法精解.中国政法大学出版社,1999:178.

④ 赋予承揽合同中定作人以任意解除权的理由主要在于,承揽工作的完成纯粹出于定作人之利益,而承揽人依然保有报酬支付请求权,并不会因此遭受不利益。Vgl. Erman/Schwenker, BGB, §649, Rz. 1.

⑤ 委托合同中赋予双方当事人以任意解除权的理由主要在于,委托关系具有特别的人身信赖性,此种人身信赖性一旦丧失,则合同存在的基础即不复存在。Vgl. Oetker/ Maultzsch Vertragliche Schuldverhaeltnisse, 2. Aufl., S. 613.

⑥ 保管合同赋予寄存人以任意解除权,乃是基于保管合同完全服务于寄存人安全保管标的物的目的,如果保管已经失去意义,则没有必要使其受制于保管合同之限制,Vgl. Esser/Weyers, Schuldrecht Bd. Ⅱ, Besonderer Teil, Teilband 1, 8. Aufl., S. 337.;赋予保管人以任意解除权的前提是,保管合同未确定保管期间,即属于不定期的继续性合同,理由与不定期租赁合同任意解除权相同。

⑦ 仓储合同属于特殊类型的保管合同,其任意解除权的赋予理由与保管合同相同,此处不赘。

或者双方均享有随时解除合同的权利。

旅游者的任意解除权,脱胎于承揽合同中定作人的任意解除权[1]。承揽合同,是承揽人按照定作人的要求完成工作,交付工作成果,定作人给付报酬的合同[2]。所谓"完成工作",是指提供劳务而完成的一定结果,该结果既可以是有形的结果,如做衣服、修鞋、碾米、榨油、粉刷油漆、摄影、调查等,也可以是无形的结果,如宣传、设计、演戏、鉴定、翻译、歌舞表演等[3]。在比较法上,很多国家和地区[4]都将提供旅游服务视作类似于承揽合同,在法律没有就旅游合同做出明确规定时,多采取类推适用的方法,适用承揽合同的规定。旅游合同中的旅游者,其法律地位相当于承揽合同的定作人,而定作人根据《合同法》第268条的规定享有随时解除合同的权利,该规定对于旅游合同类推适用的结果就是旅游者的任意解除权。

(二)赋予任意解除权的合理性

关于赋予旅游者任意解除权,在旅游行业内普遍存在着各种各样的担忧,唯恐因此导致旅游者无视旅游合同的存在,随意违反旅游合同,造成旅游市场的混乱。但是,旅游者任意解除权的赋予,是有其坚实的理论基础和实践意义的。

1. 旅游者的人身自由不受限制

赋予旅游者任意解除权的根本理由在于,旅游者的人身自由不受限制。在《旅游纠纷规定》和《旅游法》的起草过程中,始终存在一种观点认为,"人人生而自由,但无往不在枷锁之中",任何人的人身自由均受到各种各样的限制:不许吃保护动物、住宿不能嫖娼、走路应遵守交通法规、游览不得拍摄军事禁区、金三角旅游不得购买毒品、澳门娱乐不得参与赌博,等等,而且这些限制都是合法、合理的限制,怎么能说旅游者的人身自由不受限制呢。我们认为,所谓旅游者人身自由不受限制,是指旅游者的人身自由不受强制性法律规范之外的限制,不受其他民事主体的限制。违反强制性法规的,例如杀人,这

---

① 关于旅游合同与承揽合同的关系,Vgl. Fuehrich, Reiserecht, 5. Aufl., 2005, §1, Rn. 12.

② Esser/Weyers, Schuldrecht Bd. II, Besonderer Teil, Teilband 1, 8. Aufl., S. 249.

③ Jan Dirk Harke, Besonderes Schuldrecht, 2011, §2, Rn. 84.

④ 例如《德国民法典》第二编第八章"各种债务关系"之第九节就在"承揽合同和类似的合同(Werkvertrag und aehnliche Vertraege)"的节名之下分别规定了承揽合同(Werkvertrag)和旅游合同(Reisevertrag);Vgl. Fuehrich, Reiserecht, 5. Aufl. 2005, §5, Rn. 84.;我国台湾地区民法典在第二编第二章"各种之债"第八节"承揽"之后增加一节为"第八节之一 旅游"。

种自由并不是理性的自由,当然应当受到限制。除此之外,现代法律对于人们行为的规范,通常采取以不利后果引导人们采取正当的行为方式,而并不直接对公民的人身自由予以强制。在旅游活动中,旅游者以其人身作为接受旅游经营者服务的受体,无论出于何种理由,旅游者不愿继续接受旅游服务,并不违反强制性的法规,如果不允许其拒绝接受旅游服务,解除旅游合同,将必然导致对其人身自由的限制,甚至强制其接受旅游服务。这种限制显然与现代民主社会公民自由权的基本原则相违背,同时也与旅游活动追求身心愉悦的目的背道而驰。因此,旅游者人身自由不受限制是公民自由权的必然要求,进而要求必须赋予旅游者以任意解除旅游合同的权利。

2. 旅游者没有必须参加旅游的义务

旅游合同中,旅游经营者的义务是提供旅游服务及相关的附随义务,旅游者的义务是交纳旅游费用,旅游者负有的附随义务主要是协助义务,旅游者并不负有必须接受旅游经营者提供的旅游服务的义务,即旅游者没有必须参加旅游的义务①。旅游者没有参加旅游的义务,其理论根据在于,旅游经营者系以提供旅游服务获得报酬为其交易目的②,因此,通常情况下旅游者交纳旅游费用即足以保护旅游经营者的合法权益,而没有强制旅游者参加旅游的必要。

就旅游合同的目的来讲,旅游合同的签订,旨在使旅游者获得身心愉悦的利益而提供旅游服务,所以在全部旅游服务完成前,应当允许旅游者决定是否继续受领剩余的旅游服务③。如果认为旅游者负有参加旅游的义务,则身心愉悦的旅游目的将转变为完成旅游的任务压力,显然与旅游合同的目的背道而驰。旅游者任意解除权的配置,既是旅游合同目的贯彻的要求,同时是以防止或者避免由于发生某种旅游者订立合同之前不知的事由④,继续完成旅游对于旅游者自己而言已经丧失意义而造成的损失为目的。通过对旅游合同的解除,可以节省旅游经营者为提供旅游服务而做出的投入,通过为旅游经营者节省服务投入成本,最终可以通过损益相抵的规则减轻旅游者自己的报酬义务⑤。

① Klaus Tonner, Der Reisevertrag, 5. Aufl., 2007, §651i, Rn. 1.;王泽鉴.民法概要.北京:北京大学出版社,2011:311.

② Fuehrich, Reiserecht, 5. Aufl. 2005, §14, Rn. 505.

③ So im RegE, BT-Drucks,8/786, S. 19.

④ Staudinger/J. Eckert, 2003, §651i, Rn. 1.

⑤ Kaller, Reiserecht, 2. Aufl. 2005, Rn. 384.

举例而言,旅游者在旅游过程中,惊闻其父遭遇车祸而亡,悲痛欲绝,旅游合同实现旅游者身心愉悦的目的,因此根本无从实现。旅游者一方面为返回奔丧,另一方面也为了节省不必要的开支,决定解除旅游合同。

3. 出入境管理与旅游者任意解除权

我国旅游行业普遍存在的观点是,应当区分境内旅游与出境旅游,境内旅游可以承认旅游者的任意解除权,出境旅游则不应承认旅游者的任意解除权。其理由在于,我国在旅游出入境管理上奉行"团进团出"的规则,即出境旅游应当坚持整个旅游团同时出境、同时入境的规则,以防止旅游者滞留国外的情况发生。但该观点并无法律依据,根据《中国公民出国旅游管理办法》第 11 条第 3 款的规定,旅游团队出境后因不可抗力或者其他特殊原因确需分团入境的,领队应当及时通知组团社,组团社应当立即向有关出入境边防检查总站或者省级公安边防部门备案。可见,出境旅游中,旅游者如解除合同、返回境内的,并不违反法规规定。

就出境旅游合同中旅游者行使任意解除权来讲,可能存在旅游者急需回国的情况,这种情况不违反我国法律规定,已如上述;另一种情况是,旅游者解除旅游合同后不急于返回,自行在境外旅游,最终在签证有效期内返回。这与前述旅游者立即返回的情况,并无本质的区别,并不影响旅游者任意解除权的配置。第三种情况是,旅游者解除旅游合同后滞留境外逾期不归的。此种情形是对《中国公民出国旅游管理办法》第 22 条第 1 款关于"严禁旅游者在境外滞留不归"之规定的违反,其法律效果在于同条第 2 款所规定的"旅游团队领队应当及时向组团社和中国驻所在国家使领馆报告,组团社应当及时向公安机关和旅游行政部门报告。有关部门处理有关事项时,组团社有义务予以协助"。旅游者解除旅游合同后滞留境外逾期不归,一方面违反了我国出入境管理的规范,另一方面也违反了滞留地的相关法律,对此应当追究滞留不归者的行政法律责任,甚至是其刑事责任。旅游者解除旅游合同后滞留境外逾期不归的情形,是违法行为,并不是解除合同的必然结果。我们认为,不能因为并不明确的出入境管理原因,或者存在违法行为的可能性,而限制旅游者的民事权利和人身自由。毕竟,旅游者解除旅游合同后滞留境外逾期不归,并不是旅游者解除旅游合同的必然结果,不能因噎废食,完全否定旅游者任意解除权的合理性。

由于旅游活动的精神享受属性，旅游者的解除权也是如此，任何旅游者都可能因为任何原因行使解除权。毋庸讳言，权利并不是无限制的，权利本身即蕴涵界限①。虽然不乏恶意解除旅游合同、追求非法利益的情形，但是，我们始终认为，虽然存在着旅游者权利滥用的风险，但较之于旅游者任意解除权滥用，健康旅游市场秩序的重塑无疑是旅游法律规范宗旨上占据更重要的地位。更何况旅游者任意解除权的滥用，也有相应的出入境管理法规范予以调整。

二、旅游者任意解除权的法律属性

（一）旅游者任意解除权的法律性质是形成权

旅游者任意解除权的法律性质是形成权②，其典型特征是可以通过旅游者单方面的意思表示，发生解除旅游合同的效力。通常情况下，依法成立的合同，对当事人具有法律约束力。当事人应当按照约定履行自己的义务，不得擅自变更或者解除合同。除非法律另有规定的，当事人应当通过协商的方式，解除合同。解除权赋予一方当事人自己决定是否解除合同的权力，属于协议原则的例外情况。

（二）旅游者任意解除权的事先限制与抛弃

旅游者任意解除权能否在签订旅游合同时，即由旅游者承诺予以限制或者抛弃？理论上通常认为，关于旅游者任意解除权的规定属于任意性规定，旅游者当然可以于旅游合同中事先承诺予以限制或者抛弃。

三、旅游者任意解除权的行使及其限制

（一）旅游者任意解除权的行使

旅游者行使任意解除权，通常情况下，应当向旅游经营者做出明确的意思表示，该意思表示并无形式方面的要求③。即使旅游合同以书面形式签订，旅游者解除旅游合同的

① 迪特尔·施瓦布.民法导论.郑冲，译.北京：法律出版社，2006：174.

② Staudinger/J. Eckert, 2003, §651i, Rn. 1.

③ MuenchKomm/Tonner, §651i, Rdn. 5.

意思表示也不受其影响,既可以采取书面形式,也可以采取口头通知、电话、传真告知的方式做出。

实践中,旅游经营者可能在其格式旅游合同中向旅游者提出建议,推荐其以书面形式提出解除旅游合同。这种建议仅具有参考价值,对旅游者并没有任何约束力[①]。但是,在格式旅游合同中所使用的"强烈推荐"、"任何情况下",具有一定程度的迷惑性,似乎必须以书面形式做出解除表示。但旅游者应当注意的是,无论是何种形式要求,由于不具有强制力,均属于"无害条款",同时也属于"无效条款"。

在旅游者行使解除权时,并不要求旅游者必须明确表示"解除"旅游合同,只要旅游者能够表达其无论如何要退出、废除、取消旅游合同,不再继续旅游的意思就足矣[②]。旅游者要求废除旅游合同的意思,也可以通过可推断的行为表示出来,所以相应的作为或者不作为也可以达到解除权行使的法律效果。这种可推断的解除行为,既可以表现为旅游者概括地向旅游经营者表示,能否参加旅游活动存在问题,也可以表现为旅游者详细描述其自身存在的困难,解释其参加旅游的不确定性[③]。例如,旅游者向旅游经营者表示刚刚换了工作、家庭成员突患重病、妻子早产等,均能够推断出旅游者存在解除旅游合同的意思。另外,旅游者表示寻找替代者,但既没有就替代者做出明确的指定,行程开始时也没有出现,这种缺席的行为就能够非常确定地认定为解除旅游合同。

在实践中,存在疑问较大的是,旅游者没有做出过任何表示,只是单纯地在旅游出发时缺席,能否认定为其以行为表明解除旅游合同。对此,理论上有争论,有学者认为,在约定的时间、地点未出现即可推定为解除旅游合同;也有人认为,单纯的缺席不能认为是默示解除旅游合同,一方面可能旅游者仅仅是因为睡过头迟到了,另一方面这种推断也导致了将风险移转给旅游经营者承担,而旅游经营者在此时几乎没有可能将已经预订的服务做其他利用了。所以,旅游者缺席时,必须结合其他的依据来推断其是否具有解除合同的意思,而不能简单地将旅游者缺席推定为默示解除合同[④]。我们认为,后一种观点更为合理,有利于旅游活动的促进,也有利于双方当事人利益的平衡。

---

① Kaller, Reiserecht, 2. Aufl. 2005, Rn. 374.

② Klaus Tonner, Der Reisevertrag, 5. Aufl., 2007, §651i, Rn. 3.

③ Kaller, Reiserecht, 2. Aufl. 2005, Rn. 378.

④ 王泽鉴. 民法总则(增订版). 北京:中国政法大学出版社,2001:420.

旅游者行使任意解除权,并不要求必须说明原因[1],即使旅游者自己说明了理由,该理由是否合理也不影响解除权行使的效力。至于旅游者解除合同的意思表示,对其内容并无特别的要求,以达到使旅游经营者明确是哪个旅游者、哪个旅游活动发生解除为宗旨。

旅游者行使任意解除权,通常需要向旅游经营者做出意思表示,或者向旅游经营者有受领权的代理人做出表示,例如向旅游经营者的工作人员做出表示、向旅游经营者指定的其他旅游经营者做出表示。旅游者解除旅游合同的意思表示,向酒店、交通运输公司等旅游辅助服务者做出,通常不能发生解除旅游合同的效力[2]。旅游经营者如果委托其他旅游经营者为其招徕旅游者的,旅游者可以向接受委托的旅游经营者做出解除合同的表示,旅游者行使任意解除权的表示,只要到达接受委托的旅游经营者即发生效力[3],旅游者不承担接受委托的旅游经营者未将该表示转达给做出委托的旅游经营者的风险。例如,甲旅行社委托乙旅行社招徕、组织 15 名赴欧洲旅游的旅游者,完成招徕后,其中一名旅游者向乙旅行社表示解除旅游合同,乙旅行社未将该信息转达甲旅行社,造成甲旅行社一定损失。对此,甲旅行社只能追究乙旅行社的责任,而不能要求旅游者承担全部损失。

(二)旅游者任意解除权的限制

1. 任意解除权的行使不得附条件、附期限

通常而言,根据私法自治原则,法律行为原则上均可附加条件或者期限,以期实现预先分配交易风险的目的,或者发挥引导相对人行为的功能[4]。但旅游者任意解除权属于形成权,旅游合同是否解除完全决定于旅游者方面,旅游经营者在旅游活动过程中,始终面临着旅游合同可能被解除的不确定性风险[5]。当旅游者选择行使解除权、废除旅游合同时,应该尽快使双方法律关系确定下来[6],以免旅游经营者造成更大的损失,如果允许

---

① Staudinger/J. Eckert, 2003, §651i, Rn. 16.

② Fuehrich, Reiserecht, 5. Aufl. 2005, §14, Rn. 514.

③ 关于意思表示通过中间人到达受领人的具体规则,可参见汉斯·布洛克斯,沃尔夫·迪特里希·瓦尔克. 德国民法总论. 张艳,译. 北京:中国人民大学出版社,2012:112.

④ 申海恩. 私法中的权力:形成权理论之新开展. 北京:北京大学出版社,2011:213.

⑤ Staudinger/Kaiser, §349, Rn. 16.

⑥ Medicus, Allgemeiner Teil des BGB, , 9. Aufl., Verlag C. F. Mueller, 2006, S. 43.

旅游者行使任意解除权附加某种条件,或者期限的话,对于旅游经营者来讲,则非常不公平。因此,旅游者任意解除权的行使,原则上不得附加条件。但有两种情况例外,其一是旅游经营者同意附加条件[①],例如,甲旅游者与旅行社签订了欧洲旅游合同,之后甲旅游者向旅行社发出通知表示,因其父亲突发急病,如果出发前还不能痊愈,则解除旅游合同,旅行社表示同意。其二为条件的成就与否,完全取决于旅游经营者的决定,即随意条件[②]。例如,旅游过程中,由于导游人员的不当行为,旅游者表示要解除旅游合同,但是如果旅行社免除其5%的旅游费用,则不解除旅游合同。由于这种情况下,是否解除旅游合同的决定权事实上由旅行社掌控,所以并不违背避免加剧法律关系不确定性风险的原则,因此该条件是可以附加的。

2. 任意解除权行使的意思表示做出后不得撤回

同样基于尽快确定法律关系的原则,旅游者行使任意解除权后,通常不得撤回其解除旅游合同的意思表示[③]。由于任意解除权的效力在其表示到达旅游经营者时立即发生,旅游合同就立即解除了,旅游经营者因此可能会退订宾馆房间、减少门票预约数量,等等。如果允许旅游者在行使解除权后,撤回其解除的意思表示,将会使旅游合同的命运操于极为随意之人手中,旅游经营者在接到旅游合同解除的通知之后,不知是否该做出退订、减少数量等减少损失的措施,必将严重损害旅游经营者的决策能力和风险规避能力,构成对其正常经营活动、合法权益的侵害。因此,旅游者任意解除权行使的意思表示做出后不得撤回,当然不得撤回是以解除的意思表示到达旅游经营者为前提。

四、旅游者行使任意解除权的法律后果

(一)合同终止

旅游者行使任意解除权,导致旅游合同终止。大多数合同中,解除权的行使导致合

① Larenz/Wolf, Allgemeiner Teil des Bürgerlichen Rechts, 9. Aufl., Verlag C. H. Beck, 2004, S. 498.

② Peter Mankowski. Beseitigungsrecht: Anfechtung, Widerruf und verwandte Institute. Tübingen: J. C. B. Mohr, 2003, S. 731.

③ Erman/Westermann, , §349, Rn. 1.; 申海恩. 私法中的权力:形成权理论之新开展. 北京:北京大学出版社,2011:216.

同自始无效,合同尚未履行的,终止履行;已经履行的,根据履行情况和合同性质,当事人可以要求恢复原状、采取其他补救措施,并有权要求赔偿损失。旅游合同属于继续性合同,即旅游合同的内容并非一次性履行就可以完成,而是在旅游行程中间持续地实现[①]。作为继续性合同,时间因素在旅游合同中具有重要的意义,随着时间的经过,旅游服务逐次提供,当旅游合同因解除而终止时,合同的效力向后发生消灭[②]。之前已经履行的旅游合同部分、提供的旅游服务依然合法有效,并不因为旅游合同的任意解除而无效。简言之,旅游者行使任意解除权的直接法律后果是,旅游合同向后失去效力,而没有溯及既往的效力。旅游者行使任意解除权导致旅游合同终止,决定了旅游合同仅就未履行部分发生清算双方合同关系的效力[③],已经履行的部分,双方根据旅游合同的约定承担责任。

(二)合同清算

所谓旅游合同的清算,是指旅游合同双方当事人就旅游合同终止后相互需要支付的费用进行结算。总体来讲,旅游合同因旅游者行使任意解除权而终止时,旅游合同规定的旅游服务已经提供的部分,旅游者已经享受其利益,对于该部分,旅游者应当依据解除前的旅游合同支付相应的费用;对于旅游合同中规定的但尚未提供的旅游服务来讲,旅游经营者无须继续提供,旅游者无须就未提供的服务向旅游经营者给付报酬。实践中,由于旅游行程开始前,旅游者须预交全部旅游费用,因此通常表现为,旅游经营者向旅游者退还相关费用。

(三)尚未实际发生费用的退还[④]

旅游行程开始前,旅游者任意解除旅游合同的,应当给予旅游经营者相当的补偿,换言之,以旅游费用为基础,应当做相当程度的扣除,将剩余部分退还旅游者。《旅游纠纷规定》第12条规定应当退还的部分为"尚未实际发生的费用",对此应当理解为,以旅游者所预订的旅游服务中未提供部分相应的费用为限。例如,旅游者签订了"世博七日游"

---

① 崔建远.合同法.北京:法律出版社,2010:34.

② Medicus, Schuldrecht I, Allgemeiner Teil, 16. Aful., S. 197.

③ Looschelders, Schuldrecht , Allgemeiner Teil, 9. Aful., S. 284.

④ 申海恩.旅游合同中尚未实际发生的费用及其计算.法学杂志,2011(6).

的旅游合同,出发前旅游者因个人原因解除了旅游合同,要求退还旅游费用。由于旅游者并未接受任何旅游服务,所以退还旅游费用是在所有的旅游费用的基础上进行计算;如果旅游者已经乘坐飞机到达上海,并入住酒店,参观了一个世博馆,则上述活动所花费的机票款、住宿费、世博馆门票等费用不属于"尚未实际发生的费用",旅游者不得主张返还。在纠纷处理过程中,应当由旅游经营者对其已经实际发生的费用负证明责任,能够证明属于实际已经发生的,即使尚未向辅助服务者实际进行支付,旅游经营者即可以不予退还。

实践中,经常提出的问题是,旅游行程开始前,旅游经营者已经向旅游辅助服务者支付了全部服务费用,且双方约定该笔费用不予退还的情况下,旅游者能否要求旅游经营者予以退还呢?我们认为,旅游经营者与旅游辅助服务者之间就预订服务费用不予退还的约定,不能作为拒绝旅游者返还请求权的抗辩理由。

首先,旅游者行使任意解除权,终止旅游合同,既出于保护旅游者的人身自由,但同时对于旅游经营者的利益也应纳入考量。从旅游合同所由脱胎的承揽合同之任意解除来看,为保护定作人因任意解除而遭受损害,承揽人虽免除其承揽给付义务,但依然可以要求约定的报酬①。但就公平观念来讲,旅游经营者只要不因为旅游者的解除而遭受损害即可,不能反而因此获得利益②。所以,由于旅游经营者实际上并未实际提供服务,而应当扣除其因为未提供服务而获得的或者应当获得的利益。旅游经营者未向旅游者提供预订服务时,通常可转而向第三人提供该项服务获得利益,旅游经营者没有任何困难,而放弃向第三人提供该项服务的机会,该笔费用应当予以扣除③。

其次,基于合同的相对性原则④,旅游经营者与旅游辅助服务者之间的约定,仅在二者之间具有约束力,不能向该法律关系之外的旅游者主张。旅游活动过程中,涉及多层级的合同关系,通常每个合同关系仅在该合同的当事人之间发生拘束力,互相不发生影响。例如,旅行社与酒店订立的房间预订合同仅在旅行社与酒店之间有约束力;旅行社与旅游者之间订立的旅游合同,通常对于航空公司不具有约束力。旅游经营者与旅游辅

① 参见德国民法典第649条之规定.

② 黄茂荣.承揽(四).植根杂志.1999年第25卷第4期,第11页,注释93.

③ Staudinger/J. Eckert, 2003, § 651i, Rn. 27.

④ Medicus, Schuldrecht I, Allgemeiner Teil, 16 Aufl., Rn. 30ff.

助服务者，例如航空公司之间关于预订旅游服务费用不予退还的约定，对于旅游者本不具有约束力。如果旅游经营者试图将该风险转嫁给旅游者，则应当事先在与旅游者签订旅游合同时明确约定，否则旅游经营者应当自己承担该项损失。

再次，旅游经营者与旅游辅助服务者就预订服务费用不予退还的约定，是旅游经营者降低其经营成本的手段，不予退还的风险是其固有的经营风险，旅游经营者不得将其经营风险全部转嫁给旅游者。如果允许旅游经营者主张不向旅游者退还该项费用，将导致无论旅游者是否接受该项服务，旅游经营者的收益在旅游合同签订后就已经完全是确定的，这种结果不仅与前述损益相抵原则相违背，而且也完全背离于风险收益相当的原则。

最后，如果允许旅游经营者以此对抗旅游者，将会严重损害旅游者的合法权益，侵蚀旅游者任意解除权存在的价值和意义。由于旅游经营者与旅游辅助服务者通常具有长期、紧密的合作关系，甚至旅游经营者可能对部分旅游辅助服务者存在经济上的控制力，旅游辅助服务者为维持合作关系，或者可能选择与旅游经营者沆瀣一气，侵害旅游者的合法权益。

（四）合理费用的支付

合理费用的支付是旅游经营者在旅游者行使任意解除权后，向旅游者要求支付扣除相关费用后合理报酬的权利。旅游者行使任意解除权，导致旅游合同解除，此项解除的效力仅向将来发生。旅游经营者因解除而丧失对旅游费用的请求权，旅游者丧失要求旅游经营者提供旅游服务的请求权[①]。由于旅游合同的解除效果仅向将来发生，因此已经提供的旅游服务之报酬、所支出的费用、劳动力及可得的利益，旅游者仍应予以支付，但以预先确定的全部旅游费用为限[②]。换言之，旅游经营者可以要求旅游者支付的合理费用范围，因为旅游经营者免除提供旅游服务的义务而节省了费用或者获得的其他利益，而有所缩减。

旅游经营者的合理费用请求权，与旅游者“尚未实际发生费用”的返还请求权互为表里，相辅相成。旅游者请求旅游经营者返还“尚未实际发生费用”时，以旅游经营者未实

---

① Fuehrich, Reiserecht, 5. Aufl. 2005, §14, Rn. 516.

② 史尚宽.债法各论.北京:中国政法大学出版社,2000:357.

际提供服务为前提;旅游经营者的合理费用请求权,则以旅游经营者实际提供了服务为前提。从理论上讲,“尚未实际发生的费用”、旅游经营者免除提供旅游服务义务节省的费用或者获得的其他利益与旅游经营者可以请求支付的合理费用之总和,就是旅游费用的全部。

组团社与地接社合同关系若干法律问题研究

郭志平[①]

引 言

2008年,我国接待入境旅游人数1.30亿人次,旅游外汇收入达到408亿美元;接待国内旅游人数17.1亿人次;国内旅游收入达到8749亿元人民币;组织中国公民出境旅游4584万人次;全国共有旅行社19800多家。[②] 2007—2008年,"旅游作为现代服务业"连续两年写入我国的政府工作报告,旅游产业在国民经济中的地位不断提升,人们出游的愿望越来越浓厚。

但是,我国旅游业毕竟还处于发展阶段,参加旅行社组织的团队旅游仍是人们旅游的主要方式,旅游者在当地组团旅行社与旅游目的地接待旅行社的共同努力下完成异地旅游活动。然而,由于组团社和地接社之间在合同签订、履行等方面的不规范行为,严重损害了旅游者的利益和旅行社的信誉,扰乱了旅游市场秩序,影响了我国旅游业的形象。

2009年5月1日颁布施行的行政法规《旅行社条例》第三十六条明确规定,"旅行社需要对旅游业务作出委托的,应当委托给具有相应资质的旅行社,征得旅游者的同意,并与接受委托的旅行社就接待旅游者的事宜签订委托合同……"这一规定引起了旅行社业界的高度重视。但是由于没有相关范本可借鉴,也缺乏专业研究,旅行社业界一时无所适从,纷纷议论,不知合同该如何签订,该约定哪些内容,甚至有的旅行社暂停了相关旅游业务。因此,面对目前我国旅游业发展与法律规范严重不符的实际,为了能够给旅游

① 作者简介:郭志平,中华人民共和国国家旅游局政策法规司干部。

② 国务院法制办与国家旅游局相关负责人就贯彻落实《旅行社条例》回答记者提问。

行业解决实际问题提供一些理论帮助,本文对组团社与地接社之间合同关系的若干法律问题进行研究。

一、组团社与地接社之间合同概述

(一)组团社与地接社之间的合同和旅游合同、旅游业务合同的关系

1. 组团社与地接社之间合同的概念

按照旅行社在旅游者的组织和接待业务中的身份和角色不同,可以将其分为组团社和地接社。组团社,又称组团旅行社、旅行组团社等;地接社,又称接待旅行社、旅游目的地接待社等。同一旅行社在某次安排旅游者活动中作为组团社,在另一次安排旅游者活动中可能就是地接社。《国家导游服务质量标准》(GB/T 15971—1995)将二者分别定义为:"组团旅行社(简称组团社,domestic tour wholesaler),是指接受旅游团(者)或海外旅行社预订,制订和下达接待计划,并可提供全程陪同导游服务的旅行社。接待旅行社(简称接待社,domestic land operator),是指接受组团社的委托,按照接待计划委派地方陪同导游人员,负责组织安排旅游团(者)在当地参观游览等活动的旅行社。"随着这些年旅行社业的不断发展,以及 2009 年新修订的《旅行社条例》对旅行社的定义,笔者认为,《国家导游服务质量标准》中的概念也不够准确。《旅行社条例》规定:"本条例所称旅行社,是指从事招徕、组织、接待旅游者等活动,为旅游者提供相关旅游服务,开展国内旅游业务、入境旅游业务或者出境旅游业务的企业法人。"从这一定义我们可以看出,旅行社主要从事三个层次的旅游业务活动:一是招徕旅游者;二是组织旅游者;三是接待旅游者。这三个层次的活动可以由一个旅行社来完成,也可以由多个旅行社分别完成。比如 A、B 等旅行社把单个的旅游者招来,交由 C 旅行社组成一个旅游团,再由 C 旅行社交由异地的 D、E 等旅行社接待,从而完成旅游者的旅行活动。当然往往也可能是 C 旅行社自己招徕并组织旅游团(者)交由异地旅行社接待。在这一过程中,C 旅行社即属于组团社,直接与旅游者签订旅游合同,在国外多称之为旅行社批发商;D、E 则属于地接社(如图 1 所示)。当然,在旅游业内俗称散客拼团的组团模式下,与旅游者签订合同的往往也可能是 A、B 旅行社,但真正操作组织业务的仍然是 C 旅行社,本文研究的前提是假定 C 旅行社即是签订旅游合同的旅行社。由于目前我国大部分区域的无障碍旅游尚未形成,旅行社对旅

游者异地旅游的经营模式主要还是一家组织、一家接待。由此本人认为,组团社是与招徕的旅游者签订旅游合同,并按照旅游合同的约定组织旅游者赴异地进行旅游活动的旅行社。地接社是按照与组团社的合同约定接待组团社组织的旅游者,并安排旅游者完成约定旅游活动内容的旅行社。按照《旅行社条例》的规定,旅行社设立的分社虽然不具有独立法人资格,但其经营范围与设立分社的旅行社的经营范围一致,也可以作为组团社或地接社从事相关招徕、组织和接待业务,因此,旅行社分社也具有组团社或地接社资格。

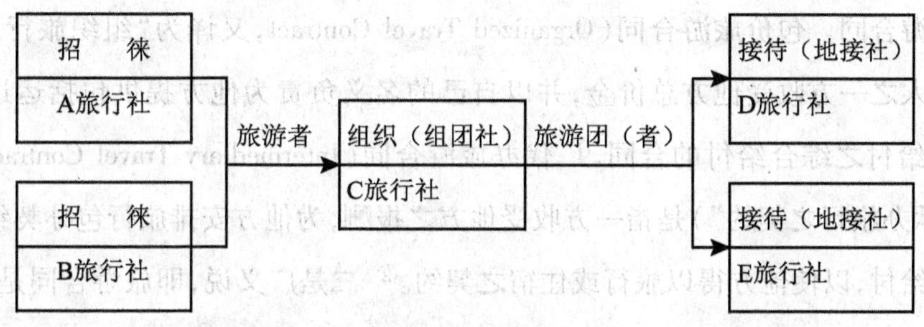

图1　旅行社招徕、组织、接待旅游者关系图

按照组团社与地接社之间合同内容范围的不同,可以将其分为狭义的合同和广义的合同。狭义的组团社与地接社之间的合同,是指组团社与地接社仅就接待旅游者事宜签订的协议,这个协议既可以是约定双方在一定时期内就接待旅游者事宜长期有效的协议,也可以是单就接待某一个具体旅游团(者)时签订的协议。通常情况下,组团社与地接社在双方互信的基础上,签订一个至少在一年期内均可反复适用的合作协议,主要约定双方就接待旅游者事宜的权利、义务、违约责任、付费方式、争议解决方式等内容。该协议的签订并不意味着只要组团社有旅游者赴地接社所在地旅游时,就只能与该地接社签订合同,双方都有自主选择权。但当组团社有旅游团交由地接社接待时,经双方反复协商确定的接待费用、旅游者旅游行程等则是双方合同履行的具体内容,这个具体合同履行内容与事前签订的合作协议共同构成一个完整的组团社与地接社之间的合同。广义的组团社与地接社之间的合同,还包括了组团社向旅游者代销地接社生产的旅游产品的代销协议。本文研究的范围是狭义的组团社与地接社之间的合同。另外,本文也仅对依照《旅行社条例》在我国注册设立的旅行社进行研究,我国旅行社与境外旅行社签订的

此类合同不在研究范围内。

2. 组团社与地接社之间的合同与旅游合同的关系

旅游合同作为我国《合同法》上的无名合同,历来引起旅游界和法律学界的热议。对于旅游合同的概念,不管是国外还是国内,理论界都存有争议,但归纳起来主要包括这么两种观点:一是狭义说,即旅游合同是旅游者和旅行社为实现旅游利益而规范相互权利义务关系的协议。根据《布鲁塞尔旅行契约国际公约》的规定和学界对旅游合同的普遍认识,旅行社提供的服务有综合服务和委托代理服务的区别,据此又分为包价旅游合同和代办旅游合同。包价旅游合同(Organized Travel Contract,又译为"组织旅行之契约")是指当事人之一方收受他方总价金,并以自己的名义负责为他方提供包括运送、住宿及其他相关给付之综合给付的合同。① 代办旅游合同(Intermediary Travel Contract,又译为"中间人承办旅行之契约")是指一方收受他方之报酬,为他方安排旅行包办契约,或单一或多数之给付,以使他方得以旅行或住宿之契约。② 二是广义说,即旅游合同是包括旅游者与旅行社、旅行社和其他旅游服务提供者(交通运输者、住宿企业、餐饮企业、旅游景点等)签订的规范相互权利义务关系的协议。广义的旅游合同也涵盖了组团社与地接社之间的合同。本文所指的旅游合同是狭义上的旅游合同。

旅游合同是旅游者与组团社签订的合同,在我国目前的旅游经营模式下,旅游者异地旅游时,除出发时的机票预订等部分事宜是组团社直接安排外,大部分具体的旅游接待行为都要通过地接社来完成。也就是说,组团社在与旅游者签订旅游合同的同时,也在寻求一家合作旅行社接待自己组织的旅游者,帮助旅游者在异地完成旅游活动、享受旅游服务。因此,正因为旅游者与组团社签订的旅游合同的存在,才使组团社与地接社之间的合同订立成为可能。旅游合同是组团社与地接社之间合同订立的前提和基础,组团社与地接社之间的合同是旅游合同目的得以实现的重要保证。

---

① 许惠佑. 旅行契约之研究. 台湾:台湾政治大学研究所博士论文,1988. 也有人将其译为"某人依约以其个人名义,按一总价格,承担向他人提供一项包括交通、逗留(不在运输时间内的逗留)或任何其他相关服务之综合服务项目的一切契约"。杨富斌,王天星. 西方国家旅游法律法规汇编. 北京:社会科学文献出版社,2005:372.

② 许惠佑. 旅行契约之研究. 台湾:台湾政治大学研究所博士论文,1988. 也有人译为"某人依约以其个人名义,按一总价格,承担向他人提供一项组织旅行之契约或提供一项或数项单个之服务,使任何旅行或短期逗留得以完成的一切契约"。杨富斌,王天星. 西方国家旅游法律法规汇编. 北京:社会科学文献出版社,2005:372.

3. 组团社与地接社之间的合同与旅游业务合同的关系

地接社为接待旅游者事宜而与其他旅游服务提供者签订的合同在本文中称之为旅游业务合同。旅游业务合同主要包括旅游交通、住宿、餐饮、景点、娱乐服务采购合同以及旅游购物和旅游保险合同等。旅游者的旅游活动包括了吃、住、行、游、购、娱等多项内容，旅行社只是旅游服务商，而并非这些项目的直接提供商。地接社在与组团社签订接待旅游者的合同后，要按照该合同的约定，与旅游目的地的交通、住宿、餐饮、景点、娱乐等旅游服务提供者签订旅游给付的协议，安排旅游者一切相关旅游事宜，从而实现组团社与地接社之间合同以及旅游合同之目的。因此，旅游业务合同往往又基于组团社与地接社之间的合同产生，是组团社与地接社之间合同目的实现的重要保证。

综上，组团社与地接社之间的合同处于旅游合同和旅游业务合同的中间环节，在旅行社业务中具有重要的地位（如图2所示）。

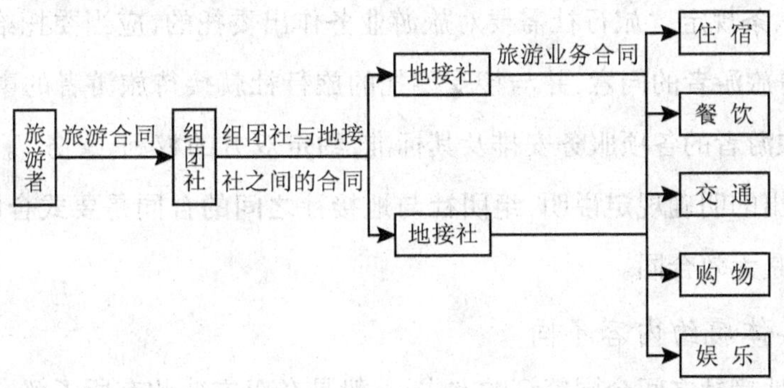

图2　组团社与地接社之间的合同和旅游合同、旅游业务合同的关系图

（二）组团社与地接社之间合同的主要特点

1. 以双方的相互信赖为前提

组团社与地接社之间的合同内容是安排旅游者的旅游活动。人是当今社会最重要、最智慧的个体，当然也就是最难保障和满足的个体，地接社是否有能力使旅游者的旅游活动安全、让其满意，将直接关系着组团社的企业信誉、经济利益甚至生死存亡。另一方面，由于组团社一般不向地接社事先预付接待费用，或者只预付部分费用，这对地接社的接待工作也是一种考验。因此，双方的相互信赖至关重要。组团社在众多旅行社当中选定某一个旅行社作为接待社,也正是基于对地接社接待能力的信任。而地接社能够先接待后收取价金也离不开对组团社的了解和信任。如果没有双方当事人相互间的信任,这种合同关系就不可能建立。即使建立了合作关系,也难以长期地巩固和维系。

2. 是诺成、有偿、双务、要式合同

组团社与地接社之间的合同在当事人意思表示一致时,合同即告成立,不须另以旅游者交给地接社或当事人实际履行作为合同成立要件,是诺成合同。地接社接待组团社组织的旅游者是其获利的主要方式之一,因此,组团社与地接社之间合同也必然是有偿合同。在有偿的前提下,组团社与地接社都要承担相应的义务,组团社有向地接社支付接待费用、告知地接社旅游者相关信息、协助地接社完成接待等义务,而地接社则有向组团社报告事务、亲自处理事务、高度注意等义务。因此,该合同又是双务合同。《旅行社条例》第三十六条规定:"旅行社需要对旅游业务作出委托的,应当委托给具有相应资质的旅行社,征得旅游者的同意,并与接受委托的旅行社就接待旅游者的事宜签订委托合同,确定接待旅游者的各项服务安排及其标准,约定双方的权利、义务"。行政法规对该合同的签订作出的明确规定说明,组团社与地接社之间的合同是要式合同,非旅行社签订的该类合同是无效合同。

3. 每次具体履约内容不同

组团社与地接社之间合同签订的方式,一般是在双方彼此有所了解、比较信任、有意合作的前提下,签订一个在一定时期内可反复适用的合同,在这个时期内双方约定的权利、义务、违约责任、付费方式、争议解决方式等内容是固定的。当一方招徕的旅游者需要到另一方所在区域旅游时,则向对方发出一个旅游者的服务安排、服务标准等标明具体内容的确认单要求其报出接待费用,经过双方反复协商确认后,形成合同最终的具体履约内容。由于每个旅游团(者)的旅游行程、旅游标准等都不尽相同,接待不同的旅游者,就会有不同的履约内容。

4. 合同主体为特定主体,但双方身份不固定

按照《旅行社条例》的规定,我国的组团社与地接社必须是取得"旅行社业务经营许可证"的旅行社或者经备案登记的旅行社分社,旅行社服务网点和办事处、联络处以及非

旅行社都不具备主体资格。组织出境旅游的组团社还应当取得出境旅游经营权,境外的地接社也必须是符合当地有关规定的专业经营者。由此可见,该合同的主体是特定主体。在旅行社经营中,双方各自招徕的旅游者中都存在选择到对方所在地旅游的情形,此时,另一方将作为地接社接待对方组织的旅游者,即当 A 是组团社时,B 是地接社,B 是组团社时,A 是地接社,甲乙方的身份不固定。

5. 基于旅游合同而签订

组团社与地接社之间合同是基于旅游合同而签订的,地接社安排旅游者旅游活动的内容由旅游合同的内容确定,其安排的旅游内容应当与旅游合同中确定的其中一部分内容相一致。当然也不排除有部分组团社擅自更改旅游合同内容,给地接社提供的旅游行程与旅游合同约定的不同。如果旅游者与组团社签订的旅游合同不存在,就不可能有组团社将安排旅游者旅游活动的事宜交由地接社处理,组团社与地接社之间的合同关系也不可能产生。

6. 在接待旅游者过程中,合同不得任意变更和解除

旅游者的旅游活动需要地接社安排时,一般都是赴异地旅游。旅游者在异地人生地不熟,需要得到地接社的照顾和安排。如果允许地接社任意解除组团社与地接社之间的合同,把旅游者弃置他乡,必将给旅游者带来重大的人身、财产损失,甚至可能影响到人身安全。如果地接社任意变更旅游行程和接待标准等,实际就是变更了旅游合同的内容,这不但会给组团社造成损失,更会损害旅游者的合法权益。《旅行社条例》第三十三条第(二)项规定的旅行社及其委派的导游人员和领队人员非因不可抗力不得改变旅游合同安排的行程也成为限制其任意变更合同的法规依据。

(三)组团社与地接社之间合同的法律性质

1. 委托合同说

大部分学者认为组团社与地接社之间的合同属于委托合同。《旅行社条例》第三十六条规定:“旅行社需要对旅游业务作出委托的,应当委托给具有相应资质的旅行社,征得旅游者的同意,并与接受委托的旅行社就接待旅游者的事宜签订委托合同……”组团

社与地接社是一种委托代理的法律关系,并非合作联营的法律关系。[①] 旅游组织者对于各个旅游项目的给付,并不一定亲自履行,通常是委托航空公司、铁路、旅游目的地的旅行社、宾馆、餐厅、旅游汽车公司等提供相应的运送、接待、住宿、餐饮服务。[②]组团旅行社是否委托地接旅行社的主动权在组团旅行社。[③] 导游服务质量标准(GB/T 15971—1995)中对接待旅行社的定义中也采用了委托合同说。我国台湾地区《旅行业管理规则》第三十六条第一款规定,"综合、甲种旅行业经营国人出国观光团体旅游,应慎选国外当地政府登记合格之旅行业,并应取得其承诺书或保证文件,始可委托其接待或导游……"[④]境外也有国家采用了委托代理的说法。日本《标准旅行社条款》第四条"安排代理人"规定,"旅行社在履行组团旅游合同时,有时会让国内或者国外其他旅行社经销商、从事安排职业的人员和其他协助人员代理安排业务。"[⑤]

我国《合同法》第396条规定:"委托合同是委托人和受托人约定,由受托人处理委托人事务的合同。"持委托合同说的学者认为,组团社是旅游合同签订的一方当事人,也是合同的履行人。为了降低履约费用,同时基于旅游目的地旅行社对当地旅游服务提供者的熟悉程度,组团社把本应由自己为旅游者在旅游目的地安排的吃、住、行、游、购、娱等事宜,委托给地接社处理,符合委托合同的要件,合同中组团社是委托人,而地接社则是受托人。但是,如果从组团社与地接社之间合同关系在实践中的情况来分析,会发现该合同与我国《合同法》中委托合同规定的情形不尽相同:

首先,《合同法》第398条规定,"委托人应当预付处理委托事务的费用。受托人为处理委托事务垫付的必要费用,委托人应当偿还该费用及其利息"。实践中,组团社事先预付费用的情形并不普遍,即使预付也是其中的一部分,有的是在一定时期后根据双方互送旅游团队的情况进行相互冲抵接待费用。因此,事后付费较为常见,更有甚者可能一拖就是好几年不支付,更不用说支付利息。

其次,《合同法》第403条规定,"当因委托人的原因对第三人不履行义务,受托人应

① 陈学凯,李杰.大陆居民赴台旅游人身损害相关法律问题研究.http://fzszy.chinacourt.org/public/detail.php?id=168,最后访问日期:2009年05月19日.

② 刘劲柳.旅游合同.北京:法律出版社,2004:12.

③ 黄恢月.旅游合同纠纷实务解析.北京:中国旅游出版社,2004:65.

④ 杨富斌,王天星.西方国家旅游法律法规汇编.北京:社会科学文献出版社,2005:577.

⑤ 殷作恒,译.日本旅游法律法规.北京:社会科学文献出版社,2005:175.

当向第三人披露委托人,第三人因此可以选择受托人或者委托人作为相对人主张其权利,但第三人不得变更选定的相对人;委托人行使受托人对第三人的权利的,第三人可以向委托人主张其对受托人的抗辩。第三人选定委托人作为其相对人的,委托人可以向第三人主张其对受托人的抗辩以及受托人对第三人的抗辩"。实践中,地接社直接根据与旅游景区、住宿等旅游服务提供者之间的合作协议,安排组团社组织的旅游者,并向旅游服务提供者支付相关费用,旅游服务提供者不关心也不会询问地接社是否受托处理相关事务。而且从权利救济的成本出发,如果发生因组团社的原因导致地接社取消预订等违约事宜时,旅游服务提供者也绝不可能向异地的组团社主张权利。反之,如果旅游者对旅游服务提供者的服务不满意,组团社也不会直接向旅游服务提供者提出抗辩,而是督促地接社来解决。从司法实践来看,在地接社与旅游服务提供者因接待旅游者事宜发生纠纷时,也都是把地接社和旅游服务提供商作为双方当事人,而并不是把组团社作为合同订立者。

再次,《合同法》第 404 条规定,"受托人处理委托事务取得的财产,应当转交给委托人"。但在组团社与地接社的合同实践中,这是不可能的。众所周知,地接社主要是利用自身与当地旅游服务提供者之间的长期业务合作关系的优势,来获得比组团社更低的价格赚取差价,或者以收取旅游服务提供商支付的佣金获得利润,而并非组团旅行社明确支付的报酬。尤其目前比较普遍的情况是,地接社通过带旅游者到自费景点游览或购物场所购物,以景点和购物场所的回扣、返佣或折扣获得利益。按照上述规定,这部分利益应当属于"受托人处理委托事务取得的财产",理应返还组团社,但就目前的经营模式看没有可操作性。

最后,《合同法》第 407 条规定:"受托人处理委托事务时因不可归责于自己的事由受到损失的,可以向委托人要求赔偿损失。"按照这一理论,地接社只要尽到作为受托人应尽的必要义务,一切损失皆由组团社承担。实践中,地接社接待旅游者需要的费用由地接社和组团社双方协商确定,其获利的形式是以利润体现的,而并非地接社告诉组团社其接待成本是多少,然后协商报酬是多少。因此,只要地接社受到的损失不是组团社或者旅游者造成的,这部分经营风险和合同风险均由地接社自己承担,在实践中不会要求组团社赔偿。

2. 承揽合同说

我国《合同法》第 251 条规定:“承揽合同是承揽人按照定作人的要求完成工作,交付工作成果,定作人给付报酬的合同。”采纳此说的学者把安排旅游者在旅游目的地的活动作为一项工作,组团社(定作人)将这项工作交由地接社(承揽人)来完成,地接社要按照组团社的指示工作,接受组团社的监督与检查,最终根据地接社接待旅游者的工作情况即交付定作成果后才支付足额报酬,与承揽合同的性质、特点一致,属于承揽合同。

笔者认为,组团社与地接社之间的合同与承揽合同虽然有一定的相似之处,但也存在着较大的差别。《德国民法典》第 631 条第(2)项规定:“承揽契约的标的,得为制作或变更一物件或另一件通过劳动或劳务给付而产生的成果。”承揽合同里的所谓工作,虽然不以有体物为限,但是其有关规定,仍然是以有体物为主。[①] 承揽工作成果的范围仅限于有形物。[②] 根据我国民法界的通行理论,承揽人只有按约定标准完成工作并交付工作成果,即承揽的劳务须物化为有形财产才视为履行了合同。在我国《合同法》分则对承揽合同的规定中,承揽包括加工、定做、修理、复制、测试、检验,定作人提供的是材料,属于法律上的有体物,而非作为旅游者的人。地接社虽然也要给付劳动、处理事务,但这种给付是无体性质,而且给付完成后并不能形成另一物。我国《合同法》第 264 条还规定:“定作人未向承揽人支付报酬或者材料费等价款的,承揽人对完成的工作成果享有留置权。”但显然,如果组团社没有向地接社支付报酬,无论在合理性上还是法律规制上,都不允许地接社通过留置旅游者的方式索回组团社应当给付的报酬。承揽合同中承揽人也可以将其承揽的辅助工作交由第三人完成,并无须告知定作人。组团社将安排旅游的事务交由地接社处理是基于对地接社的信任,地接社不能随意将这些事务交由第三人处理;如果交给第三人处理时必须经组团社和旅游者同意。此外,如果组团社和旅游者对地接社安排的旅游活动不满,一般也不能采取重做的方式重新履行。因此,承揽合同说也存有不足之处。

---

① 许惠佑.旅行契约之研究.台湾:台湾政治大学研究所博士论文,1988.同时参见《合同法》第十五章关于承揽合同的规定。

② 郭洁.承揽合同若干法律问题研究.中国政法大学学报政法论坛,2000(6):45.

3. 分包说

采用分包说的学者认为,旅游合同具有包价性质,相当于总包合同。旅游者将旅游事宜整体交由组团社处理,旅游者相当于发包人,组团社相当于承包人。组团社与地接社之间的合同相当于分包合同,地接社承担了旅游合同中部分义务的履行,是分包人。操作中一般也是地接旅行社按照组团旅行社提供的要求整体报价供组团旅行社选择,如果组团旅行社认为合适才与其确立合同关系,类似于招标、分包。比如,为了提高旅游线路操作和游客出游的质量,省城一家旅行社采用招标方式,对出境游地接社进行招标。①分包合同的法律依据是《合同法》第十六章建设工程合同的第272条。该条规定:"发包人可以与总承包人订立建设工程合同,也可以分别与勘察人、设计人、施工人订立勘察、设计、施工承包合同。……总承包人或者勘察、设计、施工承包人经发包人同意,可以将自己承包的部分工作交由第三人完成。"在法律性质上,建设工程分包合同属"并存的债务转移"。② 在这种情况下,债务人与第三人承担连带责任,也即要求组团社与地接社对旅游者承担连带责任。旅游者与地接社之间并没有直接的合同关系,组团社与地接社承担连带责任没有依据。分包合同分包的是工程,而非其他有形或无形物,旅游者将自己发包出去成为发包人显然不合适。因此,从法理上讲,把组团社与地接社之间的合同与建设工程合同中的分包联系起来有些牵强附会。

4. 本文的观点——混合说

史尚宽先生认为,混合契约,谓非契约之联合,而含有相当于两种以上的典型契约内容之全部或一部之单一契约。③ 也有人认为,混合合同并非一定是典型合同的混合,也可以包含无名合同与典型合同以及无名合同与无名合同的混合。④ 组团社与地接社之间合同的规范对象比较复杂,它前承旅游合同,后接旅游业务合同,与旅游者以及景区、住宿、餐饮、交通、购物、娱乐等旅游服务提供者都有着密不可分的关系,而且合同的履行一般是在异地,可能涉及多国、多地区、多部门法律。正因为这种复杂的特性,才导致了上述种种不同观点的存在。

---

① 乔显佳,温涛,宋小珣. 旅行社招标选地接伙伴. 齐鲁晚报,2007-01-27.

② 李健,张庆云. 建设工程分包合同若干法律问题的分析. 建筑,2001(8):8.

③ 史尚宽. 债法各论. 北京:中国政法大学出版社,2000:958.

④ 林诚二. 民法债编总论讲义(上). 瑞兴图书,1991:14.

从前面的论述以及我国的司法实践来看,单纯的委托说、承揽说、分包说等都不能完全解释组团社与地接社之间合同的根本属性。笔者认为,正是由于组团社与地接社之间合同规范对象的复杂性,其兼具委托、承揽的性质,是“含有相当于两种以上的典型契约内容之全部或一部之单一契约”。采用混合合同,可以把委托和承揽合同中最相类似的理论运用到组团社与地接社之间的合同中,更有利于一些实践问题的解决。另外,在此合同中双方要面对众多的第三人,需协调好各方关系,不能把所有的给付看为简单的堆砌,整体效果才是关键。因此,虽然组团社与地接社之间的合同具有混合性,但也绝不能割裂这种给付的整体性。

二、组团社与地接社之间合同的现状分析

(一)组团社与地接社之间合同在实践中存在的问题

1. 不签订合同或签订的合同不规范

2007 年,北京某旅行社作为组团社,向大连某旅行社输送了 4 批旅游团,每次的具体接待要求和服务标准都通过双方往来的传真确认。前两次,北京旅行社都是以月底结算的方式向大连旅行社具体团队操作人员的银行卡上存入接待费用,双方合作很愉快。第三次接待时,由于大连旅行社的小失误引起了旅游者的投诉,北京旅行社借故拖延付款。紧接着北京旅行社又向大连旅行社送来一批旅游团,大连旅行社考虑到以前的合作还算愉快,所以继续接待了这个旅游团。年底,大连旅行社向北京旅行社提出付款请求时,北京旅行社提出由于地接社的原因引起旅游者投诉,导致了自己利益受损,扣掉团款的 30%。在多次与对方交涉后,大连旅行社由于只有往来传真确认件,而没有违约责任等相关具体内容的约定,即使起诉也未必能够胜诉,住在北京催款费用很高,最后不得不放弃自己的诉求。实际这样的案例在旅行社间普遍存在,屡见不鲜。

在组团社与地接社的合作实践中,基本上不签正规合同,在组团社有旅游者让地接社接待时,把写有接待时间、旅游者人数、旅游天数、接待和服务标准等具体内容的传真件发给对方,地接社确认后再发回组团社,就作为双方履约的主要依据。至于说传真是否经过印章确认、签字人是不是旅行社的员工、付费账户是否为单位账户等都不太在意,更不用说付款期限、履约方式、违约责任、争议解决方式等详细内容的约定

了。由于旅游是一项变动性比较大的活动,组团社与地接社之间的合同内容也随之容易发生变化。此时,合同内容的变更基本上都是口头确认,在发生纠纷时根本没有证据。实践中,甚至有些旅行社故意利用组团社与地接社之间合同不签订或签订不完善的漏洞,通过拒绝付款的方式赚取这种不当利益。2008 年,笔者在大连市旅行社服务质量信誉等级评定时发现,能够与自己合作的所有旅行社完全签订此类合同的旅行社少之又少。

2. 组团社怠于履行合同,拖欠地接社接待费用

海南法制网有一篇《最高拖欠团款达 500 万元 海南地接社不堪欠款之累》的报道,正如海口机场国际旅行社有限公司负责人梁小姐所说:"一边是成都组团社 1 万多元的地接费欠款,一边是接团后不断上涨的垫费支出,继续接团还是停团,我们都不知道怎么办好了。"[①]2009 年 2 月 25 日旅行社管理网报道,2008 年 12 月,太原某旅行社职员与上门讨要欠款的云南办事处工作人员发生口角,被其用菜刀砍死。[②] 组团社拖欠地接社接待费用在旅游业内称之为拖欠团款,即组团社拖延履行或怠于履行向地接社支付旅游者接待费用的义务。拖欠团款多年来一直是旅行社行业的一大顽症,由此形成了一个庞大的三角债链,直接影响着旅行社的发展壮大,也影响着旅行社的行业形象,有的旅行社甚至因被拖欠团款而倒闭。笔者在多年的旅游工作中发现,基本上每一家旅行社都有拖欠或被拖欠团款的现象。在大连市每年的旅游旺季过后,各个旅行社纷纷开始赴各地催收旅游团款。2008 年,北京市第二中级人民法院审理的云南长寿旅行社与北京超越之旅旅行社有限公司委托合同纠纷一案就是源于拖欠团款。该案中云南长寿旅行社与北京超越之旅旅行社有限公司有长期旅游合作关系,2007 年 4 月 27 日,双方通过传真方式签订协议书,约定超越公司接待长寿旅行社组团于 2007 年 5 月 9 日至 19 日赴京旅游的游客。超越公司如约履行了接待义务,长寿旅行社应付款 943395 元。长寿旅行社已付款 815000 元,抵扣相应的佣金 30187 元,余款 98308 元至 2007 年年底未付。超越公司诉至一审法院,要求长寿旅行社支付团款 98308 元、损失 10000 元(包括利息、诉讼、通信费

① 高虹. 最高拖欠团款达 500 海南地接社不堪欠款之累. 海南日报,2005 - 12 - 13.

② 旅行社间连环债恶性循环. 旅行社管理网,http://travel. yidaba. com/experien ces/access/20867267. shtml.

用、名誉损失及其他相应损失),并承担本案一审诉讼费。[①] 此类案件在组团社与地接社的纠纷中占有相当比例。

3. 组团社不支付接待费用或支付的接待费用等于、低于接待成本甚至向地接社收取费用

本文在论述组团社与地接社之间合同的主要特点时,已经说明它们之间的合同是有偿合同。旅行社作为以营利为目的之企业法人,获得利润应当是首要的。按通常的理解,地接社赚取的利润应当是从组团社支付的费用扣除其接待成本后得来的。但在旅行社行业的经营中,组团社不支付费用或低于成本支付费用也屡见不鲜,这就是旅游行业内臭名昭著、屡禁不止、屡治不绝的零负团费问题。零利润、狭义零团费、负团费是零团费的三个发展阶段。[②]零利润是指地接社只收取旅游者在目的地的餐饮、住宿、当地交通、计划景点门票等接待成本费用,但地接社经营利润和地接导游收入需要从游客在目的地的购物和自费活动中获得。狭义零团费是指地接社接待旅游者时,只收取游客在目的地的费用不足成本或不收取任何接待费用,而安排旅游者在旅游目的地的餐饮、住宿、当地交通等发生的正常费用,不得不依靠旅游者在目的地的购物和增加自费项目产生的回扣来弥补地接费用的差额,余下的部分才是地接社的利润及导游人员的收入。[③]负团费是指地接社为了争夺市场,不收取游客在其目的地的正常接待费用,反而要向组团社返还"人头佣金",地接导游必须要向地接社上缴"人头费"。[④] 简言之,组团社与地接社之间就接待费用的支付有三种模式:一是零利润,即组团社支付的接待费用仅仅是地接社的接待成本;二是零团费,即组团社支付的接待费用低于地接社的接待成本或不支付任何接待费用;三是负团费,即不但组团社不支付任何接待费用,反而地接社采取买团的方式向组团社支付费用(如图3所示)。组团社与地接社之间如此畸形的报酬结算模式,不但扭曲了彼此之间的合同关系,而且直接影响了旅游者的旅游质量,迫使地接社不得不采取强迫、欺骗、诱导等方式使旅游者进行二次消费,必然引起旅游者的大量投诉。

---

① 云南长寿旅行社与北京超越之旅旅行社有限公司委托合同纠纷一案. http://www.law-lib.com/cpws/cpws_view.asp?id=200401242175.

② 贾跃千. 零团费现象剖析及治理措施. 社会科学家,2004(6):11.

③ 李志雄. 桂林零团费现象分析与治理研究. 广西师范大学硕士论文,2007.

④ 李志雄. 桂林零团费现象分析与治理研究. 广西师范大学硕士论文,2007.

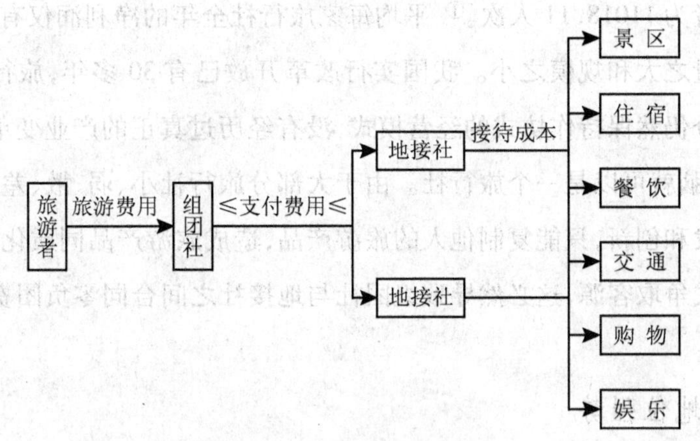

图3　组团社与地接社费用支付关系图

(二)组团社与地接社之间合同存在问题的原因分析

1. 旅行社法律意识淡薄

旅行社法律意识淡薄是组团社与地接社之间不签订合同或签订合同不规范的主要原因。正规的书面合同是合同关系存在和合同履行的依据,是双方发生法律纠纷时的凭证。口头合同因没有文字为据,对履行缺乏约束,发生纠纷时也难以取证,不易分清责任。组团社与地接社不签订合同往往是因双方只图方便,不计后果,存在侥幸心理。甚至有的旅行社在选择合作方时不够谨慎,不注意考察对方的资质和信誉等情况,直接就与对方合作,完全不懂得如何运用法律保护自己的合法权益。有的旅行社虽然也有些许法律意识,通过传真的方式只确认了接待内容和服务标准等,但是对合同最为关键的双方权利义务、争议解决方式、违约责任等却没有约定,相当于没有签订合同。

2. 旅行社小、弱、散、差

根据国家旅游局通报的2008年度全国旅行社业务年检的数据显示,截至2008年年底,全国共有旅行社20691家。其中20110家填报数据有效的旅行社2008年度的营业收入和净利润总额分别为1662.88亿元和8.53亿元,平均每家的营业收入和净利润分别为826.89万元和4241.67元;组织和接待旅游者共计22157.41万人次,平均每家旅行社组织和接待旅游者为11018.11人次。[①] 平均每家旅行社全年的净利润仅有4241.67元,可见旅行社的数量之大和规模之小。我国实行改革开放已有30多年,旅行社业的管理和经营方式大部分仍然保持作坊式的经营模式,没有经历过真正的产业变革,一张桌子、一部电话、一台电脑就可以是一个旅行社。由于大部分旅行社小、弱、散、差,没有能力进行旅游产品的开发和创新,只能复制他人的旅游产品,造成旅游产品同质化严重,只能通过恶性削价的方式争取客源,这必然导致组团社与地接社之间合同零负团费等不规范现象的发生。

3. 组团社地位强势

这是我们经常遇到的情形,譬如说,说好预付25000,结果汇了20000;说好接团时付款,结果全陪没有带钱;说好团走款清,结果余款迟迟不打;定好几号前打款,团队都快送了,也不见汇钱……难道就因为组团社是强势,是地接社的衣食父母,地接社要想吃口饭就得忍受组团社的种种无理的要求、失礼的行为吗?[②] 天涯社区网友丽梅蓉的一席话充分体现了组团社地位的强势性。组团社是与旅游者签订合同的旅行社,掌握着旅游者资源,也充分享有与地接社合作的主动权。组团社在选择接待旅游者的地接社时,基本都与多家地接社协商合作事宜,并不断压价迫使对方接受。地接社为了能够争取到这个可能获取利润的机会,彼此之间往往是通过降价或其他承诺的方式获得接待机会,很难顾及组团社的信誉度如何、是否能付清接待费用、是否能够获得利润等,这也正是为什么有的地接社在没有收到对方付款的情况下,还接二连三继续接待对方组织的旅游者的原因。专门经营地接业务的旅行社在每年旅游旺季来临之前,都要主动派人到组团社所在地进行宣传,宴请组团社负责人,争取获得更多的接待机会。在组团社这种强势地位下,在法律意识淡薄、合同意识欠缺的背景下,拖欠团款和零负团费的出现似乎成了一种必然。

(三)解决组团社与地接社之间合同存在问题的建议

多年来,旅游行政管理部门已经看到了组团社与地接社之间存在的这些问题,也认

---

① 2008年度全国旅行社业务年检情况通报. http://www.cnta.gov.cn/html/2009-8/2009-8-19-14-44-48274.html,最后访问日期2009年8月19日.

② 丽江旅行社强迫导游交纳"人头费". http://www.tianya.cn/publicforum/Content/free/1/1600017.shtml.

识到这些问题的存在严重损害了旅游者的合法权益，扰乱了旅游市场秩序。因此在新修订的《旅行社条例》第三十六条明确规定："旅行社需要对旅游业务作出委托的，应当委托给具有相应资质的旅行社，征得旅游者的同意，并与接受委托的旅行社就接待旅游者的事宜签订委托合同，确定接待旅游者的各项服务安排及其标准，约定双方的权利、义务。"第三十七条规定："旅行社将旅游业务委托给其他旅行社的，应当向接受委托的旅行社支付不低于接待和服务成本的费用；接受委托的旅行社不得接待不支付或者不足额支付接待和服务费用的旅游团队。"这一规定引起了旅行社业界的高度重视。但是由于行政法规只是作出了宏观性的规定，并没有相关具体的示范文本可供借鉴和使用，也没有人对此项合同做过专门研究，旅行社业界一时难以适应。笔者认为，在有了法规依据的情况下，要解决组团社与地接社之间合同存在问题，还需要旅游行政管理部门、旅行社协会以及旅行社的共同努力。

1. 制定并推广使用组团社与地接社之间的合同范本

企业的经济往来，主要是通过合同这一法律形式来实现，企业是否签订合同、是否签订一份好的合同以及是否认真履行合同，对社会经济秩序、国民经济的发展以及企业自身的经济效益有很大影响。在目前我国经济社会的发展阶段，由于企业发展的不规范，政府需要承担更多的公共服务职责，引导和规范企业良性发展，有必要统一制定合同示范文本，尤其是对于那些法律、法规规定必须要签订书面合同的事项。也正基于此，国务院和国家工商总局印发了国办发(1990)13 号文件和(1990)133 号文件，从 1990 年 10 月 1 日起在全国逐步推行合同示范文本制度。政府部门或行业协会掌握着更多的资源，更了解和宏观把握某个行业的基本状况，因此由其制定合同示范文本具有很强的优势。合同示范文本能符合《合同法》及行业法律法规和规章的规定；体现自愿、平等、公平和诚信的合同原则，对双方的权利、义务和责任能够作出合法、合理和明确的约定，充分维护合同双方的合法权益；符合行业实际，减轻企业撰写合同条款的负担，使用便捷，具有可操作性。另一方面，使用合同示范文本也有利于合同仲裁机构和人民法院及时解决合同纠纷，保护当事人的合法权益，保障国家和社会公共利益不受侵害。我国的海南、山东等地已经制定了组团社与地接社之间合同的示范文本。

2. 加强对组团社与地接社之间合同行为的监督管理

如果说组团社与地接社之间合同的签订是规范其合同行为的基础，那么组团社与地接社之间合同的履行则是规范的关键。制定和推行组团社与地接社之间合同示范文本主要规范的是双方之间的民事权利、义务和责任,《旅行社条例》第三十六条和第三十七条的规定则是对双方违反有关合同行为时应当承担的行政责任。旅游行政管理部门执行该规定的关键,是要加强对组团社与地接社之间合同行为的监管。《旅行社条例》第三十六条的立法目的之一就是规范组团社与地接社之间的合同行为。有的旅行社不签订委托合同明确双方权利义务,通过委托逃避其应当承担的责任,导致发生委托行为时无据可查,扰乱了旅游市场的秩序,增加了旅游行政管理部门监督管理的难度。[①]《旅行社条例》第三十七条的立法目的之一就是治理零负团费现象。造成零负团费现象的原因是多方面的,除了部分旅游者消费心理不成熟一味追求低价、商家利诱旅行社带团购物提取高额回扣等因素外,更主要的原因还是旅行社经营行为不规范、业务委托责任不明确。[②] 有了明确的法规依据,旅游行政管理部门理应承担起规范组团社与地接社之间合同行为的责任,加强对组团社与地接社之间合同签订、合同内容和合同履行情况的监督检查,加大行政执法的力度,用行政强制力督促组团社与地接社之间合同的规范。同时,以《反不正当竞争法》和《消费者权益保护法》等为依据,加强与工商行政管理部门的合作,严肃查处零负团费等行为;以《价格法》为依据,加强与物价部门的合作,严肃查处双方的价格违法行为;与新闻媒体合作,发挥媒体的正面引导、反面警示等舆论监督作用;通过发动旅游者、聘请监督员等行动,充分发挥社会各界的监督作用。

3. 充分发挥旅行社协会的行业自律作用

国外的各种行业协会地位颇高,对行业的规范发展具有极其重要的作用。日本《旅行社法》第三章专门对旅行社协会作出了规定,包含 23 条之多。第二十二条第三款规定的其中两项业务:"解决来自旅游者和提供旅游服务的相关人员,对旅行社经销商等所承办的旅游业务的投诉"、"为了确保旅游业务交易的公正性和旅行社及旅行社经销代理业的健康发展,要进行有关的调查、研究和宣传。"[③]近年来,我国行业协会的地位提升越来

① 国务院法制办工交商事法制司,国家旅游局政策法规司.旅行社条例.北京:人民交通出版社,2009:155-156.

② 国务院法制办工交商事法制司,国家旅游局政策法规司.《旅行社条例》释义.北京:人民交通出版社,2009:161.

③ 殷作恒,译.日本旅游法律法规.北京:社会科学文献出版社,2005:97-98.

越快,发挥的作用也越来越大,但是与国外的行业协会还有一定的差距。由于其一般都与政府行政管理部门有一定的关联,无法独立行使职权,很难完全代表行业成员的利益,缺乏话语权,对行业成员的影响力不够大,约束力不强。

旅行社行业协会对旅行社业务活动的规范和自律非常重要,但目前,我国的旅行社行业协会发挥的作用依然不够,有的地区甚至尚未成立单独的旅行社协会。鉴于此,各级旅游行政管理部门首先应当推动具备行使独立职能的旅行社协会的成立,同时借助法规、规章来增强其在行业中的影响力和凝聚力,推动旅行社行业协会威信的树立。旅行社行业协会可以建立本地旅行社的诚信档案,定期向社会公开旅行社奖励、违规、投诉等诚信情况,监督会员的经营活动,对不符合协会章程规范要求的旅行社作出处理;对异地旅行社的信誉状况进行评估,协助协会会员选择异地信誉较好的合作旅行社,与异地旅行社进行商业谈判;要求协会会员使用统一规范的组团社与地接社之间的合同示范文本,严格签订合同并按照合同履行义务。

4. 促进旅行社自身素质的提升

组团社与地接社在接待旅游者中存在的问题早已让旅游者、导游人员和旅游行政管理部门深恶痛绝,旅行社自己也备感苦恼,陷入一个恶性循环的怪圈无法自拔。旅游行政管理部门的监督和旅行社协会的行业自律固然重要,但如果没有旅行社自身的努力,仍然很难达到最佳的规范效果。对于旅行社来说,一定要提高自身的素质,勇于承担企业的社会责任,懂得如何保护自己的合法权益,并切实付诸实际行动。首先要签订规范的组团社与地接社合同,明确约定双方的各项权利、义务、责任等内容;其次要严格按照合同约定的期限、数额支付接待费用,按照合同约定的服务和标准完成接待;最后,对地接社接待旅游者向其支付足额的接待费用,不接待不足额支付接待费用的旅游团队。

三、组团社与地接社之间合同履行的相关问题

组团社与地接社之间的合同履行是一个非常重要的问题,也越来越受到旅行社的重视。尤其是合同签订后,双方都应当履行哪些合同义务,履行过程中合同还可不可以变更和转让、可不可以随时解除,履行完成后怎么评价地接社的履行效果等都是旅行社比较关注的焦点。因此,本章中笔者将结合有关法律法规的规定,对上述有关内容进行探

究,供旅行社业内参考。

(一)组团社与地接社应当履行的合同义务

1. 组团社与地接社的共同义务

提供自己为合法旅行社的身份是组团社与地接社的共同义务,《旅行社条例》第三十六条规定的“旅行社需要对旅游业务作出委托的,应当委托给具有相应资质的旅行社……”是这一义务的法律依据。组团社如果选择的地接社不具有合法资质,还将受到旅游行政管理部门的行政处罚。接待组团社组织的旅游者并为其提供旅游服务是旅行社专属的经营范围,而且在出境和边境旅游方面,只有另行取得相应资质的旅行社才可以经营,《旅行社条例》等对此均有明确的规定。如果不具有开展相应业务条件的单位和个人接待旅游者,将很难保障旅游者旅游安全、旅游服务等方面的利益。同时,这些单位和个人从事非法经营行为也将极大地扰乱旅游市场秩序,对需要经过特许经营的合法旅行社是不公平的。因此,不管是组团社还是地接社都有必要确认对方的合法身份,有义务向对方提供本单位的注册地、法人代表姓名、企业法人营业执照注册号、旅行社业务经营许可证编号等身份资料,以及《企业法人营业执照》、《旅游业务经营许可证》、《旅行社责任险保单》、合作经办人的身份证件等材料。为确保选择的旅行社诚信、信誉的真实性,对其提供的荣誉等信息也可以要求其附以证明材料佐证。

2. 组团社的义务

一是按时、足额支付旅游者接待费用。旅行社是以营利为目的的企业法人,不是从事公益事业的社会组织,在市场经济的条件下,获得利润是其得以生存和发展的必然前提。按照民事合同意思自治的原则,双方虽然可以在合同中进行任意约定,但是这种约定也不得违反国家法律和社会公序良俗。在零负团费的操作模式下,地接社虽然可以通过改变缩减行程、增加购物和自费项目,以从其他旅游服务提供者手中拿取回扣的方式获得利润,但这种方式严重损害了旅游者利益,扰乱了旅游市场秩序,有悖社会公序良俗,所以《旅行社条例》第三十六条才作出了“旅行社应当向接受委托的旅行社支付不低于接待和服务成本的费用、接受委托的旅行社不得接待不支付或者不足额支付接待和服务费用的旅游团队”的规定,以法规的形式予以明确规范。因此,组团社必须通过向地接社支付足额的接待和服务费用来使地接社获得利润。

为了明确双方的权利义务关系，也为了便于旅游行政管理部门的管理，在组团社与地接社合同中，应当明确组团社接待和服务费用的支付数额、支付时间、支付地点和支付方式等内容。组团社支付的接待和服务费用包括旅游者在旅游目的地所要花费的交通费、住宿费、餐饮费、景点门票费、导游服务费等成本费用和地接社应当获得的合理利润。从保守商业秘密和交易习惯方面考虑，不宜将地接社的接待成本和应当获得的利润割裂开分别予以列明，这也是笔者在论述组团社与地接社合同法律性质一节中，阐述的组团社与地接社之间合同与委托合同的区别之一。地接社接待旅游者是要承担一定商业风险的，是否能够获利与其自身和其他旅游服务者之间的商业关系、价格谈判能力、经营能力等有直接关系，并非如同一般的有偿委托，基本可以确保获得报酬。对于接待和服务费用的支付方式，笔者认为，采用事先预付大部分费用、接待完成后支付剩余费用的方式，在合法性和交易实践上看应当是可行的，但事先不预付任何费用或只预付少量费用的方式对地接社不公平，是不可取的。当然对于双方有常年合作关系、彼此已充分信任的旅行社之间采用定期冲抵接待费用的方式除外。这里要特别注意的是，剩余费用支付的条件务必要约定明确，考察其接待效果和标准的依据要清晰、可操作，违约责任清晰明了。组团社不得以任何理由违反合同约定，拖延履行支付接待和服务费用的义务。

二是真实、明确地说明接待的有关标准和旅游者情况。2007 年，深圳某旅行社作为地接社接待银川某组团社组织的 1 名游客在乘坐快艇游览途中，突发心脏病死亡。后游客提起诉讼要求银川某旅行社和深圳某旅行社共同承担赔偿责任。经查，旅游者在与银川某旅行社签订合同时注明了自己患有心脏病，但银川某旅行社没有将此情形告知深圳地接社，导致深圳地接社安排了该名游客乘坐快艇旅游。深圳地接社据此提出抗辩。法院最终采纳了深圳地接社的抗辩理由，以其在履行安全告知中有瑕疵为由，判其只承担少部分赔偿责任，组团社与旅游者共同承担大部分赔偿责任。可见，组团社履行真实、明确的说明和告知义务的重要性。在组团社与地接社之间的合同中，应当将旅游者到达、离开的具体时间以及交通工具、餐饮、住宿、娱乐的标准和游览的景点、购物次数等明确列明。地接社安排的是旅游者的旅游活动，地接社对旅游者个人状况的了解程度将直接影响到地接社的接待和服务水平。为此，组团社也应当将旅游者的身体状况、民族情况、宗教信仰、饮食习惯、个人喜好等可能影响接待效果的信息尽量详尽地告知地接社,以便地接社在安排旅游者活动时能充分考虑各种因素。

三是协助地接社圆满完成对旅游者的接待和服务。旅游者是由组团社招徕、组织的,因此组团社比地接社更加了解旅游者的情况和需求。在旅游行程中,可能发生的情形千变万化,甚至可能发生各种意外事故。另外,旅游者在旅游过程中也可能提出新的需求或者对地接社的接待和服务作出评价和建议,此时,旅游者一般会把此类信息告知组团社委派的全陪人员。组团社在获得这种信息或者在行程中遇到不利因素时,应当积极告知地接社并协助地接社完成对旅游者的接待和服务,以使地接社能够作出正确的判断和及时的处理,从而共同维护组团社、地接社和旅游者的三方利益。

3. 地接社的义务

一是严格按照组团社的指示接待旅游者。在组团社与地接社签订合同中约定的地接社接待和服务标准就是地接社履行接待义务的首要标准,非因法定情形和组团社的另行指示,地接社不得擅自变更这一标准。在旅游者的旅游活动中,因为种种客观原因或旅游者另行提出了要求,组团社可能会随时提出新的指示,地接社应当按照组团社的最新指示重新安排旅游者的旅游活动。此时,如果增加了地接社的接待费用或给地接社造成损失时,组团社应当予以补偿或赔偿。

二是亲自安排各项接待事务。组团社与地接社之间合同的订立是以双方的相互信赖为前提的,因此,原则上地接社应当亲自安排各项接待旅游者的事务。否则,地接社将接待事务交给他人处理,不但有负于组团社的信任,且极易损害旅游者的利益。同时,《旅行社条例》第三十六条规定,"旅行社需要对旅游业务作出委托的,应当委托给具有相应资质的旅行社,征得旅游者的同意……"这一规定说明组团社应当在签订合同时就将地接社情况告知旅游者,并征得旅游者同意。如果地接社将接待旅游者的事务擅自交给他人处理,而没有事先将此告知组团社并经其同意,将使组团社不但要承担民事违约责任的风险,而且还可能受到旅游行政管理部门的行政处罚。

当然,依据旅游行业的交易习惯和地接社对当地周边区域旅行社比较熟悉的优势,组团社也经常允许地接社选任周边区域的其他地接社。例如,西安的组团社组织游客赴青岛、大连旅游,青岛的地接社一般由西安的地接社直接选任,并向其支付青岛、大连两地的全部旅游接待费用，而大连的地接社则由青岛的地接社选任，大连地接社的接待费用由青岛地接社支付。组团社在组织旅游者赴异地某一省区内旅游时，这种选任地接社的方式更为多见。按照地接社应当亲自安排接待事务的原则，即使在这种合作模式下，地接社也应当事先把本社选任的其他地接社告知组团社，并经其同意，再由组团社告知旅游者，否则将导致组团社对旅游者的违约。但在实践中却存在着有悖此原则的行为。地接社往往有这样的顾虑，即担心如果将本社选任的其他地接社告知组团社后，组团社将会抛开本社而直接选择与其他地接社合作，本社将会失掉这部分利润。在《旅行社条例》修订征求意见时，就有旅行社表达了这样的观点。笔者认为，在目前网络信息如此发达的情况下，组团社要选择任何一家地接社都相当容易。组团社之所以没有直接在每一个旅游目的地都选择一个地接社作为合作方，并非组团社没能力选择，而是出于其集中精力搞好自身业务和转嫁风险的考虑。考察一个地接社需要花费较多的时间和精力来完成，如果在每一个重要旅游目的地都选择一个地接社直接合作，从考察成本和交易费用来看也并不适当。另外，按照交易习惯和以往的法院判例来看，地接社选任其他地接社的行为并没有认为是转委托。按照委托合同的理论，经委托人同意转委托的，委托人可以就委托事务直接指示转委托的第三人，受托人仅就第三人的选任及其对第三人的指示承担责任；未经委托人同意的，受托人应当对转委托的第三人的行为承担责任，但在紧急情况下受托人为维护委托人的利益需要转委托的除外。实践中，组团社很清楚哪些旅游目的地是由地接社亲自负责的，而哪些是其交给其他地接社来完成的。唯一不同的就是有的地接社知道其他地接社是谁，而有的不清楚。如果因此而发生纠纷时，都是组团社向地接社追偿，地接社再向其他地接社追偿，而不是其他地接社直接向组团社负责。所以，组团社并不关心这一问题，它所关心的是只要地接社能够圆满完成合同约定的接待服务即可。

三是忠实于组团社的利益。组团社与地接社之间的关系是互惠互利的合同关系，是一损俱损、一荣俱荣的关系。组团社与地接社之间的合同是为了保证旅游合同目的之实现而签订的，是组团社能否实现自身利益的关键。旅游者是消费者，是受到《消费者权益保护法》等法律法规保护的群体，对组团社的服务要求相对比较高。这就要求地接社在本社利益与组团社利益发生冲突时，同时也要忠实地维护组团社的利益，不得利用自己的信息、地理优势与他人串通谋取不正当利益。例如,通过增加购物次数和另行付费景点等行为向其他旅游服务提供者收取折扣、回扣、佣金等,不仅直接损害旅游者的利益,而且间接损害组团社的企业信誉和经济利益。

四是以高度的注意完成对旅游者的接待。地接社对当地的交通、住宿、餐饮、景点、购物、娱乐等设施设备以及旅游环境和风俗习惯等相当了解,并有经常的合作联系。同时,作为以营利为目的经营招徕、组织和接待旅游者业务的旅行社,对接待旅游者事宜应当具备相当的知识经验和工作技能。因此,地接社应当对旅游者的接待过程、接待效果以及对组团社和旅游者的影响给予充分的注意,除了要尽到善良管理人的注意义务、敬业精神、负责态度,谨慎合理地对待旅游者的旅游接待和服务外,还应当以专业经营者的责任心和工作技能尽其所能地完成接待服务。

五是准确、及时地向组团社报告旅游者接待情况。地接社对旅游者的旅游接待和服务状况直接关系着组团社的切身利益,因此组团社有必要及时了解其详细情况,以便随时作出适当的调整和改进。同时,通过及时向组团社报告情况也便于组团社适时加强对地接社接待和服务行为的监督,了解接待事宜的最新进展,更好地维护自身合法利益。在旅游行程中,随时可能发生因特殊原因导致合同变更的情形,旅游者也可能主动提出变更旅游行程内容的请求,此时,除不及时变更行程将可能有损旅游者和组团社利益外,地接社不能擅自变更组团社与地接社之间合同约定的接待和服务标准。因此,地接社在及时向组团社或其委派的全程陪同人员报告有关情况并经对方同意后再作出变更。在发生意外事件时,也应当立即报告组团社,以便双方及时协商共同处理善后事宜。在旅游行程结束后,地接社也有义务将旅游者对其接待服务的评价结果等报告组团社,供组团社对地接社的接待质量和效果进行评价。

六是保守组团社商业秘密和旅游者的个人信息。保守商业秘密是一个企业应当遵守的商业准则,我国《合同法》第四十三条、《反不正当竞争法》第十条、《刑法》第二百一十九条等都予以明确规定。地接社应当对与组团社合作过程中获得的组团社的客户信息、独特线路安排、操作方法等商业秘密予以保密,既不得泄露,也不得公开。双方最好事先明确约定商业秘密的保守时间。没有约定的,应该直至商业秘密已不再是秘密或即使予以公开也对组团社没有商业损害时为止,而并非在双方合作结束后就可以公开。对于旅游者的个人信息等资料的保护,国家旅游局制定的《旅行社条例实施细则》第四十四条有明确规定。该规章规定,“旅行社不得向其他经营者或者个人,泄露旅游者因签订旅游合同提供的个人信息;超过保存期限的旅游者个人信息资料,应当妥善销毁”。可见,旅游者个人信息资料的保护期限是永久的,即使超过保存期限后也不得以任何形式予以泄露或公开。

七是不低于接待成本报价和接待。不低于接待成本报价是法律赋予地接社的强制义务,旅行社必须遵守。《旅行社条例》第三十七条规定,“旅行社将旅游业务委托给其他旅行社的,应当向接受委托的旅行社支付不低于接待和服务成本的费用;接受委托的旅行社不得接待不支付或者不足额支付接待和服务费用的旅游团队”。按照此项规定,组团社应当向地接社支付不低于接待和服务成本的费用,但由于组团社并不掌握地接社的接待和服务成本,所以也无法判断地接社报给组团社的价格是否低于其接待和服务成本。因此,地接社不得以低于接待和服务的成本向组团社报价是执行这一规定首先应当遵守的原则;其次,如果组团社在与地接社签订接待合同时明确地支付价格低于接待和服务成本的,地接社不得接待。

(二)组团社与地接社之间合同内容的变更

组团社与地接社之间合同内容是否可以随意变更,在旅游界存有一定的争议。有人认为,地接社是根据组团社的委托处理事务,因此组团社就委托事宜可以随意变更,地接社应该按照变更后的要求处理事务。也有人认为,地接社接待组团社组织的旅游者是事先确定了接待费用的,双方属于商业合作,如果组团社改变了合同约定的接待行程和标准,也必将使地接社作出一系列改变,这些改变极有可能对地接社的利益影响较大,地接社在没有获得明确补偿的情况下,可以从自己的利益出发予以拒绝。持以上两种不同观点的人也都认为,除在不可抗力及根据保护组团社和旅游者利益的需要,地接社均不得擅自改变合同确定的旅游行程内容。笔者认为,组团社与地接社之间的合同是基于旅游合同签订的,只有将两个合同中有关旅游者旅游行程的内容保持一致才最有利于保护组团社与地接社乃至旅游者的利益。组团社根据旅游者的需要,要求改变旅游行程时,地接社应当作出相应的变更,但此时组团社也应当向地接社支付因此而增加的费用。《旅行社条例》明确规定旅行社不得擅自改变旅游合同的内容,由此可推导出地接社也不得擅自改变旅游行程。

(三)组团社与地接社之间合同权利义务的转让

组团社与地接社之间合同中,地接社的权利义务是否可以转让受到了旅行社经营者的关注。笔者在前文中已经论述到,组团社选择合作的地接社主要是基于对该地接社的信任,地接社应当亲自处理旅游者的接待事务,不应将合同的履行义务让与他人。在实践中如从降低接待成本和提高接待质量的目的出发确有转让必要时,地接社也应当在合同签订之初即将相关情况明确告知组团社,由组团社亲自判断受让人是否符合其要求。另外,《旅行社条例》明确规定旅行社应当将地接社情况事先告知旅游者,地接社未经组团社的同意擅自转让合同的权利义务,组团社极有可能被旅游者投诉,除向旅游者承担民事责任外还会受到旅游行政管理部门的处罚。

(四)组团社与地接社之间合同解除权的限制

按照民法、合同法的一般原则,只要双方当事人协商一致,即可以随时解除合同。为保护旅游者利益,组团社与地接社之间的合同在这一原则的适用上受到了行政法规的明确限制。在旅游过程中,如果旅行社在旅游目的地将旅游者弃置,在旅游者信息不对称、地域不熟悉,甚至语言不通的情况下,旅游者将陷入无助的境地,违背了最起码的公序良俗原则,严重侵害了旅游者的利益。为此,《旅行社条例》规定,旅行社不得拒绝履行旅游合同约定的义务,对地接社来说也就意味着在接待旅游者时不得以任何理由弃置旅游者,解除组团社与地接社之间的合同。各级旅游行政管理部门也将弃置旅游者的行为视作旅行社的一项严重违规行为,加以严肃地查处和整治。当然,旅游者擅自或主动离开的情形除外。

(五)对地接社合同履行状况的评价

组团社对地接社合同履行情况的评价标准是组团社与地接社之间合同的重要内容,但却是最容易被忽略的内容。实践中,组团社一般以旅游者填写的满意度调查表或者口头回访旅游者的结果作为评价地接社履约情况的主要依据。此时存在两个弊端:一是旅游者不认真填写满意度调查表,而有的甚至由导游或地接社自己填写,所以根本无法反映出合同履行的真实情况;二是组团社经常以此为借口克扣地接社的接待费用,甚至有个别旅行社将此作为经营之道。因此,仅以旅游者的主观感受作为地接社合同履行情况的评判标准,对双方来说都不公平。笔者认为,应当根据每次接待情况的不同,形成一套比较规范、严谨的,由软性服务和硬性标准两个方面组成的评价体系,辅以对旅游者的满意度调查,才能更好、更全面地客观反映履约真实情况。

四、组团社与地接社之间合同纠纷的解决

(一)组团社与地接社之间合同纠纷的解决途径

按照我国目前的法律规定和社会实践,民事纠纷的解决途径主要分为四种,即和解、调解、仲裁和诉讼,这四种纠纷解决途径有利有弊,不同的旅行社有不同的选择。组团社与地接社之间合同纠纷发生后,一般是通过协商的方式解决,但由于双方没有明确、有效的书面合同作依据,尤其有的旅行社出尔反尔,和解效果一般。有的旅行社邀请双方均信任的其他旅行社居中就合同争议进行调解处理,但由于调解协议与和解协议一样不具有强制性效力,纠纷的解决同样难尽如人意。另外,对两个旅行社之间的纠纷不可能适用行政调解,旅游行政管理部门对旅行社作出的行政处罚结果只能作为双方纠纷解决的参考依据,而并非是对平等主体旅行社之间的合同纠纷进行的行政调解。目前,旅行社业界还很少采用仲裁的方式解决彼此间的争议,即使部分旅行社意识到使用仲裁的方式,但也存在着仲裁协议约定的是仲裁地点而非仲裁机构、仲裁机构的名称和术语不规范、同时约定两个仲裁机构仲裁、既约定仲裁又选择诉讼等种种问题。诉讼是解决合同争议的有效方式,但在实践中往往由于组团社与地接社事先没有明确约定诉讼地点,旅行社在纠纷发生后考虑到异地诉讼的权利救济成本问题,使得双方都愿选择在本方所在地法院管辖,导致事前的诉讼约定也没有意义。

(二)组团社与地接社之间合同纠纷的诉讼管辖

根据我国民事诉讼法的规定,因合同发生的纠纷可以由双方当事人"协议管辖"。协议管辖不得违反级别管辖与专属管辖的规定,且只能在原告住所地、被告住所地、合同履行地、合同签订地、标的物所在地的法院中进行选择。对于合同签订地的确定,笔者认为,在组团社与地接社之间的合同中,由于双方的具体合同内容多是通过往来传真的方式确定,其合同签订地应当是合同生效地,即一方最后签字盖章确认合同生效的地点,实践中,绝大多数是在组团社所在地。由于我国法律法规及司法解释对该合同的履行地没

有明确的规定,其合同履行地的确定比较复杂。《合同法》第六十二条第(三)项规定,“履行地点不明确,给付货币的,在接受货币一方所在地履行;交付不动产的,在不动产所在地履行;其他标的,在履行义务一方所在地履行。”在组团社与地接社这一合同关系中,组团社是货币给付方,那么接受货币方则是地接社;地接社给付的是接待旅游者完成旅游活动的整体服务,是合同义务的主要履行者。由于旅游是一项人员流动的活动,旅游者要到多个地点参观游览,活动范围较广,如果按照“其他标的在履行义务一方所在地履行”的原则来确定该合同的履行地,则很难明确其具体管辖法院,此时采用“给付货币在接受货币一方所在地履行”的规定,更容易确定管辖法院。组团社与地接社之间合同的标的是劳务,因此该合同不存在标的物,也无法协议由标的物所在地法院管辖。至于选择被告住所地还是原告住所地管辖则各具优势。在实践中,组团社与地接社之间发生的合同纠纷,大部分是由组团社拖欠地接社接待费用引起的;当然也有不少案件是由于地接社的违约行为导致组团社向旅游者赔偿后,再向地接社追偿的情形。不管组团社是原告还是地接社是原告,总体来说,原告选择本方住所地法院进行诉讼的成本相对较小,但申请强制执行时的成本较大。特别是根据《旅行社条例》第十五条和第十六条的规定,只有在旅行社损害旅游者权益时才可划拨旅行社质量保证金予以赔偿,旅行社之间的经济纠纷不得划拨旅行社质量保证金,因此,在实践中也经常可以看到,旅行社虽然胜诉却无法及时获得赔偿的情形。

(三)组团社与地接社之间的合同对关联第三人的民事责任

笔者在第一章中已详细论述,组团社与地接社之间的合同承接着旅游合同和旅游业务合同,与二者有着密切的联系,其履行必将涉及众多第三人,在彼此的纠纷发生时容易影响各个关联第三人的利益。比如,旅游合同中的旅游者和旅游业务合同中的景点、住宿、餐饮、娱乐等其他旅游服务提供者。

1. 对旅游者的民事责任

地接社属于旅游合同的第三人,与此相对应的是,旅游者是组团社与地接社之间合同的第三人。目前,我国对旅游合同的性质一直没有定论,地接社作为旅游合同的第三人,究竟应当承担什么样的责任也没有具体结论。但从司法审判实践看,基本认定地接社并不直接对旅游者承担违约责任。同样,由于组团社与地接社之间合同的性质也有一定的争议,所以旅游者作为该合同的第三人,应该享有哪些权利、承担哪些义务和责任也并不明确。笔者认为,组团社与地接社之间的合同是地接社与组团社就接待旅游者行为所达成的协议,除法律、法规的强制规定外,不管其性质如何,地接社只要按照合同的约定履行即可。

我国传统民法理论将民事责任分为违约责任和侵权责任。违约责任,是合同当事人因违反合同约定的义务而应承担的法律后果。[①] 我国《合同法》第107条规定:"当事人一方不履行合同义务或者履行合同义务不符合约定的,应当承担……违约责任。"合同相对性是指合同主要在特定的当事人之间发生法律约束力,只有合同当事人一方能基于合同向对方提出请求或提起诉讼,而不能向与其无合同关系的第三人提出合同上的请求,也不能擅自为第三人设定合同上的义务,合同债权也主要受合同法的保护。[②] 根据合同相对性原则,地接社在接待旅游者过程中导致的旅游者损害,如果地接社没有侵权行为,旅游者可直接以组团社违约为由向组团社提出赔偿请求,组团社在赔偿旅游者损失后可以地接社违约为由向其追偿。由于地接社与旅游者之间不存在合同上的法律关系,地接社无须直接向旅游者承担违约责任。《旅行社条例》第三十七条的规定基本体现了这一原则。该条第二款规定,"接受委托的旅行社违约,造成旅游者合法权益受到损害的,作出委托的旅行社应当承担相应的赔偿责任。作出委托的旅行社赔偿后,可以向接受委托的旅行社追偿"。但立法者对该款的立法目的则另有解释:组团社与地接社之间的合同属于委托合同,地接社(受托方)造成旅游者权益受损的责任归属于组团社(委托方),而有偿的委托合同又要求受托方应当对自身的过错行为向委托人承担赔偿责任,但是否赔偿则由组团社来选择,比如在不可抗力、地接社对违约无过错、地接社无偿受托等情形下。[③] 该条第三款另外规定,"接受委托的旅行社故意或者重大过失造成旅游者合法权益损害的,应当承担连带责任"。这主要是考虑到接受委托的旅行社对危害行为的发生具有较大的过错程度,因此作出更严格的规定。[④] 那么,本款所称连带责任是连带违约责任还是

① 王小能. 中华人民共和国合同法中的违约责任制度. 河南省政法管理干部学院学报,1999(3):10.

② 穆昌亮. 合同相对性原则刍议. 贵州大学学报(社会科学版),2003(5):21.

③ 国务院法制办工交商事法制司,国家旅游局政策法规司.《旅行社条例》释义. 北京:人民交通出版社,2009:164-165.

④ 国务院法制办工交商事法制司,国家旅游局政策法规司. 旅行社条例. 北京:人民交通出版社,2009:165.

侵权责任呢？立法者没有明确说明。笔者认为，如果是连带违约责任，本款规定就有悖于合同相对性原则。如果地接社的故意或重大过失行为与组团社有共同过错，那么本款规定的连带责任应当是侵权责任的连带。但如果不是共同过错呢？笔者在地接社的义务中曾论述到，地接社应当履行忠于组团社的利益并以高度的注意完成对旅游者接待的义务。在实践中，地接社如果明知故犯地违反与组团社之间的约定带旅游者频繁进购物店和自费景点，是对旅游者利益的极大侵犯。此时如果仍然由组团社先行赔偿，既不利于对组团社利益的保护，也不利于对地接社恶意侵权行为的遏制。因此，我们可以这样理解，在地接社的行为与组团社没有共同过错的情形下，旅游者利益的损害也是与组团社对地接社行为的监督不当有一定关系，是对旅游者的共同侵权，双方承担的是侵权连带责任。不过此处的连带责任应当属于不真正连带责任[①]，组团社在向旅游者赔偿后，可以向地接社追偿。

当然，如果因地接社的原因侵害了旅游者的人身、财产权利时，根据旅游者与组团社之间的旅游合同关系，组团社同时构成了对旅游者的违约，此时发生违约责任与侵权责任的竞合。违约责任与侵权责任竞合，是指债务人的违法行为，既符合违约要件，又符合侵权要件，导致违约责任与侵权责任一并产生，形成请求权的竞合。[②] 在组团社的违约责任与地接社的侵权责任竞合的情况下，旅游者既可以提起对组团社的违约之诉，也可以提起对地接社的侵权之诉。但是，按照我国目前民法对违约责任的规定来看，如提起违约之诉，精神损害赔偿的请求将无法得到支持。《最高人民法院关于审理旅游纠纷适用法律若干问题的规定》(法释〔2010〕13 号)规定，“签订旅游合同的旅游经营者将其部分旅游业务委托旅游目的地的旅游经营者，因受托方未尽旅游合同义务，旅游者在旅游过程中受到损害，要求作出委托的旅游经营者承担赔偿责任的，人民法院应予支持。”

当组团社与地接社之间合同的另一方第三人即旅游服务提供者对地接社的违约行为导致旅游者权利受损的，笔者认为也属于地接社对组团社的违约，组团社在赔偿旅游

① 史尚宽先生认为，不真正连带责任是指数个责任人在客观上基于不同的发生原因，对于受害人承担标的相同的数人责任，每个自然人都负有全部履行的义务，并因任一责任人的履行而使全部责任均归于消灭的责任。

② 李国光. 中国合同法条文释解. 北京：新华出版社，1999：265.

者后,可以向地接社追偿,地接社再向旅游服务提供者追偿。如果旅游服务提供者侵权行为导致旅游者权利受损的,也同样发生了违约责任与侵权责任的竞合,旅游服务提供者对旅游者承担侵权赔偿责任,组团社对旅游者承担违约责任。组团社在对旅游者承担违约责任后,可以向地接社追偿,地接社再向旅游服务提供者追偿。实践中也可能发生地接社与旅游服务提供者共同侵害旅游者权益的事件,构成侵权责任与违约责任的竞合,此时地接社与旅游服务提供者承担连带侵权责任,组团社承担违约责任。如果按照《旅行社条例》第三十七条第三款规定的基本原理,在旅游服务提供者故意或重大过失侵害旅游者权益的案件中,也可以要求组团社、地接社和旅游服务提供者承担连带责任(如图4 所示)。

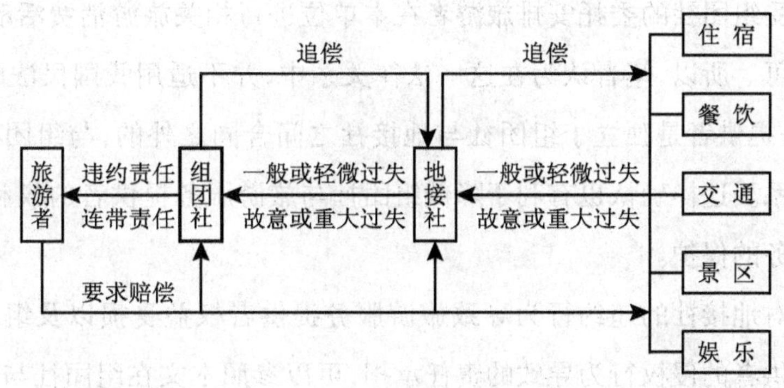

图4　组团社、地接社及其他旅游服务提供者与旅游者的民事责任关系图

那么,因组团社、地接社以及旅游服务提供者以外的其他人造成旅游者权益受损,比如旅游者在地接社接待的过程中遭受抢劫、殴打等不法侵害时,组团社、地接社以及旅游服务提供者是否也应当承担一定责任呢?笔者认为,如果地接社以及和履行组团社与地接社之间合同相关的旅游服务提供者在为旅游者提供旅游服务过程中尽到了安全保障义务的,因其他第三人的原因导致旅游者人身损害的,组团社与地接社均不承担责任,否则承担相应责任。

2. 对旅游服务提供者的民事责任

地接社依据组团社与地接社之间合同的约定与交通、住宿、餐饮、景点、娱乐等旅游服务提供者共同完成旅游者的旅游行程。因此,旅游服务提供者是地接社能够顺利完成旅游者接待任务的最关键合作者,是实现组团社与地接社之间合同目的的保证,其在组团社与地接社之间合同中占据相当重要的地位。在这一法律关系中,如果地接社明确是以组团社代理人的名义与旅游服务提供者签订合同,那么组团社与地接社之间的合同即成为委托代理合同,该合同在组团社与旅游服务提供者之间产生法律效力。如果地接社并没有明确自己是组团社的代理人,旅游服务提供者也不清楚地接社与组团社之间是何种法律关系的,是否即可认定是“间接代理”,组团社与旅游服务提供者存在合同关系呢?从笔者在组团社与地接社合同法律性质一节中的论述可以看出,在组团社与地接社之间合同履行的实践中,地接社只需将旅游景区、住宿等旅游服务提供者事先告知组团社,它们之间的协议如何、具体费用多少不被组团社关心。同时,旅游服务提供者也不会考虑地接社是不是受组团社的委托安排旅游者在本单位进行相关旅游消费活动,只要费用由地接社支付即可。所以,笔者认为在这一法律关系中,并不适用我国民法的“间接代理”原则,旅游服务提供者是独立于组团社与地接社之间合同之外的,与组团社并没有直接的合同法律关系。这样确认也有利于降低组团社与旅游服务提供者的权利救济成本,利于双方权利义务的保护。

组团社因对地接社的违约行为导致旅游服务提供者权益受损以及组团社或旅游者对旅游服务提供者的侵权行为导致的责任承担,可以参照本文在组团社与地接社对旅游者责任承担一节的论述来确定。

(四)组团社与地接社之间合同的签订者为非旅行社时的法律责任

按照《旅行社条例》的规定,只有取得《旅行社业务经营许可证》的旅行社或者经备案登记的旅行社分社才可以在我国从事旅游者的招徕、组织和接待业务。《旅行社条例》第三十六条规定的“旅行社需要对旅游业务作出委托的,应当委托给具有相应资质的旅行社……”也说明组团社与地接社必须是经特许成立的旅行社。那么,如果组团社将旅游者交由非旅行社接待或者非旅行社将旅游者交由地接社接待时签订的合同是否受法律保护呢?按照《合同法》第52条第(五)项的规定,“违反法律、行政法规的强制性规定的合同为无效合同”。组团社与地接社之间合同的一方当事人为非旅行社时,因其违反了行政法规《旅行社条例》的规定而使该合同自始无效。无效合同的违法性,决定了法律不仅要使这些行为无效并使当事人负返还财产、赔偿损失的民事责任,而且当事人订立无效合同侵犯了为法律所保护的社会秩序和社会公共利益，因此应使当事人承担其他法律责任。[①] 由此可见，不管是组团社还是地接社均应事先认真确认对方的合法身份，任何一方与非旅行社签订此类合同，如没有法定免责事由，不但其民事责任不受法律保护，而且还要受到行政处罚。但是，双方不因合同的无效而免除其对旅游者和旅游服务提供者应当承担的民事责任。

（五）组团社与地接社之间合同纠纷诉讼当事人的确定

按照本文"四、（三）"中的论述及以往案例的启示，笔者认为，因地接社对组团社的一般违约行为导致旅游者合法权益受到损害，旅游者向法院提起对组团社的合同之诉，组团社请求将地接社追加为第三人或地接社请求为无独立请求权第三人的身份参加诉讼的，人民法院应予支持，这样一案解决以避免组团社另行起诉地接社的诉累。因地接社故意或重大过失的违约造成旅游者合法权益损害的，旅游者仅起诉组团社的，组团社为被告，组团社请求将地接社追加为共同被告的，人民法院应予以支持；旅游者仅起诉地接社的，同理；旅游者既起诉组团社又起诉地接社的，二者为共同被告。因地接社的侵权行为导致旅游者权益损害，旅游者向法院提起对组团社的合同之诉，组团社请求将地接社追加为第三人或地接社请求为无独立请求权第三人参加诉讼的，人民法院应予支持；旅游者仅起诉地接社的，地接社为被告。因旅游服务提供者的违约行为导致地接社对组团社违约的，同理。因旅游服务提供者的侵权行为导致旅游者权益损害的，旅游者既可以起诉组团社，又可以起诉旅游服务提供者，地接社可以作为无独立请求权的第三人参加诉讼。因组团社或旅游者的违约或侵权行为导致地接社或旅游服务提供者合法权益受损的，同理。

旅行社分社也可以成为组团社与地接社之间合同的一方当事人。按照《旅行社条例实施细则》的规定，旅行社分社不具有法人资格，其经营活动的责任和后果由设立的旅行社承担。因此，组团社与地接社之间合同纠纷的一方当事人是旅行社分社时，设立旅行社分社的旅行社是诉讼当事人，有原告、被告资格，旅行社分社不具备诉讼资格。由于旅行社服务网点只可以招徕旅游者，而不可以从事旅游者的组织和接待业务，因此旅行社

① 王利明，房绍坤，王轶. 合同法. 北京：中国人民大学出版社，2007：183.

服务网点不能单独以组团社或地接社的身份与其他旅行社合作,其所有的经营行为都由设立服务网点的旅行社承担法律责任,旅行社服务网点不具备诉讼资格。

结束语

我国目前对《合同法》的研究有一种现象:研究合同总则的多,研究合同分则的少;研究有名合同的多,研究无名合同的少;研究事关重大问题的多,研究琐碎问题的少。随着改革开放30年来旅游事业突飞猛进的发展和人们旅游愿望的不断增强,旅游纠纷也越来越多。与此相反的是,现在不但没有旅游法的调整,而且研究旅游法律问题的学者也少之又少。目前,尚没有人专门研究过组团社与地接社之间合同的法律问题,以至于笔者收集材料都相当困难。本文通过与国外相关法律规定和我国《合同法》委托合同、承揽合同等进行比较,研究了组团社与地接社之间合同的法律性质;通过联系组团社与地接社之间合同的实际案例对其现状进行分析研究,梳理出问题的原因及诸因素之间的联系,提出解决方法;通过我国的有关法律规定,对组团社与地接社之间合同的履行和纠纷的解决进行了探究。总之,通过笔者浅显的法律学识和从事旅游工作的实践经验,期望对这一不太被旅游界和法律学界关注的无名合同提供理论上和实践上的支持,同时也期待此后能有更多专业人士对此进行研究。

调研报告

旅行社“承包挂靠”问题研究[①]

——北京市旅游企业非常态经营的内在逻辑与法律规制

孟凡哲　王姝[②]

序　言

回顾改革开放三十年中国的旅游业发展进程，伴随着从计划经济到市场经济的转轨，旅游企业的经营模式也几经变迁，其中，一个颇具中国特色的经营方式就是旅行社行业普遍存在的承包与挂靠经营。不可否认，原有意义上的承包经营最初在转换国有企业经营机制、推进旅游行业市场化进程、促进旅游业的发展与繁荣方面曾起到积极的作用。但时至今日，以出借、出租营业许可为本质特征的承包挂靠经营在中国旅游业进入新的历史阶段时，却成为我国旅游业进一步健康发展的障碍。

就北京市来讲，近年来，旅游业对 DGP 的贡献率逐步增加，整个行业正在经历从量变到质变的转变过程。根据 2009 年《国务院关于加快发展旅游业的意见》和 2008 年《北京市人民政府关于全面推进北京市旅游产业发展的意见》，在“十二五”期间，北京市努力将旅游业培育成首都经济的重要支柱产业和人民群众更加满意的现代服务业，建设国际一流的旅游城市。而实现这一宏伟目标，良好的市场秩序是不可或缺的必要条件，也就是说在北京市旅游产业实现跨越式发展的进程中，不仅要“托”还要“拉”，“托”就是促进，通过多种方式，促进旅游业向前发展；“拉”就是整治，采取各种措施，最大程度地遏制违法违规行为。近年来，北京市旅游市场上的旅行社承包挂靠经营虽然是过街老鼠，人人

① 本文是孟凡哲主持的北京市旅游管理委员会 2011 年研究项目最终成果。

② 作者简介：孟凡哲，北京第二外国语学院法政学院副院长、教授。王姝，北京市通州区人民检察院控申处主诉检察官。

喊打,但是这种行为却大有“野火烧不尽,春风吹又生”的态势,它造成了旅游市场管理秩序的混乱,不仅损害了旅游消费者的利益,也成为首都旅游业持续健康发展的绊脚石,必须采取措施着力加以解决,否则一个健康、完善、科学、有序的首都旅游产业发展环境的获得就是缘木求鱼。

本报告拟从北京市旅行社承包、挂靠经营的现实状态入手,分析我市旅行社承包挂靠的成因,对其合理性与不合理性进行评述,并试图对旅行社承包挂靠整治问题提出若干建议。

一、北京市旅行社承包挂靠的现实状态

在2011年8月25日北京市旅游产业发展大会上,刘淇书记的讲话和丁向阳副市长的工作报告已经明确了“十二五”时期北京市旅游业发展的“一、十、百、千、亿”任务。作为祖国的首都,北京市旅游业的发展可以说是全国旅游业发展状况的风向标,这也决定了北京市对旅游产业发展的定位和要求较其他城市要更高一筹。据统计,2011年二季度末全国旅行社总数为23315家,其中北京市为1047家,占4.49%,但由于以国、中、青为主体的诸多全国性旅游集团的总部都设在北京,各集团下设的分社、门市部和其他服务网点众多,因此,北京市的旅游企业组织形态问题更具有代表性。在北京市旅游产业发展大会上,国家旅游局邵琪伟局长指出:“质量、秩序是旅游业科学发展的题中应有之义”,旅游业发展的质量和秩序在很大程度上取决于旅游市场各个环节的质量和秩序,这其中就包括对作为市场组织体系重要元素的旅行社的质量和秩序的基本要求,而不规范的承包和挂靠就是损害这种质量和秩序的毒瘤。

(一)承包挂靠经营现状

2009年,我国新修订的《旅行社条例》第11条和第47条对旅行社服务网点的设置以及转让、出租、出借旅行社业务经营许可证行为也就是我们通常说的承包挂靠做了明确的规定。但是,在实践中,这一规定在很大程度上被规避。通过我们的调查了解到,北京市大多数旅行社的服务网点都在形式上履行了较为完备的登记手续,但是如果刨根问底地去深入了解旅行社与网点的关系,很多就是承包挂靠关系。对于稍有点名气的较大的旅行社来说,承包和挂靠已经是公开的秘密。

1. 具体类型

通过我们的调查和收集的有关资料,目前北京市旅行社的承包形式有多种,但大致可以分为两种类型,可以称之为内部承包与外部承包。所谓内部承包,就是在企业内部建立目标责任制,旅行社和承包人之间存在实质上的劳动合同关系,只不过在分配形式上将分配与收入挂钩,形成激励机制,这种情况其实本不属于本报告要关注的承包挂靠范畴;而所谓外部承包,就是承包挂靠经营者通过向旅行社支付所谓的管理费,借用旅行社的名义进行经营,对外以旅行社的名义开展业务并独享业务收益,但其与旅行社之间不存在实质的劳动合同关系,它们之间往往有承包挂靠经营者自己承担其营业行为造成的责任的“君子协定”,实际上承包挂靠经营者的经营行为已完全脱离于旅行社的管理之外。由于承包挂靠为现行法律所禁止的,因此,北京市的许多承包挂靠经营者为了给自己披上合法的外衣,通常会经旅行社同意采用一些名正言顺的名称,如分社、门市部、经营部等,从而造成在北京的旅游市场上,旅行社的分支机构或业务机构鱼龙混杂,很多部门的确是旅行社控制的真实的业务机构,很多则是承包挂靠机构,这给甄别和管理带来很大的麻烦。按照 2009 年北京市旅游局《关于贯彻实施〈旅行社条例〉和〈旅行社条例实施细则〉有关事项的通知》,北京市旅行社在本市设立的服务网点的名称统一称为“门市部”,这样各大旅行社的“门市部”就容易成为承包挂靠经营的主要寄居场所。

2. “显规则”与“潜规则”的并存

(1)承包挂靠方式

目前,在北京的旅游市场上,旅行社承包挂靠经营主要有以下几种方式:

——以旅行社的服务网点即门市部形式进行挂靠经营,旅行社为服务网点办理相应的登记手续,取得非法人的营业执照,但是双方的权利义务泾渭分明。目前,在北京市的旅游市场上,旅行社一般向承包挂靠经营者每年收取 1 万 ~5 万元的“管理费”,同时每年还要缴纳大致同等数额的抵押金。挂靠网点税收自负、盈亏自负。承包挂靠经营者与正规旅行社签有正式“挂靠”协议或合同。这是看上去最“名正言顺”的一种挂靠形式。

——承包旅行社现有的登记的服务网点,以该网点的名义进行经营,但是实际经营者非登记经营者,同样是承包挂靠经营者业务自理,盈亏自负。如以北京某假期旅游有限公司名义经营的分部,就是专门从事业务批发的挂靠机构。这家分部并非从事招徕和咨询服务,而是主要依靠朋友介绍业务,他们又作为中介,将客人移交给有经营资格的其他旅行社,并从中收取一定的费用。①

——租赁旅行社现有服务网点房屋进行挂靠经营,如租赁现有网点的一间办公室或使用其电话的一个分机,与网点进行平行经营,双方在具体业务上互不相干。例如,北京市某自称"紫丁香之旅"的旅行社,只持有一张注册地在门头沟区的北京某假日旅游服务有限公司的营业执照复印件,便以该公司的名义开展海外组团旅游及代办出国签证等业务,并在组团中存在伪造公文证件的犯罪行为。②

——虚构网点,以经登记的旅行社的门市部名义进行经营。例如,北京市程锦旅行社是一家已被吊销营业资格的旅行社,通过挂靠协议现加入经正式登记的北京明都腾达旅行社进行所谓的"连锁经营",并以"明都腾达旅行社西城门市部"的名义开展业务,但在"明都腾达旅行社西城门市部"发放的广告中,同时还宣传着自己的前身程锦旅行社。在该"门市部"组织的八达岭长城、十三陵路线的北京"一日游"中,全程出现了虚假宣传景点、无合同、多次购物消费等违规情况。③ 程锦旅行社与明都腾达旅行社之间的关系,就是后者默许前者以自己并不存在的分支机构的名义挂靠经营。

——不依托网点,而是采用打游击的方式,通过事先的约定由旅行社按照一定的比例或固定的数额向对方收取所谓的"业务费",旅行社默许对方以自己的名义开展业务,并为对方开具相应的发票。如北京某国际旅行社注册地在朝阳区,其"分部""大洋假日"设在东城区的一栋写字楼内,"分部"没有营业执照,但以"大洋假日"名义对外发布广告并直接承揽组团业务,他们每年向挂靠单位上交一定的管理费,所用票据由该国际旅行社提供。④

---

① 罗伟,张岩. 旅行社"挂靠"经营引发的问题. 工商行政管理,2001(8):28.

② 同上。

③ 北京非法一日游挂靠正规军? 旅游部门调查,http://cn. china. cn/article/d543052, bc6d96, d2098_18250. html.

④ 罗伟,张岩. 旅行社"挂靠"经营引发的问题. 工商行政管理,2001(8):28.

(2)法律规避方式

按照我们通常的标准,旅行社的服务应该做到“人员、财务、宣传和线路”的“四统一”,但是这种显规则对承包挂靠经营者来说并不难做到,他们往往通过相应的“潜规则”来规避这些显规则。其具体方式如下:

从人员上来讲,旅行社可以与承包挂靠经营者签订没有实际履行的聘任合同,也就是说在它们之间存在一个阴阳合同,虽然在明示的合同中郑重其事地约定双方的权利和义务,但是其实在私下里双方另行约定承包挂靠的权利和义务,劳动合同的主要意义即是用来应付有关政府行业主管部门的检查。

从财务上来讲,旅行社在很大程度上扮演着为承包挂靠经营者“洗钱”的角色。一般来说,承包挂靠经营者的所有业务往来都由旅行社代为出具正式发票,并由承包挂靠经营者自己承担开展业务的企业所得税。也就是说,无论哪种挂靠,它们在不公开的挂靠协议中大都包含代开发票内容的条款,这也是旅游者误认为承包挂靠经营者就是旅行社的内设机构的主要原因。

从宣传上来讲,承包挂靠经营者可以经旅行社同意以旅行社名义租赁经营场所,或者由旅行社租赁经营场所交由承包挂靠经营者使用,无论哪种情况,都是由承包挂靠经营者来缴纳租金。在这样被“正名”的场所内,承包挂靠经营者即可以旅行社的名义从事招徕、接待活动。

从线路上来讲,各大旅行社都会定期推出不同类型的旅游产品,每个旅游产品的服务都有相对固定的服务内容和服务标准。通过承包挂靠,承包挂靠经营者往往也混在其中推出自己的产品,只不过为了赚回挂靠的成本和获取更多的利益,其服务内容和质量几乎都要大打折扣。

(3)行为本质特征

旅行社承包挂靠从本质上讲属于欺诈性交易行为。旅行社和承包挂靠经营者之所以对承包挂靠经营情有独钟,关键就在于它们可以通过转嫁经营成本快速获利。从商法的角度来讲,旅行社允许他人承包挂靠的行为属于出借商业名称,是通过出借名称换取商业利益的行为。商业名称属于知识产权的范畴,具有人身权和财产权的双重属性,本来也是可以转让的。但是,按照各国商法的普遍要求,转让后,原来的名称所有人就不得再使用这一名称。而中国目前的情况是,旅行社将名称交由他人使用后,自己仍继续使用这一名称,这种行为就不再属于转让,而属于出借。商业名称权的专属性和排他性决定了它不能被出借,由于名称出借这一事实并未向旅游者披露,因此,出借名称就构成了民事欺诈行为。同时,由于承包挂靠存在对工商行政管理机关和税务机关的不实登记,也构成了对监管部门的欺诈。在这样的阴阳合同并存的经营模式下,商业名称使用人既不承担维护旅游服务信誉的义务,又不直接承担违约或侵权责任的风险,游离于各类法律责任之外,这样,它们实施违法经营如偷税漏税、恶意侵害旅游者利益等行为就不再有太多的顾忌。

(二)历史根源

1. 历史由来及其法律调整

在新中国的历史上,旅行社的“身份”曾几经变化,可以说,我国旅游管理体制的建立和演进,是一种较为典型的诱导式制度变迁过程,并以需求主导型变迁为主。

在计划经济时代,最早的总部设在北京的国旅和中旅两大社均为国有企业,也不存在所谓的承包挂靠问题。1978 年,国旅总社开始作为事业单位实行企业化管理,从而开启了全国旅游业微观主体市场化的改革历程。1983 年 3 月,新改组成立不久的国家旅游局根据党的十二大精神,在向国务院常务会议的汇报中,提出旅游行业要在三个方面进行改革,其中第二项就是要推行各种经济责任制,调动企业和广大职工的积极性。1984 年 9 月,国务院批准国旅总社由事业单位改为企业单位。1985 年 1 月,国务院批转了国家旅游局《关于当前旅游体制改革几个问题的报告》,提出建立以国营旅游企业为主导的多种经济形式、多渠道、少环节的旅游经营体制。1985 年 5 月,国务院颁布了《旅行社管理暂行条例》,在对《条例》的解答中明确,旅行社必须是实行独立核算、自负盈亏的企业,目前尚属于事业性质的,应当在解答下达后的 6 个月内改为企业。在这一时期,改革的主要目标是旅行社要政企分开。

1987 年 3 月,在全国旅游局长会议后,各省、自治区、直辖市的旅游管理体制改革工作有了新的进展。江苏、陕西等省、市的旅游局率先对所属旅游企业实行了承包经营责任制试点。北京市也成立了一大批旅游集团公司。1988 年 6 月,国家旅游局颁布的《旅行社管理暂行条例施行办法》第十一条首次提出了旅行社设立分支机构问题,规定:"中央一级部门开办的第一类旅行社因业务需要在地方设立分支机构,应当首先征得当地旅游行政管理部门同意,并由省、自治区、直辖市旅游局报国家旅游局审查批准后方能设立。"1988 年 10 月,国家旅游局提出了加强旅游工作的十点意见,第三点就是全面深化改革,实行承包经营责任制。到了 1992 年,党的十四大提出建立社会主义市场经济体制的目标,在市场经济的条件下,北京市乃至全国的旅游企业都进行了全面的重新洗牌。

1996 年 10 月,国务院颁布了《旅行社管理条例》,对旅行社的企业性质和法人资格并没有做出硬性要求。《条例》第十五条规定旅行社每年接待旅游者 10 万人次以上的,可以设立不具有法人资格的分社。旅行社同其设立的分社应当实行统一管理、统一财务、统一招徕、统一接待。同年 11 月,国家旅游局颁布了《旅行社管理条例实施细则》,《细则》第二十七条规定:旅行社根据业务经营和发展的需要,可以设立非法人分社和门市部(包括营业部)等分支机构。第三十一条要求,旅行社与其设立的门市部应当实行以下四个统一:统一人事管理制度;统一财务管理制度;统一组团活动和导游安排;统一旅游路线和产品。且门市部的经营范围不得超出其设立社的经营范围。2001 年 12 月,在加入 WTO 的前夕,国务院对 1996 年的《旅行社管理条例》进行了修订,同年 12 月,国家旅游局颁布《旅行社管理条例实施细则》,其中的第六十条第一次明确了对承包挂靠行为的处罚措施,明确对"以承包、挂靠或变相承包、挂靠等方式转让部分经营权的,可由旅游行政管理部门责令限期改正;有违法所得的,没收其违法所得;逾期不改的,处以 15 天至 30 天停业整顿,可以并处人民币 5 千元以上 2 万元以下的罚款;情节严重的,由旅游行政管理部门吊销其许可证"。

2009 年 2 月,国务院颁布了新的《旅行社条例》,《条例》第十一条规定,旅行社服务网点应当接受旅行社的统一管理,不得从事招徕、咨询以外的活动。同时,将承包挂靠行为表述为"转让、出租、出借旅行社业务经营许可证"。对此类行为,可由"旅游行政管理部门责令停业整顿 1 个月至 3 个月,并没收违法所得;情节严重的,吊销旅行社业务经营许可证。受让或者租借旅行社业务经营许可证的,由旅游行政管理部门或者工商行政管理部门责令停止非法经营,没收违法所得,并处 10 万元以上 50 万元以下的罚款"。同年 4 月,国家旅游局颁布了《旅行社条例实施细则》,对相关责任作了进一步的明确,《细则》

第十八条规定:旅行社分社及旅行社服务网点,不具有法人资格,以设立分社、服务网点的旅行社的名义从事《条例》规定的经营活动,其经营活动的责任和后果,由设立社承担。第二十五条规定,“设立社应当与分社、服务网点的员工,订立劳动合同。设立社应当加强对分社和服务网点的管理,对分社实行统一的人事、财务、招徕、接待制度规范,对服务网点实行统一管理、统一财务、统一招徕和统一咨询服务规范”。第二十七条规定,“旅行社业务经营许可证不得转让、出租或者出借。旅行社的下列行为属于转让、出租或者出借旅行社业务经营许可证的行为:(1)除招徕旅游者和符合实施细则第三十四条第一款规定的接待旅游者的情形外,准许或者默许其他企业、团体或者个人,以自己的名义从事旅行社业务经营活动的;(2)准许其他企业、团体或者个人,以部门或者个人承包、挂靠的形式经营旅行社业务的”。

通过上面的回顾我们可以看出,北京市乃至全国的旅行社都经历了从国企改制探索新的经营模式到市场化经营再到市场经济条件下全面竞争的历程。在这个过程中,北京市的改革一直走在改革的前列,但是时至今日,由于北京市旅游市场潜力的巨大和较高的市场回报率诱惑,使得北京市的市场竞争也更为激烈,同时旅游企业的不规范经营如承包挂靠等问题也更为严重。

2. 市场环境变迁下的调控需求

有作者认为,我国“旅行社承包大约可分为三个阶段:一是初期,20 世纪 80 年代末至 90 年代初,刚起步,摸着石头过河,较规范,与目标责任制相似;二是中期,即发展期,在 90 年代中期,尝到甜头后迅速扩展,旅行社也放松了警惕和管理,出问题多在这段时期。这段时期的承包特点主要表现在卖牌子和挂靠;三是晚期,即整顿期,在 90 年代末至本世纪初,问题发生后都在解决、整顿、调整和反思,重点是在加强监管和防止风险,使其趋于完善。”①这个过程描述是有道理的,只不过该作者还没有认识到,其实在现今阶段承包挂靠行为仍然十分严重。

在计划经济的条件下,由于北京市的旅行社都属于事业单位或国有企业,经营形式单一,不存在承包挂靠问题;在计划经济到市场经济的转变的过程中,为了转换企业的经营机制,北京市的旅行社开始试点承包责任制,也就是我们前面讲到的内部承包,但是这

① 张江魁.再谈:“旅行社承包”.http://blog.sina.com.cn/s/blog_4fb7305501000c6a.html.

种承包在承包人和发包人之间建立了明示的权利义务分配契约,而且双方当事人之间存在真实的劳动合同关系,因此,我们仅称其为承包,而非现在所讲的承包挂靠;在市场经济的条件下,北京市旅游市场的不规范承包即承包挂靠开始大量涌现,这一方面由于市场准入的限制,北京市的旅游市场此前已形成相对固定的市场份额格局,中小从业者难以在市场上另行寻找到自己的合适位置,这样背靠大树好乘凉;另一方面由于市场竞争的激烈,即便大中型旅游企业也面临着较为严峻的生存问题,它们需要开拓更多的市场资源,而中小从业者又能够借一臂之力。在双方均有所需求的情况下,这种承包挂靠式的经营模式就应运而生了。旅行社和承包挂靠经营者这种寄居蟹式的市场组合模式产生的基本诱因,就是双方出于最大限度地降低市场交易成本方面的考虑:首先,它们将这部分本应该由自己来承担的成本转嫁给了交易的相对人即旅游者来承担以获取利润;其次,由于此类行为造成市场秩序的混乱,增加了监管的难度,产生了大量的监管成本,这部分成本将由政府最终是由整个社会来承担的。因此,从社会成本的角度来看,承包挂靠行为在本质上是一种资源掠夺和转嫁成本,这种经营行为非但没有促进社会财富总量的增加,而且由于当事人双方通过默示契约将交易成本转嫁到其他利益相关者身上,并且还产生了大量的额外成本,是一种危害社会的行为,这也是我们为什么要反对承包挂靠行为的经济解释。

在现今的条件下,旅游业在北京市还承载着更多的职能。北京是祖国的首都,旅行社是宣传首都的文明与文化的一支重要力量,来自世界各地的游客带来的信息流、资金流和物资流,可以极大地拉动整个城市的经济发展以及文化的传播与繁荣。如果北京的旅游市场被众多私人承包的挂靠"游击队"占据了半壁江山,它们靠粗放的小作坊式的营销方式进行市场运作,这不仅与北京创建世界城市、国际一流旅游城市的目标难以匹配,而且由于从业人员素质的参差不齐,注定会造成组团和接待质量难以与国际接轨,从而极大地影响首都乃至中国的形象。所以说,在当下的历史时期,我们更应该认真对待这一问题。

二、旅行社承包挂靠经营的外因分析

旅行社搞承包挂靠之所以挥之不去,具有很深厚的外因,从北京市的情况来看,与全

国其他省市有很多相似之处,但也有一些自己的特点。通过分析,我们认为主要包括以下几个方面:

(一)历史做法的延续及泛滥

改革开放初期,我国旅游企业的市场化改革就是从企业的转制开始的。到1992年以后,全国旅游市场逐步放开,很多旅行社如雨后春笋般地竞相成立。而在京的各大型旅游企业都是由各大部委投资注册成立,在政企不分的情况下,虽然政府机关掌握着大量资金资源,但是很多领导干部并不懂得旅行社的经营之道,就将旅行社交由他人承包经营,并通过经营目标责任制来进行控制。同时,旅游行业投资少、技术性不强的大众化产业特点也决定了承包经营更容易较快收到经济效益。这样,北京市的很多大中型旅行社在成立之初就存在所有权和经营权的实质上的分离,旅行社被较早地注入了承包制经营的基因。这种旅游企业市场运作模式形成了惯性,乃至直到今天一提到旅行社的经营模式,人们就很自然地就想到了承包挂靠的方式,这在其他行业是不多见的。

(二)逐利动机对市场主体强烈驱动

在市场经济的条件下,相对自由的市场是搞活经济的基本要求,但是市场主体对利益的狂热追逐使得它们往往突破规则,并千方百计通过潜规则来规避显规则,这是任何一个市场经济国家无法从根本上避免的问题。与其他地区相比,北京市的旅游执法环境比全国其他地区要好,旅游行政主管部门能够严格执法,对各类违法行为严厉打击,但是由于首都旅游市场的广大空间和巨大潜力,决定了人们对这块硕大的蛋糕趋之若鹜。同时,虽然《旅行社条例》放宽了旅行社的设立条件,但是北京市旅行社注册审批仍较为严格,而且全国大型旅游集团和一些知名的旅行社都是设在北京,很多人看好北京这块市场,而注册一家新的旅行社从经营成本、品牌培育等方面都存在诸多问题,这样很多人就另辟蹊径地想到找一家旅行社来挂靠经营,这使得北京市的旅行社承包挂靠现象较其他省市更为突出。据北京市旅游执法大队的初步统计,北京市几乎90%以上的旅行社都存在承包挂靠现象,这一数字是很惊人的。

(三)中国企业经营文化的固有缺陷

虽然改革开放三十多年来,我们已经逐步建立了社会主义市场经济法律体系,但是却没有相应地形成市场经济的法治文化。目前,投机经营已成为很多经营者的普遍心态。从历史上看,传统中国一直是个重农抑商的社会,没有建立起过法治意义上的工商社会。这样,无论是企业和个人在经营视野上普遍短视,把商业经营活动看成是赚钱养家的基本手段,而不是当成一项事业来做。在这种心态下,大的旅行社不特别顾忌也不吝惜牺牲自己的名声,挂靠经营者则对打一枪换一个地方的做法也并不觉得别扭。两类群体在心态的融合上很大程度促成了承包挂靠行为的大量发生。从北京市的旅游市场来看,这种心态也比较普遍,一些大型的旅游集团虽然进行了股份制改造,初步建立起现代企业制度,但并没有衍生出与其相适应的现代企业制度的企业文化,也没有建立起职业经理人队伍。对许多旅行社的领导层来说,在心理上仍然秉承的是过去作坊式的、走街串巷式的经营理念。如果这样的想法不被摒弃,不形成真正意义上的现代旅游企业管理制度,那么类似承包挂靠的乱象经营就很难根治。

(四)激烈市场竞争和高昂运营成本

当下,在北京市的旅游市场上,对于任何一家旅行社来说,几乎都面临严重的竞争压力。旅行社设立服务网点,作为一项便民措施,可以广泛收集信息,扩大市场份额,对旅行社的长远发展本来是有利的。但由于服务网点只有设在虽未必繁华但一定要交通便利的地区,才能获得更多的客源信息,对旅行社来说,不布点就难以争取客源,布点过多或布点不合理,就产生很高的成本,尤其是近年来北京市房价虚高,造成很多旅行社的服务网点经营得并不好,以至于入不敷出,如果网点不直接参与组团、接团等实质性经营活动,就很难生存下去。因此,旅行社干脆将这些网点承包出去,反倒能坐收固定的利润。

(五)旅游行业准入门槛过低

如果旅游行业是技术性很强的行业,那么承包挂靠就变得没那么容易,因为即便挂靠了,也没有能力从事相应的专业工作,就没有人会做出这样的选择。而就中国旅游市场的现状来看,这一行业仍属于对从业者资质要求较为低端的行业,随便某个人都可以召集几个人去做,从而使得很多人对这一行当情有独钟。这在其他行业领域是不太可能发生的,如我国的律师行业,从业者需要通过难度极大的司法考试才能取得职业资格,因此律师行业基本不存在挂靠的问题,因为即使挂靠了也做不了业务。当然,也有些没有执业资格的人在检、法机关附近开设法律服务所等机构,但是也难以成气候;又如医疗行业，执业医师也需要严格的考核程序才能取得，就难以出现所谓的承包挂靠经营。当然，如果行业准入门槛过高，也容易使中小从业者望而却步而选择挂靠。如在建筑行业，承包挂靠的现象比较严重，在很大程度上就是因为成立一个有一定资质的建筑公司需要很高的注册成本。从某种程度上可以说，旅游业的行业特点也决定了它容易成为承包挂靠经营的重灾区。

(六)旅游者的不当消费心理

由于旅游产品的特殊性，并不是一手交钱一手交货的买卖形态，使得旅游者在消费产品之前，并不能直观感受产品的具体情况，那么产品最初对他们最有吸引力的地方就是价格了。在这种心理的驱动下，对于同样的线路他们首先会选择价格更为便宜的旅行社。旅游者的这种盲从低价的心理，也在很大程度上促成了大型旅行社的名气和承包挂靠经营者的便宜价格在市场上的寻租和组合，从而使它们各取所需、各尽其能，通过承包挂靠获得客源，并在下一步的经营中伺机获利。在北京市的旅游市场上，这种现象更为严重，因为多如牛毛的旅行社总是竞相杀价。如在今年暑期，有“旅行社”打出长城、十三陵“一日游”80元的广告，一些外地游客不知情往往上当受骗。这种盲目的心态为承包挂靠等非法行为提供了机会。

三、北京市旅行社承包挂靠经营的内在逻辑

(一)各主体的市场博弈

可以说，在北京市的旅游市场上，政府监管部门、旅行社和承包挂靠经营者三者一直在玩着猫和老鼠的游戏。监管部门三令五申，但是这种行为仍旧屡禁不止；旅行社甘冒法律风险，对此仍乐此不疲；承包挂靠经营者更是狡兔三窟，欲罢不能，这使得承包挂靠问题成为北京市乃至全国旅游市场管理的老大难问题。在这一格局中，我们可以进一步分析政府行政主管部门、旅行社、承包挂靠经营者的不同价值取向及目标，从而寻找问题的症结所在。

1. 政府——自由与管制之间的选择

在市场经济条件下，旅游行政主管部门承担着促进旅游业发展和维护旅游市场秩序的双重职能。健康的旅游市场应该是开放、有序的市场，一方面要使适格的主体能够进

入市场竞争促进市场繁荣;另一方面,又必须保证促使市场主体能够合法经营,并及时将不适格的主体清除出去。这样,对于政府主管部门来说通常的治理模式是,根据市场运行状况,界定违法行为,并对严重干扰市场秩序的违法行为坚决打压,这其中就包括对承包挂靠行为的打击。这种治理方式的效果如何,天津财经大学的梁智教授曾运用博弈论方法对此进行了专门的理论探讨,其研究表明:政府为实施监管所付出的成本与旅行社及其挂靠合作伙伴实施挂靠活动的最优概率正相关。当政府部门实施市场监管的成本增加时,旅行社及其挂靠合作伙伴进行挂靠经营违法活动的概率必然会上升。所以,政府部门要加强对旅行社挂靠经营违法行为的监管力度,必须设法采取更加科学和更加经济的手段,降低监管的成本,以达到遏制挂靠经营现象的目的。另外,上级部门对失职的旅游管理部门的惩罚力度,也是制约挂靠经营违法活动一条有效途径。挂靠经营监管的博弈模型显示,政府部门因在监管挂靠经营方面失职而受到上级惩罚所付出的代价与旅行社及其挂靠合作伙伴的挂靠经营最优概率负相关。目前,我国已经颁布和实施的旅游法律法规,主要针对旅行社企业的违法违规行为做出了相应的处罚规定。但是,这些法律法规并没有对政府相关部门在旅游市场监管活动中的失职行为做出较为明确和严厉的处罚规定。因此,当政府的相关部门对挂靠经营活动的监管出现缺位或监管乏力时,其上级部门不能依法进行惩罚。这大概也是导致目前我国一些地方政府部门对旅行社挂靠经营活动监管不力,甚至采取地方保护主义的态度,以纵容和包庇,造成当地旅行社行业挂靠经营的违法活动愈演愈烈的重要原因之一。[①] 可见,在治理承包挂靠问题上,政府行政主管部门在自身上还是大有文章可做的。

2. 旅行社——名誉与利益间的选择

可以说,北京市各级旅游行政主管部门对整治承包挂靠行为非常重视,以前已经开展过多次的承包挂靠整治行动,但是旅行社和挂靠经营者都没有就此罢手。究其原因,一方面是因为,“当旅行社及其合作伙伴预期到他们因挂靠经营所蒙受的损失大大超过其进行挂靠经营的收益时,可能会对挂靠经营产生一种得不偿失的判断,从而减少甚至放弃进行挂靠经营的企图。”[②]而现有的情况说明,它们认为承包挂靠带来的收益远远大

① 梁智. 我国旅行社业挂靠经营现象的市场监管博弈分析. 旅游科学,2006(4):31.

② 同上.

于风险,否则它们就有可能放弃这种做法,因为没有人会因为手指生疮而砍掉整个胳膊。如果直接执法的政府主管部门有在监管上不到位的地方,承包挂靠的市场风险就会更低。如果市场治理是有效的,当旅行社及其合作伙伴减少或放弃挂靠经营的企图时,政府部门就无须像挂靠经营活动猖獗时那样进行繁重的市场监管工作,从而使监管的成本和概率随之下降。[①] 从法理学的角度来看,任何一个社会真正能够制止违法的,从来都不是对惩罚的畏惧,而是使守法者养成守法的习惯,并从守法中获得效益。因此,对承包挂靠最好的治理状态是使旅行社自愿放弃从事承包挂靠的企图。这决定了一定的引导和激励机制建立的必要性。

3. 承包挂靠经营者——规则和利益间的选择

承包挂靠行为的违法性毋庸置疑,但是由于承包挂靠经营者的隐蔽性,决定了在实践中责任分担的不合理性。从民法的角度看,由于承包挂靠经营者是以旅行社的法定代理人的身份出现的,这决定了对第三人的法律责任是由旅行社来承担的,承包挂靠经营者自己的责任往往被忽略。同时,由于旅游行政主管部门的主要规制对象也是旅行社,这样,在行政处罚上,对于承包挂靠经营者往往有些无可奈何,使得承包挂靠经营者虽是违法经营行为最大的获利者,但是却往往被游离在法律责任之外,这也是他们无所顾忌、特别青睐采用这种经营方式的内因所在。

从北京市的法院的判例来看,遇有因承包挂靠而被追述责任的情形,基本的做法是依据2010年最高人民法院(法释〔2010〕13号)《关于审理旅游纠纷案件适用法律若干问题的规定》第十六条的规定:“旅游经营者准许他人挂靠其名下从事旅游业务,造成旅游者人身损害、财产损失,旅游者请求旅游经营者与挂靠人承担连带责任的,人民法院应予支持。”判令旅行社和承包挂靠经营者对第三人承担违约或侵权的民事责任。但是,司法的被动型决定了法院很少主动追究旅行社和承包挂靠经营者的其他类型。所以,要最大限度地遏制这种行为,就不能使承包挂靠经营者过于逍遥法外,而需要加重承包挂靠经营者的责任,尤其是在使其承担行政责任或刑事责任上做文章。

具体来说,从行政法的角度来看,承包挂靠是行政违法行为;从民商法角度来看,承包挂靠经营者和旅行社存在对旅游者的共同欺诈,属于违约和民事侵权行为。还有一点

① 梁智.我国旅行社业挂靠经营现象的市场监管博弈分析.旅游科学,2006(4):31.

经常被我们忽略的就是，承包挂靠经营者没有相应的营业资质而开展旅行社业务，情节严重的，从刑法的角度来看，可能会涉嫌非法经营罪。近年来，北京市检察机关已经起诉多起因出租食杂店而从事烟草买卖，涉嫌非法经营的犯罪，实际上旅行社搞承包挂靠较上述行为情节更为严重。多种责任的并用在一定程度上会起到积极的效果。

（二）承包挂靠经营的合法性与合理性再判断

常言道，存在就是合理的。对于北京市的旅行社承包挂靠问题，经过近20年的治理而不绝，说明它有其合理性。我们需要认识到这种合理在什么地方，并从合理与合法中做出我们的理性选择。从历史上的有关法律法规来看，我国从来就没有认可过旅行社承包挂靠行为的合法性，并且一直采取整治打击的态度。

1. 通过法律的综合治理

（1）国家及北京市整治规范梳理

近年来，虽然国家和北京市对承包挂靠的整治非常重视，曾采取多种措施进行治理。（具体见下表）

国家旅游局和北京市旅游委（局）关于清理旅行社承包挂靠的主要文件的措施：

年份	名称	颁布单位	主要内容	处理措施
1993年7月	《关于贯彻中央6号文件促进旅游业健康发展的意见》	国家旅游局	严禁以承包名义搞个体经营旅行社业务。	对违法经营，不顾旅游服务质量，扰乱正常旅游市场秩序的旅游企业进行清理整顿，停止其经营旅游业务。
1995年11月	旅办发〔1995〕101号《关于进一步加强旅游市场管理的通知》	国家旅游局、公安部、国家工商行政管理局	重点打击无证、无照经营和超范围经营，包括“……旅行社搞私人承包或部门挂靠”。	在全国开展旅游市场专项治理活动。

续表

年份	名称	颁布单位	主要内容	处理措施
2002 年 4 月	《北京市整顿和规范旅游市场秩序工作方案》	北京市旅游局	查处旅行社以承包或变相承包、挂靠等方式非法转让经营权。	旅游企业履行《诚信公约》,开展旅行社资质等级评定,建立和完善旅行社和旅行社经理信用档案制度、违规违纪公告制度,形成低质旅行社退出市场机制。对全市导游人员执业过程实行计分制和 IC 卡管理,建立导游人员执业信用档案制度和除名公示制度。
2005 年 4 月	〔2005〕69 号《关于旅行社加强门市部管理的通知》	北京市旅游局	旅行社门市部定义及法律责任、设立、人员管理、财务管理、经营范围等事项的界定。旅行社设立门市部应当制定健全的管理规章和业务操作程序,严格规范门市部的经营行为。	对旅行社门市部在经营活动中的违规行为,将依据有关旅游法规、规章中的相关规定,对其设立社给予行政处罚。
2005 年 7 月	《北京市整顿和规范出境旅游市场秩序工作方案》	北京市旅游局	规范门市部的经营行为,查处旅行社非法转让经营权或部分经营权的行为。	出境游组团社在工商部门办理门市部登记手续之日起 30 个工作日内,向北京市旅游局备案;应与门市部工作人员签订劳动合同并建立门市部人员档案管理制度;门市部不得设立独立账户,不得自行设计、出售旅游产品,不得自行制定旅游价格,不得自行发布业务广告,不得以门市部名义与旅游者签订合同;出境游组团社应与门市部实现联网,通过联网实现对门市部的有效监控。2005 年 12 月 31 日前未实现联网的出境游组团社,将暂缓通过旅行社年检并建议国家旅游局不给予参加全国双百强旅行社排名的资格。

续表

年份	名称	颁布单位	主要内容	处理措施
2009年6月	《关于加强旅游服务质量和市场秩序监督管理工作的意见》	国家旅游局	查处旅行社超范围经营和非法转让业务经营权。	加强监督管理，规范旅游市场秩序不是一次运动式的专项整治活动，而是依法履行职责、制度化、经常化、长期性的工作任务，对"承包挂靠"等进行治理规范是近期的重点内容。
2010年11月	旅发〔2010〕89号《关于促进旅行社业持续健康发展的意见》	国家旅游局	规范旅行社业务机构和分支机构管理，杜绝出租、转让、出借旅行社业务经营许可证行为。旅行社应当进行服务网点的设立、备案、监管和业务经营机构的清理规范，确保服务网点和各类业务机构依法规范服务，摒弃部门挂靠承包等行为。	各级旅游行政管理部门及其质监执法机构要积极开展引导规范，对旅行社准许其他企业、团体或者个人以部门或者个人承包、挂靠的形式经营旅行社业务等转让、出租、出借、受让、租借许可证等行为，应坚决依法查处。
2011年2月	旅监管发〔2011〕27号《2011年全国旅游监管工作要点》	国家旅游局	继续治理旅行社"挂靠承包"。	——
2011年2月	旅监管发〔2011〕30号《关于加强监督管理规范旅游市场秩序的工作意见》	国家旅游局	2011年，通过对各地区、各重点城市和重点领域、重点环节开展专项治理，使"挂靠承包"等行为得到有效遏制。	引导旅游企业规范经营，对旅行社准许或者默许他人以自己的名义从事旅行社业务经营活动，以部门或者个人承包、挂靠的形式经营旅行社业务等转让、出租、出借、受让、租借许可证等行为，依法查处。加强诚信建设，将违法违规企业和人员信息记入诚信档案，并可以建立黑名单，将不良业者淘汰清理出旅游行业。加大对不符合条件、达不到标准旅游经营单位和服务者的淘汰力度，形成科学、合理的旅游行业准入退出动态运行机制。

续表

年份	名称	颁布单位	主要内容	处理措施
2011年4月	旅监管发〔2011〕55号《规范旅游市场秩序十大重点任务督察工作安排》	国家旅游局	对全面治理旅行社承包挂靠经营进行督察。积极督促引导旅行社规范内部管理、依法扩展网络和经营规模等工作情况。	常规督察、重点督察和集中督察。各级旅游行政管理部门和旅游质监执法机构按照《旅行社条例》及其实施细则查处旅行社承包挂靠经营违法行为的工作情况。
2011年7月	京旅发〔2011〕52号《关于开展旅游市场重点环节自查自纠工作的通知》	北京市旅游发展委员会	北京地区各旅行社从2011年7月下旬至8月底开展自查自纠工作。内容涉及劳动合同,"四统一"的落实,分社、服务网点登记文件,是否存在准许其他企业、团体或者个人,以部门或者个人承包、挂靠的形式经营旅行社业务的行为。	从7月下旬至年底,北京市旅游委会同市工商、劳动、物价部门开展以对挂靠承包等违法违规行为为重点的执法检查工作,并将对违法违规旅行社及导游人员予以上限处罚。
2011年8月	旅监管发〔2011〕186号《关于做好当前旅游监管工作的通知》	国家旅游局	按照本年度此前颁布的文件精神,结合实际,突出抓好挂靠承包治理。	严格执行国家旅游局关于转办、督办的工作要求。

(2)采取的主要治理措施

从国家旅游局的角度,主要是通过下发各种文件,强调问题的重要性,并敦促地方各级旅游行政主管部门予以落实,从1993年到2011年,国家旅游局多次下发各类《意见》和《通知》,每次都将承包挂靠作为重点整治的问题之一。

从北京市旅游委(局)的角度,除了贯彻执行国家旅游局的文件精神外,也出台了一系列更具有可操作性的《通知》和《方案》,具体措施涉及旅行社和旅行社经理信用档案制度、违规违纪公告制度、导游人员执业过程实行计分制和IC卡管理、旅行社门市部的专门管理制度,如劳动合同、账户、业务联网、旅行社承包挂靠行为的自查自纠等。

从北京市各区县的角度，一般是贯彻落实国家旅游局和北京市旅游委(局)的各种文件精神。从我们掌握的资料来看，各区县都没有单独出台过整治承包挂靠经营行为的具体文件和措施。

(3)治理效果评述及原因分析

北京市旅游市场秩序现实运行状况表明，旅行社承包挂靠问题目前仍是尚未得到有效解决的棘手问题。一方面，政府行政主管部门花费了很大的精力来整治这一问题，采取了诸如专项治理、建立诚信档案和黑名单、自查自纠等多种方式；另一方面，旅行社和承包挂靠经营者依然我行我素。我们认为，其原因主要有以下几点：

——执法对象的抗药性

从1993年国家旅游局开始发文整治承包挂靠以来到现在已近20年，虽然有很多不法经营者受到处罚，但是由于打击或宣传的力度不够，社会影响不大，难以对其他试图以身试法或正在以身试法者形成大的心理冲击。这样，长此以往，对于旅行社和承包挂靠经营者来说，几乎已形成较强的抗药性。从法理学的角度来看，法律效力来源于法律的实效，其中守法者的法律心理至关重要。现在，如果再循环采用过去的整治方式，他们不过认为是又一次唬人的狼来了而已。

——执法力度的有限性

从几次整治的力度来看，政府主管部门的决心很大，国家旅游局一直强调要严厉打击此类行为，但是在措施上仍旧显得不够明确，缺乏可操作性的具体措施。北京市旅游委(局)的措施虽然更具有可操作性，但是由于过去的旅游局行政权限的有限性使得执法力度还不够强。我们曾走访区县的旅游局，他们普遍反映平时工作任务就很繁重，疲于应付各方面交办的工作，难以专门考虑对承包挂靠问题的专门整治。但是，从整个社会的角度来看，社会公众更希望看到更多的不法从业者得到严肃处理的报道；更多的不法从业者得到处理，能够对更多的旅游经营者产生示范效应，使其不再敢越雷池以身试法。

——执法过程的阶段性

我们认为，运动式执法在我国当下的行政管理活动中还有一定的市场。回顾过去的做法，我们发现每次对承包挂靠的打击都是以相关主管部门的文件为开始的，但是还难完全做到善始善终，没有形成常态治理的基本路径。

如在国家旅游局公布的2010年引起关注影响较大的10件旅游案例中,提到内蒙古的旅行社涉嫌挂靠承包经营一案。该案中,内蒙古两家旅行社涉嫌挂靠承包违法问题,承包一个部门缴纳1万元保证金,承包费为每年1.5万元,承包人对外宣称是该旅行社的某一部门,各个承包部门业务独立,旅行社不过问,导致内蒙古旅游市场出现秩序和质量问题。内蒙古自治区旅游局认定其中一家旅行社挂靠承包事实成立后,依据《旅行社条例》第四十七条的规定,对其处以停业整顿一个月的行政处罚;并成立领导小组,于6月10日至10月30日在全区开展"旅行社挂靠承包专项整治",先后召开会议60余次,检查旅行社612家,处罚旅社53家,其中,通报批评9家,停业整顿3家,罚款4家(数额4.4万元),注销旅行社31家。但是,我们很怀疑在10月30日以后,对挂靠承包的整治是否还能一如既往,我们更担心很多不法业者在风头过去之后,又重抄旧业。如此循环往复,健康有序的市场就很难最终形成。

这一案例还说明一定的问题,就是停业整顿一个月的处罚也显得过轻,其示范效应就注定是很有限的。

如前面曾提到的,以往的每次执法都强调的是行政管理相对人的责任,却从未涉及执法者的责任。也就是说,即便上级文件下发了,但是能否得到落实还是未知数。执法者怠于履行执法义务在很大程度上会造成违法者的肆无忌惮,因此,必须强调各级执法者的执法责任。就北京市来讲,可以充分发挥其他各级、各类组织的积极性,因为北京市是直辖市,市领导对旅游业的健康发展高度重视,所辖地域没有其他省区那么广泛,而且旅行社的主要业务集中在几个主要城区,这样可以抓住重点进行整治。有关的统计资料表明,北京市旅行社门市部的发展格局具有城区不均衡性。从绝对数量上来看,门市部数量城区排名前四位的是:朝阳区、海淀区、东城区、西城区,占北京市旅行社门市部总数的77%。[①] 这样,北京市大可把整治的重点放在这几个城区,并且由主要城区的旅游行政主管部门配合,强化其执法力度,并以点带面,以求全面收到实效。

2. 承包挂靠经营的"合理性"再认识

通过上面的分析,我们可以确定旅行社挂靠承包系违法行为无疑,但是这种行为大量存在,也必然有其合理性。这种经营方式的主要优势在于:

① 北京市旅行社门市部2006年度调查报告,http://www.bisu.edu.cn/Item/17627.aspx.

(1)降低成本——双方各取所需

如果旅行社与承包挂靠经营者签订劳动合同,就需要为其购买"三险一金",同时还要涉及其他福利待遇,以及员工培训和管理等方面的开支,同时营业网点设施的采购和租赁也需要很高的成本,这种成本的过多增加会削减旅行社的盈利并影响其市场竞争力。因此,旅行社愿意选择这种省心省力的办法,它们可以获得现实的、注定的利润,但付出的只是或然的声誉或法律成本。

(2)信息通达——便于签订合同

从某种程度上来说,服务网点的确是旅游者获得信息的便利途径。承包挂靠经营者为了获得客源,会采取各种有效的方式进行宣传,因为宣传是和它们的切身利益直接挂钩的。即便是大中型旅行社的业务人员,也不会像他们那样尽心尽力。如果承包挂靠经营者没有对旅游者进行欺诈和误导的宣传,这也许并非是坏事。

(3)品牌培育——摸索经营之道

旅游行业虽然对从业人员的资质要求不高,但是要真正把企业经营得好则需要一定管理经验和才能。因此,很多从业者往往从最初的挂靠开始进入到这一行业,然后不断积累人脉关系,摸索本行业的管理经验,并大举占有市场,在发展壮大后再去正名。如北京"××假期"旅行社,最初就是从挂靠起家,但经过若干年的发展,该旅行社注册成为独立的法人公司,公司以中国公民赴东南亚国家及港、澳地区旅游为核心业务,是目前国内占绝对优势的东南亚旅游批发品牌,从2005年至2010年,该公司还连年被旅游同业评选为"中国出境游十大批发商",并在"东南亚旅游十大批发商"评选中,排名稳居榜首。这也算是承包挂靠后成功的一个例子吧。

从上面的分析来看,旅行社的承包挂靠的确具有一定的合理性。也就是说,即便搞承包挂靠,如果没有在旅游合同履行的过程中对旅游者进行欺诈,没有偷逃税收,那么就单次行为来讲,其直接的社会危害性也许并不大。但是,我们认为,在中国社会主义市场经济体制全面建立,但是社会主义市场经济法律体系才刚刚形成,社会主义市场经济法律文化体系尚未形成的历史条件下,承包挂靠仍然是弊大于利的,从整体上讲仍然是一种扰乱市场秩序的行为,因此对这种行为我们不能纵容,更不能姑息迁就。而且从国务院的行政法规、到国家旅游局的行政规章和其他规范性文件,对旅行社承包挂靠行为的定性和态度都是十分明确的,北京市不可能改变国家的基本立法,而只有坚决贯彻落实上述法律法规的要求,才能保证首都旅游市场秩序的健康和有序。

四、旅行社承包挂靠经营的认定标准

在实践中,旅行社与承包挂靠经营者这种关系因具有极强的隐蔽性,因此在认定上也是一个很棘手的问题。笔者认为,认定一个行为的属性需要完整考虑行为本身的各种构成要件。从法学的角度来分析,对一个行为定性一般要从四个方面的构成要件来判断,即主体、主观方面和客体、客观方面。

(一)主体标准——无实质上的劳动关系

承包挂靠与正式聘任的本质区别就在于双方是否存在劳动合同关系。前面曾提到,要将内部承包与外部承包相区分,挂靠属于外部承包。但实践中,可能道高一尺魔高一丈,旅行社可能会与承包挂靠经营者签订了一份不实际履行的劳动合同。这样,我们在判定是否存在劳动关系问题上就不能单纯以一纸劳动合同为依据,还应分析双方是否存在实质上的劳动关系,如旅行社是否为对方缴纳"三险一金"、是否进行定期的员工培训、是否为对方办理了相应的注册登记手续等。

另外,还有一种情况,就是旅行社的营业网点运营资金由旅行社提供,旅行社雇佣他人来经营,虽然双方没有签订劳动合同,但实质上的劳动关系是存在的,对于这种情况,不应该认定为承包挂靠。

(二)主观方面标准——存在欺诈故意

从主观方面,承包挂靠经营者存在假借旅行社的商业名称进行营业的故意,相关证据可通过其与旅游者签订的合同以及相关的附属文件资料,如电话、电子邮件、收据中体现出来。当然,人的内心活动还是要通过外在行为来判断的,这里主要关注的是承包挂靠经营者是否发出足以使旅游者误认的意思表示。

(三)客体标准——损害旅游市场秩序和旅游者权益

承包挂靠是一种严重扰乱旅游市场秩序的行为。在对行为的认定上,我们还需要考虑在具体的行为中,究竟造成了哪些社会危害和不良影响。当然,这种危害也许不是现实的危害，但是必定会对国家所保护的某类社会关系造成损害。

（四）客观方面标准——实施隐瞒欺诈行为

在认定中，客观方面标准至关重要，它是承包挂靠经营者具体行为的表现形式。对此，我们可以从以下几个方面来判断：

1．“四要素”的作用——以分配为核心内容

在《旅行社条例》和国家旅游局的行政规章、北京市的地方性法规中，一直强调旅行社与分支机构的“四统一”，这是在承包挂靠问题认定中最为重要的内容。而这其中最核心的部分是利润的分配方式和账目的处理。因此，在认定中，进行相应账目的查阅非常重要。由于承包挂靠经营者要缴纳所谓的“承包费”，这笔费用可以在旅行社与“网点”的往来账目中体现出来。同时，承包挂靠经营者往往通过旅行社代开发票，这样需要将发票金额与旅行社的收入账目相对照检查，只要一查到底，最终必定能够从账目的突破口来确定旅行社与承包挂靠方的真实关系。

2．服务缩水——挂靠的必然结果

由于承包挂靠经营者往往通过低价揽客、拼团、改变行程、降低服务标准、强制购物等方式来获取非法利润，以此来弥补承包挂靠成本，获取利益，因此如果服务网点的经营者无所顾忌地从事类似的行为，就存在承包挂靠经营的可能性，因为在实践中一些大中型旅行社的自营业务往往还是相对比较规范的。

综上所述，在承包挂靠问题上，应该以上述四个要件为标准，进行综合评定。

五、北京市旅行社承包挂靠问题的治理措施

（一）基本理念——结合首善之区建设型构合规主体

随着首都经济社会的全面发展，“十一五”期间，旅游产业对北京市的 GDP 贡献率逐渐增加，并成为宣传首都形象和传播中华民族传统文化的重要媒介。2010 年，第三产业已达到北京市地区生产总值的 75.1%，而旅游业又是第三产业中的重要组成部分。北京市服务贸易总额 798.29 亿美元，旅游业排行第二，仅次于运输业，为 108.68 亿美元，占 13.6%。2010 年年底，北京市有旅行社 819 家，从业人员 21454 人，利润总额 22636.2 万元。在不久前的北京市旅游发展大会上，刘淇书记指出：北京市“要建立旅游产业发展的

科学评价体系。按照速度、结构、质量、效益相协调,资源、环境、社会相协调的原则,研究建立旅游产业发展的监测评价体系,以科学的评价体系引导提高旅游产业科学发展的水平。"在这样的形势下,我们应该认识到对旅游行业违法、违规行为的整治也是对北京市的经济与社会发展做出贡献。

(二)基本做法——疏、堵、压三管齐下

对北京市旅游市场上的承包挂靠行为的整治应该包括多重含义,既要止恶又要扬善,从而使旅游行业的经营者能够以文明、有序、健康、完善的姿态参与市场竞争,展现首都旅游行业的全新形象。从这个角度来看,北京市的特殊地位决定了其整治任务的高标准、严要求。

1. 疏——引导旅行社守法经营

前面曾提到,挂靠承包虽存在一定的合理性,但是本质上仍是具有社会危害性的违法行为。对这一问题治理的最终目标是使旅行社放弃这种饮鸩止渴的经营方式,因此从某种角度进行疏导是必要的。具体可采用以下做法:

(1)纳入等级评定否定性指标

2007 年 4 月,北京市旅游局和市质量技术监督局颁布实施了北京市《旅行社等级划分与评定》地方标准。虽然该标准在对 3A/4A/5A 级的旅行社评定中提到了"四统一"的要求,但是对于出现诸如承包挂靠问题的旅行社在评级上的影响并不明确。原有标准主要关注的是旅行社的规模、业绩和设施,这些可以称之为硬件,但是要实现北京市旅游产业"质"的提升,也应该同时关注软件即服务质量。因此,可考虑在评定标准上改变过去主要靠接待客流量和营业收入作为标准的做法,将诚信记录也作为主要的评价指标,对于发现存在挂靠承包行为的旅行社要降低其质量等级,从而激励旅行社自主规范经营。更严格的做法,甚至可以考虑一票否决。在这种情况下,旅行社搞挂靠承包的风险成本就急剧增加了,使如此行事者心存畏惧。

(2)建立诚信责任承诺制度

要明确旅行社在组织形式上规范经营的责任,使旅行社进一步明确对于承包挂靠经营者的行政处罚最终要由旅行社承担的严重后果。市旅游委可责成北京市 16 区、县旅游行政主管部门进一步细化本行政区域内旅行社对门市部或其他分支机构的管理职责,

如制定各分支机构与总机构的关系公示制度及其具体标准和要求。同时可采用签订责任状的方法，由各旅行社与各区县旅游行政主管部门签订无承包挂靠行为的责任状，但必须做到出现违规的行为责任的落实，对于出现问题的旅行社严格处罚，绝对不能出现下不为例，否则会使以后的治理更加困难。

还有作者提出："旅游行政管理部门应为各个旅行社建立诚信档案，一旦发现旅行社有违法转让资质的行为，则给旅行社降低一个诚信档次，给予经济处罚并向社会通报。改革对旅行社的评价标准，除了以接待数量和营业收入为依据外，还要对旅行社的诚信状况、服务质量、游客投诉加以综合量化考核，以此作为旅行社行业排名的依据。"[①]这也是有道理的。

(3)探索新的行业经营模式

可借鉴住宿和餐饮行业加盟、连锁的经营模式，统一服务标准，要求各旅行社在其营业场所或通过网络等媒体向社会公示服务标准，做出诚信承诺，便于旅游者监督。例如，肯德基、麦当劳采用的都是连锁加盟经营的模式，而且在中国乃至全世界的餐饮市场运行良好。我们应该借鉴这些行业的经验，探索现阶段北京市旅行社新的经营模式。目前，国内旅行社进行连锁经营做得较好的要数中青旅总社。2000 年 8 月，中青旅率先将连锁经营概念引入中国旅行社业务经营范畴，构建了"中青旅连锁"服务模式，并在北京开设了全国第一批直营连锁店。目前，中青旅在全国 10 个城市设立了 44 家连锁店(其中北京 30 家，18 家设在城区)，所有门店全部为直营连锁店。其服务模式是统一形象、统一产品、统一价格、统一服务，力求维护品牌美誉度，杜绝任何"加盟"或"挂牌"经营的模式。通过其官方网站，我们可以看到，每家连锁店都有该店的负责人的详细情况介绍，在这种情况下，旅行社甘冒风险明目张胆公布其承包挂靠经营者的可能性就很小了。不过，我们也同时浏览了其他大社如中旅总社、康辉、神舟国旅等公司的门市介绍，虽然它们在京的门市部也星罗棋布，但是与中青旅的差距的确很大，这几家旅行社的官网上都没有门市部负责人的介绍，因此给人感觉门市部的真实身份不好确定。在今年 8 月 25 日，人民网上刊载了题为"康辉旅行社屡遭投诉　子公司过多旅游服务质量难兼顾"的报

① 佟立楠. 关于旅行社挂靠经营方式的解决对策. http://www.jidiao.net/space-18106-do-blog-id-13372.

道。[1] 看来,旅行社只到处布点,拉大旗作虎皮的确容易出现问题。

这里,还值得一提的是"广之旅"品牌特许加盟模式,广之旅的前身是广州旅游公司,经过旅行社形象策划,确定了"广之旅"这一名称,同时进行了一系列的品牌塑造工作。目前,"广之旅"已经成为一个比较响亮的品牌,并运用品牌的优势进行扩张,它要求在广州市内的营业门店必须自己独立经营,以便保证控制权,在省外吸引小旅行社以特许经营的方式加入广之旅的阵营。独立经营门店可以将门店的利润纳入总利润中,而不至于被别人分享,有利于增加利润率。因此,旅行社如果考虑采用连锁经营等模式,必须要做到对分支机构的实际控制以及其全部信息的充分、完整地披露。

(4)发挥基层部门和行业协会功能

从行政管理学的角度来看,在决策正确的前提下,一项决策能否得到落实的关键因素在于执行者的执行力。在北京市,市级行政部门的决策实现则有赖于各区县的认真贯彻落实。前面曾提到,在北京的16个区县中,东城、西城、朝阳、海淀四个城区是容易出问题的核心区域,以旅游业为主的昌平、延庆、怀柔、平谷、密云是需要关注的重点区域,其他则是一般性区域。因此,要以分别发挥这些区县的积极性为主,敦促他们落实相应的整治措施。目前,市旅游委可利用今年升格为市政府组成部门的契机,与这些区县的政府建立协作机制,取得各区县政府的大力支持,并建立对各区县执法情况的监察和督导制度,共同整治承包挂靠违法行为。同时,为了进一步调动各区县的区县工作的积极性,市旅游委应在此前向区县旅游行政主管部门放权的基础上,进一步明确区县旅游局在这一问题上的工作任务和职权,并采取一定的激励措施确保落实。

在市场经济条件下,各行业的社会分工日趋鲜明,行业协会在行业管理中的作用日益凸显。因为行业协会的人员都是本行业的从业者,互相之间存在利益关系,这样更容易发挥互相监督的作用。有专家认为,旅行社部门承包经营损害了行业的整体利益及行业的有序竞争,协会可以行业的自律条款及行业道德来约束,使旅行社部门承包经营为整个行业所唾弃;相对于行政管理部门,协会更容易获得有关承包的内幕信息,更能有针对性地采取制裁措施。[2] 北京市旅游行业协会成立于1993年,从其章程内容来看,主要

---

① http://travel.people.com.cn/GB/15505511.html.

② 黄茜,赵立民.旅行社部门承包经营试析.海南师范学院学报(社会科学版),2004(1):126.

是“服务、自律、协调、代表”①，在最近的北京市旅游发展规划中，已经提到扩大行业协会职能的做法。对于北京市的旅游业管理来说，下一步就是要尝试发挥旅游行业协会的管理和惩戒职能。这方面可以借鉴我国律师行业管理的成功经验，加大行业协会自律管理的力度。

(5)建立奖优罚劣机制

在激烈的市场竞争中，旅行社对自己的名声其实也是很在意的，因为名声的败坏就意味着客源的急剧减少。对于规范经营的旅行社进行一定的表彰和推介，在进行诸如“百强社”等称号的评选时，对于违法违规经营的旅行社可以采取评优一票否决的方法，对于北京地区的存在承包挂靠经营行为的旅行社，不得推荐参加全国“百强社”等荣誉的评选，不得获得北京地区的各种层次和类型的荣誉称号。通过名誉损失的惩戒，可培养旅行社诚信经营的好习惯。同时，对于一直以来守法经营的旅行社，要通过媒体大力宣传，使其更珍惜自己的荣誉。

2. 堵——促使违法双方无利可图

俗话说阳光是最好的防腐剂，承包挂靠的基本特征是暗箱操作，对于旅行社和承包挂靠经营者来说，它们不可能不担心这种幕后关系被披露。因此，堵住这种行为的关键性措施是把握住旅行社和承包挂靠经营者容易含糊其词的各个环节，使其清晰明朗，使被隐瞒的信息能够得到及时的披露。同时，在操作方法上，为降低监管成本，要注重现代网络技术手段，提高监管的效率。

(1)建立旅游服务管理平台网络

可通过建立相应的网路，要求北京市区域内的旅行社、导游、车辆、旅游者必须在统一的平台上完成交易。同时，建立旅行社门市部与导游员数据库网络管理平台，使旅游者在签订旅游合同时可以了解旅行社指定的导游的资质和信用等级，对即将开始的旅游服务的所有要素尤其是履行本次合同的主体信息一览无余，这样既能保证旅行社诚信经营，又能保存以后查处承包挂靠行为的证据，最终使承包挂靠经营者逐渐失去市场客源。在技术处理上，可要求在旅游合同附件中出具本次旅游服务接待人员的工作情况信息确

① 顾晓园，韩玉灵，翟向昆. 北京市旅游行业协会发展现状与对策研究. http://www.bjta.gov.cn/lyzl/dybg/06slyjdybg/164596.html.

认单,交由旅游者保管和监督,这一单据极大地增加了承包挂靠经营者的违法行为的保密成本,同时单据可以成为处理日后可能出现的问题的证据。

(2)在旅游合同范本增加必要内容

在北京市旅游合同范本中增加主体资格诚信确认内容。2009年北京市颁布了新的《旅游合同示范文本》,《示范文本》在第四条"组团社的义务"第一款中虽规定了组团社"应当在签订合同前向旅游者出示工商行政管理部门核发的含有'国内旅游业务'经营范围的营业执照(服务网点应当同时出示设立社和自身的营业执照)……以及委托的接待社名称、地址、联系人、联系电话",但是《示范文本》并没有关于出具本次合同实际履行人确认的条款要求,这样,在这个环节承包挂靠经营者会有可乘之机。对此,可考虑增加信息披露的环节,如可在《示范文本》"组团社义务"一条中加入如下内容:"组团社确保亲自履行合同内容,并选派本社具有资质的导游人员从事本次导游服务。"同时,在《示范文本》开始处旅游合同当事人的组团旅行社名称下面,记载承接网点和导游人员身份信息,以备旅游者和旅游行政主管部门进行监督。

(3)引导消费心理举报违法行为

旅行社搞承包挂靠最直接的受害者是旅游者,旅游行政主管部门应该通过多种措施使旅游者不要再甘心做沉默的羔羊。首先,报纸、电视、网络等媒介要尽可能多地向受众提供信息,引导游客和居民正确消费,保护自己的合法权益。其次,要采取措施建立举报奖励制度。此前,北京市及全国各地税务机关推出的发票中奖制度,就在很大程度上推动了消费者索要发票的积极性,从而为打击偷税、漏税做出贡献。类似的做法可以借鉴,通过鼓励对承包挂靠行为的举报及时查处违法经营,当然,这其中也要同时注意保护举报人的合法权益。

3. 压——严厉打击违法经营者

(1)强化执法责任

在反复充分告知的基础上,对于那些有证据证明存在承包挂靠经营,并肆意侵害旅游者权益的行为,对旅行社要进行依法处罚,并支持旅游者通过民事诉讼维权。实践证明,对违法者每一次纵容,都会极大地增加下一次执法的难度,甚至长此以往造成整个行业的集体失范行为。因此,任何一次的下不为例都可能造成无数次的模仿,这点必须注意。另外，对于情节严重构成非法经营犯罪的，应移送司法机关追究刑事责任，通过典型案例在业内起到示范效应。实践证明，在中国现今的法律环境下，哪次执法的力度大、时间长，其效果就好。如北京市在奥运后开始实施机动车每周一天的限行制度，由于处罚力度跟上，这一针对百万乃至千万执法对象的措施一直贯彻得很好，这一方面虽然是由于交管部门在道路执法上可以技术手段降低直达成本，但另一方面也在于执法者的决心使那些想以身试法者看不到希望，从而在心理上放弃了违法的念头。

(2)提高违法成本

由于《立法法》及现有行政法规和规章等上位法律文件的限制，北京市不可能出台较上述文件更为严格的规定，但是至少应该严格执行上述文件的规定。具体说来，就是对于有违法行为的旅行社要最大限度地提高其挂靠经营的违法成本，如对于相应的违法行为可按照现有行政法规和规章的上限来处罚，并对违法情节严重的旅行社要在较大的范围内进行曝光公示，使旅行社认为进行承包挂靠最终注定是得不偿失。可考虑建立旅行社诚信黑名单制度，对于上榜者及时公示，使违法者一次违法，多年难以翻身，从而形成强大的心理压力。

(3)建立长效机制

实践证明，运动式、阶段性的执法非但不能制止违法行为，而且会造成违法者对违法责任的"审美疲劳"，使他们对能够逃过违法惩处产生较强的心理预期，使类似的行为反倒愈演愈烈。因此，要真正解决问题，就必须建立起解决问题的长效机制，使违法者看到政府行政主管部门对问题打算彻底整治的决心，否则习以为常的同类违法还会卷土重来。就北京市的情况来讲，承包挂靠问题可谓积习已久，在圈子内也认为这种做法是习以为常。因此，必须形成整治的制度体系，以后按部就班地去落实，形成常态的治理，当综合的执法措施形成普遍性的压力，旅行社的守法经营就会成为习惯，到那时，任何形式的承包挂靠行为就可能真的一去不复返了，我们期待着那一天的到来！

《杭州市“一日游”管理办法》立法后评估报告[①]

罗思荣　陈永强　刘练军　李　安[②]

一、《管理办法》产生背景及实施情况

“西湖一日游”是杭州市旅游业的一个重要旅游项目,既是杭州核心景区旅游业的重要“窗口”,也是杭州向中外游客展示国际风景旅游名城和“中国优秀旅游城市”的重要“窗口”。作为杭州市旅游“窗口”的“一日游”市场,每年“西湖一日游”游客数量达40余万人次,即平均每天来杭参加一日游的人数达1000余人,“一日游”游客数量占全部来杭旅游人数的近10%。“西湖一日游”项目于改革开放之前就已存在,20世纪80年代中期,政府开始管理“一日游”,规定从事经营“一日游”业务的单位每年需要年审。之后,政府管理逐渐放开,“一日游”项目不再需要年审,凡依法取得“旅行社业务经营许可证”的旅行社均可从事“一日游”经营活动(《管理办法》第7条)。

在国家层面,国务院于1996年10月15日制定并公布了《旅行社管理条例》,该条例于2009年被《旅行社条例》取代,1987年12月1日制定并公布了《导游人员管理暂行规定》,该规定也已经废止,为1999年5月14日公布的《导游人员管理条例》所取代。相应的,国家旅游局于2001年12月27日制定《旅行社管理条例实施细则》,并于2009年5月3日重新制定了《旅行社条例实施细则》,废止了2001年的实施细则。2001年12月27日制定了《导游人员管理实施办法》。国家旅游局还制定了《旅游安全管理暂行办法》(1990年)、《旅行社责任保险管理办法》(2010年)、《导游人员登记考核评定管理办法(施行)》(2005年)等一系列管理规章。

① 本文为《杭州市“一日游”管理办法》评估报告课题的阶段性成果,课题负责人罗思荣教授。

② 作者简介:罗思荣,杭州师范大学法学院院长、教授。陈永强、刘练军、李安,杭州师范大学法学院教师。

在地方层面，浙江省于2000年12月28日制定了《浙江省旅游管理条例》。杭州市人民政府于1998年11月4日制定了《杭州市旅游业管理办法》，该办法已被2005年9月28日的《杭州市旅游条例》所取代。浙江省政府于2003年8月6日制定《浙江省旅行社管理办法》。

杭州市人民政府于2000年12月24日制定并公布了《杭州市"一日游"管理办法》（以下简称《管理办法》）。从制定时间上来看，《管理办法》要早于浙江省人大制定的《浙江省旅游管理条例》（2000年12月28日）和省政府制定的《浙江省旅行社管理办法》（2003年）。《管理办法》的出台正是迎合了杭州市"一日游"业务蓬勃的实践需要，及时地规范了"一日游"经营活动的正常市场秩序，合理规范了"一日游"经营单位的服务规程，恰当保护了游客的合法权益。其中的一些相关规范与服务也是颇具特色，如联票制、延伸服务等。应当说，《管理办法》在制定的10年来对规范杭州市"一日游"的正常经营活动起到了重要作用。《管理办法》于2000年制定后，于2004年进行了第一次修订，于2011年进行了第二次修订，现施行的是2011年2月1日修订并发布的《杭州市"一日游"管理办法》（政府令第262号）。

二、《管理办法》的绩效分析

在《管理办法》出台前，"一日游"管理较为混乱，"一日游"要达到何种服务质量不明确，游客的权益得不到妥当的保护。"一日游"经营中更是存在着严重影响旅游市场秩序的"黑导"、"黑车"，屡禁屡犯。出台《管理办法》之后，"一日游"即纳入了法制化的轨道，《管理办法》对"一日游"的定义、管理职能、发展规划、审核条件、违规处罚等都作了明确规定，使"一日游"经营管理有法可依、违法必究。同时，还制定了《一日游导游服务质量规范》，对导游人员在"一日游"的导游接待服务中的准备工作、接客服务、参观游览过程的导游讲解服务以及就餐、购物等都作了规定，规范了"一日游"服务，稳定了服务质量。针对少数导游在带团中信口开河、胡编乱造、蒙骗游客等行为，专门编印了《一日游导游词》，人手一册，并请优秀导游员演讲示范，进行推广，规范了"一日游"导游的讲解内容。

《管理办法》明确了市旅游行政主管部门的审核职责，明确了"一日游"经营单位必须具有经考核合格取得相应证件的司机和导游人员，有符合国家规定和行业标准的旅游交通工具,以及相对固定的停车场地。“一日游”的旅游线路,包括游览起点和终点、游览景点内容及活动时间等,由旅游行政主管部门牵头会同其他相关部门根据旅游业发展规模和市场供需进行确定,并予以公布。“一日游”景点门票实行联票制,门票价格由物价、旅游主管部门商定。景点门票(联票)实行统一印制,统一销售。“一日游”的旅游车辆都要使用中高档旅游车,必须配有冷暖空调,服务设备、车容及其他技术都要符合《旅游汽车服务质量》国家标准。对“一日游”经营单位和运营车辆实行专项业务年审制度。凡游客投诉多,多次被旅游质监所及其他部门查处的单位和个人,将给予通报批评和不予通过年审的处理,对未通过年检和不参加年检者,一律不得经营“一日游”旅游业务。为强化导游人员的管理,建立了《导游人员登记、借聘管理办法》以及导游人员挂靠合同书、导游公司提供导游服务协议书、导游人员带团质量保证书、导游服务意见反馈单等规章制度,同时制定了《导游员职责》和《导游员八不准》,作为导游员的行为准则。

这些制度的建立有效地保证了“一日游”经营活动的正常市场秩序,促进杭州市“一日游”旅游业的稳步发展。从对杭州市24家“一日游”经营单位的47位导游的调查问卷来看,游客对“西湖一日游”最不满意的是旅游时间问题,认为旅游时间安排不合理的占76.6%,认为收费不合理和服务态度不好的占14.9%。受到过游客投诉的导游占44.7%,游客投诉的内容不是景点介绍少、收费不明确,而是主要集中在交通问题上,旅游时间紧张,交通堵塞。在导游对《管理办法》了解程度的调查中,完全不知道《管理办法》的占6.4%,很了解《管理办法》内容的占19.1%,说明对《管理办法》的学习与贯彻尚需要进一步加强。认为《管理办法》对导游执行没有影响的占14.9%,认为影响不大的占59.6%,这一比例可以看出,大多数导游认为《管理办法》不影响其执业。这可以有两种解释,一种是导游已经完全按照《管理办法》执业,因而执行情况良好。另一种解释是,导游基本忽视了《管理办法》的规定,相关规范由其他途径来弥补。针对《管理办法》第10条的问卷中,“一日游”车辆中应于明显位置标示投诉电话和全程服务价格表,回答没有写投诉电话的占6.4%,6.4%的导游没有注意是否车辆上写有投诉电话。回答没有标示全程服务价格表的占36.2%,回答没有注意是否写有全程服务价格表的占14.9%,这两者加起来近达一半人数。这说明第10条的执行情况尚需要加强。针对《管理办法》第14条的调查问卷来看,购物是“一日游”的必备内容,100%的导游都带领游客购物。若在一日游过程中,游客利益受到损害的,导游也都给予补偿。12.7%的导游在服务执业中受到过处罚,大多数导游认为处罚合理,认为处罚不合理的占21.2%。在对一日游旅游业前景的问卷中,认为一日游旅游业没有前景的占6.4%,认为前景不太好的占44.7%,这两项加起来即超过一半的人对一日游前景持悲观态度。这种态度也可以从对导游工资的调查问卷中看出来,认为工资待遇太低的占23.4%,认为工资待遇较低的占19.1%,认为工资待遇还可以的占19.1,认为工资待遇较高的占6.4%。

从2010年游客对"一日游"的投诉情况来看,如果按40万游客人数计算,投诉比例接近千分之一,即每一千名游客中有一起投诉,差不多一天一起投诉。市旅游质监所共受理旅游投诉392件。按被投诉对象进行分类:投诉旅行社228件,占投诉总量的58%;投诉宾馆饭店47件,占投诉总量的12%;投诉景点景区65件,占投诉总量的17%;投诉野导黑车42件,占投诉总量的11%,其他投诉10件,占总投诉量的2%。这些投诉主要反映五类问题,其中:购物问题49件、司机导游服务态度问题44件、行程安排不合理36件、未按承诺接送游客30件、收费问题28件。

购物问题主要是游客购物后因质量、价格等原因要求退货,而引起投诉的主要原因有:一是退货时间过长;二是购货要收取手续费,这主要是因为游客购物是用信用卡消费,在退现金时银行要收取4%~6%的手续费,引起游客误解;三是不能退货,引起不能退货的原因多种多样,有旅行社方面的原因,也有游客已使用过购买的商品造成损耗(多发生在手表、电子产品上)而不能退货的。针对此类问题,旅行社应在旅游合同中,将相关事项做出明确说明,根本的解决方法还是要切实改变低价竞争的方法,给消费者提供优质的旅游产品,减少甚至取消购物。

导游、司机服务态度问题,是旅游投诉的老问题。投诉的主要原因在于:一方面由于应对世博会一线导游不够用,旅行社起用了大量新导游和没带团经验的导游,导致导游整体素质和能力参差不齐;另一方面也暴露出少数导游诚信度较低和法制意识薄弱,很多纠纷都是因为自费景点、购物时间等引起,而且很大比例发生在经常带团的老导游身上。针对此类问题,一方面旅行社应加强对导游的培训力度,建立完善的内部管理制度,提高服务质量;从根本上来说,应提高导游的待遇,提供完善的社会保障体系,使导游无后顾之忧。另一方面,政府应进一步加强对"一日游"旅游企业的监管,通过旅游质监网络的平台,督促"一日游"企业加强对司机的管理,签订正规的旅游车辆租用合同,建立行之有效的奖惩规定,以最大程度地减少投诉的发生。

行程安排不合理,未按承诺接送游客。这两类投诉出现在"一日游"投诉中,既有客观原因,也有"一日游"旅行社本身的问题。造成这一问题,"一日游"旅行社自身主要存在以下几个原因:游览时间过少,因"一日游"客人分散,旅行社为了多接客人,往往花在接客人的时间上过多,这就挤压了客人游览的时间;购物时间过长,这也是"一日游"的老问题了,过长的购物时间,必然导致正常游览时间的缩减;交通拥挤,这在黄金周特别容易发生,旅行社对交通情况估计不足或事先没有做好和客人沟通工作,导致游览景点的减少。针对此类问题,应通过各种方式,指导"一日游"旅行社作好以下几项工作:通过旅行社内部或行业内部的统一调配,缩短接人的时间;严格按照合同约定的购物点数量和购物时间执行,不能因此使客人的正常游览时间减少;对交通情况要做好充分的估计,在黄金周等实在有困难的时间,在事先应和客人做好沟通和解释工作,避免投诉的产生。

收费问题。此类问题主要分为以下三种情况:老年人、教师、军人、学生等特殊人群,因景点优惠问题与旅行社引起纠纷。针对此类问题,应要求旅行社在旅游合同中明确约定特殊人群的优惠额度,并严格依照执行;旅游者提前解除合同而引发的退款纠纷,主要有两方面的原因:一是旅游企业未及时与旅游者签订规范的旅游合同,导致发生问题时找不到解决的依据。二是旅游者参加旅游时或签订合约时未看合约内容而引发不必要的纠纷。针对此类问题,应要求旅行社一是及时签订旅游合同,或先就退团等问题先签订意向合同;二是针对退团问题等涉及旅游者权益的条款,在签订合同时向旅游作出特别说明;同团不同价,主要是在"一日游"旅游中多发,主要是因为"一日游"旅游多为散客拼团出行,收客的地点不同,导致同团不同价。这就要求一是旅行社加强收客点的管理,尽量避免此类问题的发生;二是当团导游在发现此类问题后,向旅游者做好解释工作,并以优质的服务换取旅游者的谅解。

三、《管理办法》内容的科学性评估

由杭州市人民政府制定和发布的《杭州市"一日游"管理办法》(以下简称《管理办法》),是有关杭州"一日游"的最基本的地方政府规章,是直接规范杭州"一日游"这一独特旅游项目的规范性文件。杭州一日游的游客在一日游过程中发生任何涉及人身、财产等安全事项的事故以及其他矛盾纠纷时,首先适用到的就是该《管理办法》。职是之故,作为一项立法的《管理办法》本身是否规范,其各项规定是否具体、明确,与《旅行社条例》、《旅游安全管理办法》、《浙江省旅游管理条例》等上位法律法规之规定是否相抵触就至为关键。

为使《管理办法》各项规定更加明确、更为详尽,从而使其对杭州市“一日游”具有更直接的规范功能和效力,并对杭州“一日游”过程中所发生的任何涉及游客人身和财产等安全事故以及其他纠纷争议能更加清晰地界定各方的职责和追究各方当事人的法律责任,本课题将《管理办法》立法评估及其完善建议报告作为课题研究的重点。课题组成员经过广泛、深入实地调研和调查访谈之后,结合有关立法理论和实践,对《管理办法》作出了如下的立法评估及其完善建议。需要说明的是,为了多视角、较全面地评估本《管理办法》,课题组拟从以下三个不同维度对《管理办法》进行评估。

(一)《管理办法》中条款的合理性评估

从合理性的维度来审视本《管理办法》,则不难发现《管理办法》中的十九个条款具备基本的合理性,即具有正常智力的常人基本会认为本《管理办法》对杭州“一日游”的管理符合游客的基本期待、满足游客的基本要求,条款中基本不存在非常离谱、超越常人理解力的规定。

但如果从评估的挑剔眼光来看,本《管理办法》尚存在一些瑕疵,有几则条款规定或过于模糊或存在争议,因而存在“合理性”不足、“合理性”缺漏等不完善状况,试举例如下。

“第一条　为维护旅游市场秩序,保障旅游者和经营者的合法权益,根据国家有关法律、法规,结合本市实际,制定本办法。”

本条开门见山说明制定本政府规章之动机与目的,这与我国长期以来形成的立法传统和惯例暗合无异,本无可非议。不过,本课题组依然认为此条中存在几个问题。(1)本条未突出政府规章要维护的是“一日游”这个特定旅游项目的旅游市场秩序;(2)本条未凸显杭州这个特定城市。有鉴于此,本课题组建议本条可作如下修订:为维护杭州“一日游”旅游市场秩序,规范并保障游客和旅游经营者的合法权益,根据相关法律、法规,并结合杭州本市旅游资源状况,制定本办法。

"第九条 '一日游'景点门票实行联票制。'一日游'经营单位应当按照'一日游'景点联票票面的价格向游客收取景点费用,并将联票和旅游车票交给游客,作为游客参加'一日游'的凭证。"

同样,本条中的"应当"宜改为肯定或否定的语气及修辞。因为"应当"是一种他人期盼的理想预期,至于所指对象是否按照此预期行事则属于该对象的自由裁量权范围。是故,立法中用"应当"表达其准确性和最小争议性品质将大打折扣,一般不提倡用"应当"。本《管理办法》中较多条款中有"应当"如第十条规定"'一日游'经营单位应当保证'一日游'机动车辆的设备设施完好",我们认为,这些"应当"都应当在适当的时候删除修订,换成肯定性或否定性更为鲜明的语气词或助词。

"第十一条 从事'一日游'经营服务活动的导游人员和驾驶人员,必须取得相应的导游证和驾驶证,并佩戴证件上岗,接受旅游行政主管部门和游客的监督。"

"佩戴证件上岗",这里的"证件"是什么证件,是"导游证"和"驾驶证"? 应该不是吧? 由此可知,本条如此规定有点草率,不具备足够的合理性。毫无疑问,导游和司机除了带"导游证"和"驾驶证"上岗之外,还必须佩戴他们的工作证,且工作证所内含何种信息本《管理办法》都需要予以明确规定。一般而言,工作证件上需要有"姓名"、"性别"、"工作单位"、"工作资质证件名称和号码"、"联系方式"等信息。

如果带着挑刺的眼光去审视本《管理办法》,或许还能发现很多不合理的规定。但瑕不掩瑜,总体上说本《管理办法》具有基本的合理性这个结论是无可争议的。

(二)《管理办法》中条款的可操作性评估

是否具有可操作性,对于法律的生命至为关键。不具有可操作性的法律注定难以实施,最后都只能沦为一纸具文。从可操作性来考量,本《管理办法》的可操作性还是挺强的,其诸多条款之规定总体上都具备基本的可操作性。不过,从评估的严厉眼光来看,本《管理办法》之规定并非十全十美,尚有一些条款欠缺某种可操作性,试举例如下并略作说明。

"第二条 本办法所称'一日游',是指旅行社组织旅游团队或旅游散客,从住地或某一固定地点出发,在本市的旅游景区(点)按规定旅游线路进行观光游览,提供导游及其他配套服务，并于当日返回原出发地的旅游经营活动。”

本条对本办法所规范的对象做了较为明确的界定，即对杭州“一日游”下了个定义。本课题组经广泛调研后认为，在旅游路线方面，现实中的“一日游”不按或者说难按既定的旅游路线旅游的情况非常普遍。这其中的原因主要在于各个游客的兴趣和偏好大为不同，如有些游客就仅仅对规定路线中的某一个景点如灵隐寺有兴致，其他的景点皆不愿前往，而只想在灵隐寺多逗留一会儿。所以，关于“一日游”的旅游路线，应以放开、灵活为主，尽可能地交由旅行社和游客本人协商确定，在旅游路线设计上旅游主管机构只需起着监督和提供建议的辅助性和事后性作用即可。关于“一日游”的界定，重要的是说明在杭州旅游时间不超过二十四小时即可，其余的不宜界定过多，否则，会对游客和旅游经营者带来诸多不必要的限制，而本办法亦难获得严格实施，得不偿失。此外，“并于当日返回原出发地的旅游经营活动”，这种规定几乎不具备可操作性。换言之，假如一个从北京来的游客在杭州一日游结束之后直接去机场搭晚上杭州至广州的飞机去广州，难道就不是一日游？但他/她显然没有必要甚至不可能返回——因为时间关系——原出发地。所以，这个“一日游”的定义很多规定不具备可操作性。课题组认为，重要的是界定时间，即在旅游的时间不超过二十四小时，至于是否返回原出发地这个规定完全没有必要，因为游客是否返回你无从知道，亦没有必要知道。

“第三条　本办法适用于杭州市行政区域范围内〔含所辖县（市）〕的‘一日游’管理。”

本条是对本办法适用范围的界定，本无可争议。唯杭州行政区域较大，除上城、下城、拱墅、西湖、江干和滨江等主城区外，还有萧山和余杭两个市郊区以及富阳、临安、建德（俗称新安江）三个县级市和桐庐、淳安（俗称千岛湖）两个县，而其中千岛湖本身就是个闻名全国的著名旅游景点；且千岛湖距离杭州有一百七八十公里，以杭州为起点和终点的千岛湖“一日游”最多不过是千岛湖“半日游”，所以，本课题组建议本办法的适用区域应该仅限于上城、下城、拱墅、西湖、江干和滨江等主城区和萧山与余杭两个市郊区，至于富阳、淳安等县市不宜划入本办法的适用范围。对于千岛湖等杭州主城区之外的其他旅游景点，完全可以参照本办法制定“千岛湖一日游管理办法”等。总之，本办法适用整个杭州市行政区域范围其可操作性令人怀疑。

“第四条　杭州市旅游行政主管部门主管全市‘一日游’的管理工作,并直接负责杭州市区内和杭州市区跨县(市)的‘一日游’管理。各县(市)旅游行政主管部门负责本辖区内的‘一日游’管理。”

“杭州市旅游行政主管部门”是个什么部门?恐怕真出了问题就没人能找得到了。作为立法,对管理和负责主体的界定应该是一目了然的,不应该是间接的、含糊的。所以,此条应该指出具体的政府部门,不应该用“主管部门”这种含糊其词的用语。另外,杭州市旅游行政主管部门“直接负责”与各县(市)旅游行政主管部门“负责”,这会导致双重负责,而现实中因双重负责引发的无人负责情况俯拾皆是,所以,此等规定宜修订。当然,修订时要结合第三条的修订,最好的方式就是将各县(市)的一日游排除出本办法的管辖范围之外。此外,要位于杭州市内的旅游行政机构“直接负责”一两百甚至两三百公里之外的其他县市旅游景点所发生的旅游事故,其可操作性备受质疑。换言之,本条的很多规定在实践上如何操作、是否能操作是个很大的问题。

“第五条　旅游行政主管部门对‘一日游’市场实行宏观调控和管理,并会同有关旅游资源主管部门和其他有关部门,根据城市总体规划,制定‘一日游’旅游业发展规划。”

本条中的“主管部门”均是不明确的规定,建议改为明确的机构名称。此外,制定“一日游”旅游业发展规划,严格来说,不属于“一日游”管理办法应该介入的事项。本条规定其可操作性很受质疑。本课题组认为,在修改本办法时最好而又最简单的方式就是直接将此条删除。原因就是它的可操作性非常欠缺。

当然,可操作性问题本身就非常复杂,不同的人对可操作性的认知是不一样的,而且,可操作性与否受第三方以及外界环境的影响较大。上面所列举的可操作性欠缺的几个条款仅仅只能作为一种尚不成熟的意见和建议,供杭州市政府和杭州市旅游委员会参考。

(三)《管理办法》中法律责任的界定与处罚合理性评估

本《管理办法》仅仅是地方政府规章,其中有关法律责任界定和行政处罚之规定相对较少。但值得注意的是,这仅仅是问题的一个方面。导致这种局面的更为重要的原因是作为一种地方政府“立法”,本《管理办法》其规范性较为欠缺,很多条款都是典型的中国式立法,责任主体不明,而有关处罚之规定则并未明确规定处罚主体和处罚程序。

《管理办法》中基本没有有关法律责任分配和承担之规定，关于处罚之规定则有几条如第十四、十五、十六、十七和十八条之规定。下面则分别探讨这几条有关处罚之规定。

"第十四条 '一日游'经营者及其从业人员必须遵守下列规定：

（一）按规定地点候客，不得强行拉客，不得擅自改变已确定的旅游线路、游览景点和活动时间；

（二）按照旅游线路确定的景点游览，不得擅自增加或减少旅游景点；

（三）按照明码标示的标准或'一日游'旅游协议规定的价格收费，不得加价、提价或强行代客购买景区、景点门票，不得收取或变相索取小费及回扣；

（四）不得违背旅游者意愿强迫参观、购物、就餐或其他消费；

（五）导游人员应按照景点导游范本进行导游解说，不得胡编乱造，蒙骗游客，损害杭州旅游形象；

（六）驾驶人员要确保行车安全，熟悉旅游安全事故处理程序，妥善处理意外事故；

（七）建立和认真执行安全管理制度，为旅游者办理旅游意外保险；

（八）途中发现漏载、丢失游客，必须及时采取补救措施；

（九）认真履行'一日游'旅游协议及其他承诺，因经营者责任造成游客利益受损、延误游客行程的，应按协议规定或承诺给予补偿；

（十）自觉接受旅游行政主管部门和其他有关部门的监督、检查，认真处理旅游者的投诉；

（十一）法律、法规和规章所作的其他有关规定。"

本条规定较为规范详尽，但依然存在诸多问题，其中最主要的问题是一旦"一日游"经营者及其从业人员违反上述规定由何种机构依据何种程序处以何种处罚未作任何明文规定，换言之，本条规定缺乏"法律后果"之规定。而没有法律后果的法律规范注定不会在实践中真正产生和发挥法律规范功效。所以，如何将"法律后果"补充到本条之中，不但对于本条，而且对于整个管理办法都是至为关键的。否则，本条及本管理办法在规范"一日游"市场方面的价值和功能将大打折扣。此外，"不得收取或变相索取小费"之规定应作修订，毕竟，如果有游客愿意给"小费"，强制规定导游不得收取不近人情，违背游客和导游双方的自然意愿，这有违法律的自由精神。再说，给小费、收小费，在欧美等旅游发达国家都盛行几十甚至几百年了,我们为什么要强制消灭这一国际惯例呢?

"第十五条　旅游者参加'一日游',其合法权益受到损害时,可依法向侵权者要求赔偿,或向旅游行政主管部门投诉,也可以依法向人民法院起诉。旅游行政主管部门应当对'一日游'经营单位旅游服务质量进行监督和检查,加强对'一日游'沿线就餐、购物等服务网点的管理,可以根据实际情况,组织服务单位进行示范经营,并及时受理和认真处理旅游者对旅游服务质量的投诉,严肃查处违法行为。"

本条中的"侵权者"实际上是个很模糊的对象,它到底是指导游、旅游巴士司机还是"一日游"经营单位如旅行社——如果是指旅行社,那权益受侵害的游客又该找旅行社何下属部门等,没有说清楚,不利于权益受到侵害的游客救济其权益。"旅游行政主管部门应当对'一日游'经营单位旅游服务质量进行监督和检查",这里的"应当"宜改为"必须",政府职能部门的主要职能就是监管,事前不加强监督、疏于管理,是导致我国旅游事故频发的重要内部原因。我们应该吸取这个沉痛的教训。"严肃查处违法行为",这其实是个没有明确规定法律责任和处分、处罚方式与内容都非常笼统的规定。在实践中,它的可操作性不是不强而是因为太强,而走向反面,即沦为一纸具文。

"第十六条　'一日游'经营单位的机动车辆不符合本办法第十条规定的,由旅游行政主管部门责令改正,并处以500元以上2000元以下的罚款。"

承载游客的旅游机动车辆不符合本办法第十条之规定的,其后果往往非常严重,甚至会危及到几人甚至几十人的生命和财产安全。所以,此事不能不从严要求,慎之又慎。对于机动车辆不符合本办法第十条规定的,"处以500元以上2000元以下的罚款",课题组认为过轻,不足以达到惩戒之功效,或许处以2000元以上5000元以下的罚款较为合适。此外,"行政主管部门"宜改为具体的机构名称,这样职责会更明确些。

"第十七条　违反本办法第十四条第(一)项、第(二)项、第(四)项规定的,由旅游行政主管部门按照国务院《旅行社条例》的规定实施处罚。违反本办法第十四条第(三)项、第(五)项、第(六)项、第(七)项、第(八)项、第(九)项、第(十)项、第(十一)项规定的,由旅游行政主管部门责令改正,对经营单位处以5000元以上20000元以下的罚款,对导游人员、驾驶人员处以500元以上2000元以下的罚款。"

同样,本条中的"旅游行政主管部门"宜改为具体的职能机构名称。"对经营单位处以5000元以上20000元以下的罚款，对导游人员、驾驶人员处以500元以上2000元以下的罚款”，这个处罚数额幅度有点大，建议改为“对经营单位处以10000元以上20000元以下的罚款，对导游人员、驾驶人员处以1000元以上2000元以下的罚款。”

“第十八条　对违反本办法，涉及其他法律、法规的，由有关部门依据有关法律、法规予以处罚。”

本条中的“有关部门”是否会“依据有关法律、法规予以处罚”非本《管理办法》所能过问一二，职是之故，本条规定几乎是多余的，或者是毫无拘束力的规定，与其让这种缺乏拘束力的规定堂而皇之地存在，还不如让它消失。法律，重要的不是面面俱到，而是要有拘束力。

总之，作为地方政府规章，《管理办法》是效力高于红头文件的地方性行政法规。其规定应该具有足够的合理性、可操作性，其有关职责分配和承担的规定应该是明确的、具体的，其有关处罚之规定亦应如此。但从严格的评估视角来审视它，则不难发现它在这些方面尚存在某种不足。当然，作为一项对特定事项——一日游——予以规范的地方政府规章，由不成熟到成熟需要一个过程。毕竟，问题只能在实践中慢慢地一个一个地发现。相应地，消化和解决问题亦如此。

国际视角

联合国世界旅游组织保护旅游者和旅游服务提供者权益公约草案[①]

申海恩　李璐芸[②]　译

序　言

本公约各缔约国，

关注旅游业的发展及其经济、社会功能；

评估了全球层面现行有关旅游者与旅游服务提供者权利、义务规则之不足，尤其是在旅游目的地和客源地国家日益多元化的背景下的不足；

承认制定有关保护旅游者和旅游服务提供者统一规则的必要性；

期望对旅游者和旅游服务提供者予以高水平的保护，增强旅游消费者对于旅游服务提供者的信心；

考量了世界旅游组织成员国及其他组织现行旅游者保护措施与实践的情况；

重申《世界旅游组织章程》第三条规定的宗旨，明确联合国大会认可的该组织在下列事务中的"决定性和核心"地位，即通过促进和发展旅游，以推动经济发展、国际间的相互了解、世界和平与繁荣以及不分种族、性别、语言和宗教地对人权和基本自由的尊重与贯彻。

---

① 本译文的完成，得到了北京市属高等学校人才强教计划资助项目的支持。

特别说明：本文仅是世界旅游组织工作组就旅游者/消费者和旅游组织者权利保护问题进行进一步讨论和思考的工作文件，不是世界旅游组织的官方议案或文件。

② 译者简介：申海恩，北京第二外国语学院法政学院法学系主任、副教授；李璐芸，北京第二外国语学院旅游管理学院2012级硕士研究生。

认可《世界旅游组织章程》第十二条规定的,该组织就其权限范围内的任何问题享有筹划和建议制定国际性协议的权利;

鉴于《全球旅游伦理法典》第一条、第六条和第八条,世界旅游组织执行委员会通过的第 CE/DEC/11(LXXXIX) 号和第 CE/DEC/12(XC)号决议,以及世界旅游组织大会通过的关于筹备旅游者/消费者保护的国际公约及其范围问题的第 A/RES/593(XIX)号方案;

协议如下:

第一条　适用范围

1.本公约适用于旅游者和旅游服务提供者的权利和义务。

2.本公约规定了各缔约国的义务,以最大程度地确保对旅游者和旅游服务提供者的保护切实可行。

3.本公约不适用于航空、铁路、公路和海运服务等独立的交通运输服务。

第二条　基本原则

1.各缔约国应该确保旅游服务提供者尊重和保护旅游者的基本权益。

2.各缔约国应该根据本公约的规定相互合作,制定和采取必要的措施,以保护旅游者和旅游服务提供者。

3.本公约的规定不影响旅游者和旅游服务提供者针对第三人的权利和诉讼。

第三条　定义

基于本公约及其附件之目的,特适用下列定义:

“旅游者”,是指接受或同意接受旅游服务的人,或者代表其同意购买旅游服务的人(受益人),或者受让旅游服务的人(受让人)。

“旅游服务提供者”,是指向旅游者提供或有义务向旅游者提供旅游服务的自然人或法人,无论其为私有法人抑或公有法人(如住宿服务提供者、组织者、零售者/销售者等)。

“准则”,是指根据本公约强制、统一适用于各缔约国的可行性措施。

“建议措施”是指希望各缔约国适用的措施。

第四条　附件

本公约的附件，包括准则和建议措施构成本公约不可分割的一部分，除另有明文规定外，对本公约的援引同时即为对所有附件的援引。

第五条　准则

1. 各缔约国应该采取必要措施，在其国内法和司法实践中落实准则。

2. 准则的通过、修改和生效与本公约的通过、修改和生效适用相同的程序。

第六条　建议措施

1. 缔约国大会可以出席缔约国大会国家数的简单多数表决通过和修改本公约的建议措施。

2. 世界旅游组织秘书长应于建议措施通过或修改后三十天内通知所有缔约国。

3. 各缔约国应将在其国内法和司法实践中落实准则的情况通知给世界旅游组织秘书长。

第七条　公约的修正

1. 任何缔约国均可提出对本公约修正的建议。

2. 世界旅游组织秘书长应至少于缔约国大会召开前九十天，将所有修正案文本交由各缔约国浏览交流。

3. 修正案应经缔约国大会三分之二以上的多数方可通过，世界旅游组织秘书长应将修正案递交给各缔约国批准、接受、核准或加入。

4. 对修正案批准、接受、核准或加入的法律文件应向世界旅游组织秘书长交存。

5. 自世界旅游组织秘书长收到至少三分之二缔约国的批准、接受、核准或加入文书后三十天，依本条第三款通过的修正案在批准、接受、核准或加入的缔约国之间生效。

6. 本公约的修正案生效之后，新加入的缔约国为修正后公约的缔约国。

第八条　纠纷解决

各缔约国之间因本公约之适用或解释发生的任何纠纷，应该通过外交途径解决，外交途径不能解决的,相关国家应采取其他和平方式解决。

第九条　签署

本公约自(日期)在(地点)召开的第二十届世界旅游组织大会上通过后,即向世界旅游组织和联合国或者专门机构的所有成员国、国际法院规约的当事国开放签署,此后即在世界旅游组织总部马德里进行。

第十条　批准、接受、核准或加入

1. 本公约须经批准、接受或核准。本公约的加入向第九条规定的所有国家开放。批准书、接受书、核准书和加入书应向联合国秘书长交存。

2. 建议措施无须批准、接受、赞成或者加入。

第十一条　生效

1. 本公约自第二十份批准书、接受书、核准书和加入书交存后三十天生效。第二十份批准书、接受书、核准书和加入书交存后批准、接受、核准或加入的缔约国,自该国提交批准书、接受书、核准书和加入书后三十天,本公约生效。

2. 建议措施在通过后三十天生效。

第十二条　保留

1. 对本公约或其修正案的批准、接受、核准或加入的,缔约国有权对公约的一个或多个附件或对其部分采取保留。

2. 缔约国可以在任何时候书面通知受托国撤回保留,撤回自通知到达受托国时立即生效。

第十三条　报告

世界旅游组织秘书长应向每届世界旅游组织大会汇报公约的运作与落实情况,报告的复印件需要提供给非世界旅游组织成员国的缔约国。

第十四条 退出

1. 本公约无有效期限,任何缔约国均可声明退出。声明退出文件应向世界旅游组织秘书长交存。在退出材料提交后六个月,本公约对声明退出的缔约国失效,但对其他缔约国依然有效。

2. 在本公约对声明退出的缔约国生效期间已经做出的信息、协助的提供请求,或已经开始的和平解决争端的程序,不受退出声明的影响。

第十五条 其他协定和措施

1. 对本公约所有规定的解释,均不得妨碍缔约国参与现行的或者未来的国际、双边及多边协议框架下或者根据其他可适用的安排或措施进行的多方合作。

2. 本公约的规定不影响缔约国之间其他国际协定的效力。

第十六条 正本和保存

1. 本公约的阿拉伯、英文、法文、俄文、西班牙文原始文本具有同等效力,保存于世界旅游组织秘书长处。

2. 世界旅游组织秘书长应向每个签署公约的缔约国发放副本。

3. 世界旅游组织秘书长应通知缔约国签署、交存批准书、接受书、核准书、加入书、修改书和退出书。

兹有下列经正式授权的全权代表在本公约上签字,以昭信守。

地点,日期

公约附件

附件1	不可抗力情形下各缔约国的协助义务
附件2	包价旅游问题:信息提供义务、不履行或不适当履行、不可抗力情形下的协助义务、破产保护
附件3	住宿问题
附件4	其他事宜

附件1 不可抗力情形下各缔约国的协助义务

第一章 定义

基于本附件之目的,特适用下列定义:

“不可抗力”,是指超出目的地国家控制范围的罕见、特别且不可预见、即使尽到所有的注意义务仍无法避免其结果而需要大规模救助的情形,或者即使善尽所有的注意义务也不可预见或不可避免的事件。

“目的地国家”是指境内发生不可抗力事件的缔约国。

“客源地国家”是指旅游者国籍所在的缔约国或者不可抗力事件发生时旅游者主要且永久居所在其境内的缔约国。

第二章 不可抗力情形下的协助义务

2.1 如遇不可抗力,目的地国家应当为旅游者提供协助,满足其首要的基本需求。在物质和技术可能的前提下,协助应包括下列内容:

(一)通信服务;

(二)临时食宿庇护所;

(三)必要的餐食服务;

(四)简化签证要求、程序,包括安排必要的工作人员;

(五)提供交通和返程的便利。

2.2 如遇不可抗力,客源地国家应与目的地国家相互协作,特别是在简化必要操作措施和旅游者返程方面相互协作。

2.3 遇不可抗力时,目的地国家应当向相关的旅游者客源地国家通报下列信息:

(一)总体形势;

(二)受影响的区域;

（三）旅游者信息；

（四）旅游者位置；

（五）伤亡数据；

（六）已经采取的措施；

（七）其他相关数据。

2.4 目的地国家应当向来自客源地国家的官员、医疗人员和技术人员提供业务协助，确保为其进入目的地国家并在其境内驻扎提供便利，以便与目的地国家工作人员开展合作，为旅游者提供协助。入境官员、医疗人员和技术人员应遵守目的地国家法律和惯例，目的地国家法律和惯例可要求进入该国国境应获得事先授权。

2.5 如遇不可抗力，目的地国家应当根据第 2.3 条之规定，向世界旅游组织提供所有可获得的信息——不涉及任何私人信息。

2.6 批准、接受、核准或加入本公约时，缔约国应当向世界旅游组织秘书处提供旨在为不可抗力情形负责的国家层面的相关部门、实体或组织的详细联络信息。缔约国需要每年更新联络信息，并就此期间发生的变动随时告知秘书处。

2.7 如遇不可抗力直接威胁旅游者的生命、健康或身体完整性时，目的地国家除第 2.1 条至第 2.6 条规定的措施之外，还应当采取额外的必要措施，在物质和技术可能的前提下，这些措施应包括下列各项：

（一）疏散协调；

（二）应急人员；

（三）健康和医疗服务；

（四）安保人员。

2.8 本公约不影响缔约国总领事法律和惯例的实施。

2.9 建议措施：世界旅游组织大会采纳的《在旅游建议和事件信息中地理参照、日期和时间用法建议》[A/RES/593(XIX)]应当在传递第 2.3 条规定的信息时考虑采用。

2.10 建议措施：缔约国应当建立长久专业的危机管理服务，以促进不可抗力应对措施的完善。

2.11 建议措施：发生不可抗力时，缔约国应当为客源地国家的官员、医疗人员和技术人员提供临时签证,以方便其进入目的地国家。

2.12 建议措施:缔约国应当执行本地应急计划,包括确保旅游者做好遭遇不可抗力的综合准备。

2.13 建议措施:缔约国应当采取必要措施,确保在遭遇不可抗力时,机场设立帮助台为旅游者提供协助。

2.14 建议措施:第2.3条规定的相关信息的传递程序规则。

附件2 包价旅游问题[①]

第一章 定义

基于本附件之目的,特适用下列定义:

1.“包价旅游合同的对方当事人”,是指包价旅游合同除旅游者之外的当事人,依照缔约国的国内法,该当事人可以是组织者或者零售者/销售者,也可以两者都是。

“组织者”,是指组织服务包(packages),并直接或者通过零售者销售或提供销售服务包的人。

“零售者/销售者”,是指以组织者的公开代理人身份销售或提供销售服务包的人。

“服务包(package)”,是指以总价销售或提供销售以下至少两项服务的事先组合,且服务包为期超过二十四小时或者包括过夜住宿:交通;住宿;其他不从属于交通或住宿,且在服务包中占重要比例的旅游服务。同一服务包的各组成部分单独计费的,不免除包价旅游合同中对方当事人根据本公约应承担的义务。

① 译者注:原文为Package travel issues。Package travel 如何翻译,十分为难。国内旅游界多翻译为包价旅游,我国《旅游法》也使用了“包价旅游合同”的表述方式,但此种表述与Package travel首先旨在说明其囊括了交通、住宿、游览等诸多要素的“一揽子”服务这一初衷明显相悖。如果说package是一个篮子的话,那么这个篮子里面装的元素就是“吃、住、行、游、购、娱”,而不是服务费用这一“价格”,更不能与“组团旅游”相提并论,后者所组织的是“旅游者”,而不是旅游要素。译者在我国《旅游法》起草过程中曾经建议采纳“组织旅游(organized travel)”这一名称,虽然贴切,但也未能解决package travel的对译问题。在目前尚无更妥当的翻译词汇,权且使用“包价旅游”一词来对译package travel,在package单独使用时,则对译为“服务包”,但这并不意味着我们对这种译法非常满意,特此说明。

“包价旅游合同”是指根据缔约国国内立法，联结旅游者和组织者或者零售者/销售者或二者均包括在内的协议。

“不可抗力”是指超出包价旅游合同中对方当事人控制范围的罕见、特别的且不可预见、即使尽到所有的注意义务也无法避免其结果而需要大规模救助的情形，或者即使善尽所有的注意义务也不可预见或不可避免的事件。

“目的地国家”是指境内发生不可抗力事件的缔约国。

“客源地国家”是指旅游者国籍所在的缔约国或者不可抗力事件发生时旅游者主要且永久居所在其境内的缔约国。

2. 基于本附件的目的，出于其自身贸易、技能、商业或专业相关目的旅行的人（商务旅行者）不属于旅游者。

第二章　信息提供义务

2.1 缔约国应当采取必要措施，确保包价合同的对方当事人在订立包价旅游合同前，以适当形式向旅游者提供以下信息：

（一）旅游目的地；

（二）住宿规格、品质、主要特点及其地理位置；

（三）所采取的交通方式、特性和种类；

（四）护照、签证要求和所要求的健康手续的基本信息；

（五）服务包中包含的服务；

（六）服务包的总价；

（七）预定时需预付的金额及余额支付的时间；

（八）是否有包价旅游最低人数限制，以及人数不足时通知旅游者取消行程的最后期限。

2.2 建议措施：缔约国应当采取必要措施，确保包价合同的对方当事人在订立包价旅游合同前，以适当形式向旅游者提供以下信息：

（一）餐食计划；

（二）可选择签订的保险单，该保险单涵盖旅游者取消行程的费用或救助费用，包括

由于意外或者疾病返程的救助费用;

(三)转让包价旅游合同的条件;

(四)适用于包价旅游合同的基本条款和条件。

2.3 缔约国应当采取必要措施,确保在对特定服务包很重要且可资适用时,包价旅游合同包括以下内容:

(一)旅游者和包价旅游合同对方当事人的身份(合同当事人);

(二)服务包中预订且包含的服务;

(三)服务包中住宿的规格、品质、位置和主要特征的信息;

(四)所采取的交通方式、特性和种类的信息;

(五)旅游目的地、逗留有关的期间、日期、时间及出发、返回的地点、路线等;

(六)服务包的总价、所有不包含在服务包中的手续费、税费或某些服务的应支付费用的说明、价格变更规则、付款的时间和方式;

(七)旅游者在签订合同时向对方当事人提出的、且合同双方均予接受的特殊要求。

2.4 建议措施:缔约国应当采取必要措施,确保合同包括以下额外内容:

(一)包价旅游合同对方当事人非常重要的经营许可信息;

(二)包价旅游合同对方当事人破产时的金融担保信息;

(三)适用于包价旅游合同的基本条款和条件,例如变更包价旅游合同的条件、明确合同解除规则的最终期限的信息;

(四)可诉诸的投诉程序信息;

(五)包价旅游合同对方当事人在当地代表或当地代理人的联络详情,以及没有此类当地代表时,可以联络包价旅游合同对方当事人的机构的联络详情;

(六)包价旅游合同适用的法律;

(七)双方协议规定的其他条款。

第三章　不履行或不适当履行

3.1 缔约国应当采取必要措施,确保包价旅游合同对方当事人负责向旅游者适当履行包价旅游合同中的义务。

3.2 当行程开始后未提供合同约定服务的重要部分的，缔约国应当采取必要措施确保包价旅游合同对方当事人对服务包的其余部分做出适当的替换安排，并就约定服务和实际提供服务的差价，向旅游者做出适当赔偿。

3.3 不能达成协议的，缔约国应当采取必要措施确保包价旅游合同对方当事人在适当的情况下提供相同规格的交通方式返回出发地（返程），或者旅游者在服务包中已经同意的其他返回地点。

3.4 缔约国应当采取必要措施，确保包价旅游合同对方当事人为因其不履行或不适当履行包价旅游合同给旅游者造成的任何损失或损害负责，除非不履行或不适当履行既不可归责于包价旅游合同对方当事人，也不可归责于包价旅游合同对方当事人的服务提供者，而是因为：

（一）包价旅游合同的不履行或不适当履行可归责于旅游者；

（二）该不履行或不适当履行可归责于与约定服务无关的第三人，且不可预见或不可避免；

（三）该不履行或不适当履行因不可抗力所致。

3.5 缔约国应当采取必要措施确保在出现3.4条第（二）项和第（三）项规定的情形时，包价旅游合同对方当事人给予旅游者及时的协助。

3.6 缔约国应当采取必要措施，确保旅游者就其认为的包价旅游合同的不履行或不适当履行的情形现场与相关服务提供者进行交涉，并在第一时间以书面形式或其他适当形式与包价旅游合同对方当事人进行交涉。缔约国应当采取必要措施确保包价旅游合同中清晰明确地载明了此项义务。

3.7 缔约国应当采取必要措施，确保旅游者对因其侵权行为或不履行其根据本公约或包价旅游合同应履行的义务的违约行为导致的，包价旅游合同对方当事人的任何损失或损害承担责任。

3.8 建议措施：服务包中包括的服务之不履行或不适当履行导致损害赔偿的，缔约国应当允许根据相关国际公约对赔偿额予以限制。

3.9 建议措施：服务包中包括的服务之不履行或不适当履行导致人身损害之外的损害赔偿的，缔约国应当允许将赔偿额限制在包价旅游合同范围内。此种限制不得构成不合理的限制。

第四章　不可抗力情形下的协助义务

4.1 缔约国应当采取必要措施,在不可抗力事件影响包价旅游合同约定的服务之适当提供时,确保包价旅游合同对方当事人向旅游者提供及时的协助。

4.2 缔约国应当采取必要措施,确保在物质和技术可能的前提下,协助包括:

(一)信息和通信设施;

(二)因不可抗力导致约定餐食计划的重要部分无法提供的,对包价旅游合同存续期间的餐食安排做出适当的替换安排;

(三)因不可抗力导致约定住宿计划的重要部分无法提供的,对包价旅游合同存续期间的住宿安排做出适当的替换安排;

(四)交通在包价旅游合同中已经约定且因不可抗力情形受到影响的,应安排同等规格的交通方式返回出发地或旅游者同意的其他返回地点;

(五)应旅游者要求提供的替换预订服务信息及其他或者额外服务未在包价旅游合同中约定的,其费用由旅游者承担。

4.3 缔约国应当采取必要措施,不可抗力情形下,确保包价旅游合同对方当事人应与客源地国家和目的地国家的相关部门展开合作。

4.4 建议措施:不可抗力情形下,目的地国家应立即与包价旅游合同对方当事人的当地代表或当地代理人取得联系以向其提供支持,此类当地代表不存在时应直接与相关合同对方当事人直接取得联系。

4.5 建议措施:缔约国应当采取必要措施,确保不可抗力情形下,第4.2条第(四)项规定的同等规格的交通费用超出包价旅游合同最初约定的交通费用时,超出部分费用由旅游者和包价旅游合同对方当事人平均分担。

4.6 建议措施:缔约国应促进旨在涵盖因不可抗力情形导致的额外费用的保险体系和担保系统的发展。

4.7 建议措施:缔约国应当采取必要措施确保不可抗力情形下,旅游者与包价旅游合同对方当事人均不得就因包价旅游合同不履行合同或不适当履行导致的损害要求赔偿。

第五章　包价旅游合同对方当事人破产的保护

5.1 缔约国应当采取必要措施，确保包价旅游合同对方当事人始终提交充足的经济担保证据，该经济担保旨在其破产时保护旅游者的利益。

5.2 缔约国应当采取必要措施，确保包价旅游合同对方当事人破产时，经济担保包括返程费用和旅游者根据包价旅游合同已经支付给包价旅游合同对方当事人的、应予返还的金钱。

5.3 建议措施：缔约国应当与世界旅游组织秘书处分享包价旅游合同对方当事人提出的不同经济担保形式的相关信息，以建立破产保护的全球共同数据库。

附件 3　住宿问题

第一章　定义

基于本附件之目的，特适用下列定义：

"住宿服务提供者"指通过运营住宿设施、提供住宿服务的旅游服务提供者。

"合同"指旅游者和住宿服务供应商之间订立的协议。

"不可抗力"是指超出住宿服务提供者控制范围的罕见、特别的且不可预见、即使尽到所有的注意义务也无法避免其结果而需要大规模救助的情形，或者即使善尽所有的注意义务也不可预见或不可避免的事件。

"目的地国家"是指境内发生不可抗力事件的缔约国。

"客源地国家"是指旅游者国籍所在的缔约国或者不可抗力事件发生时旅游者主要且永久居所在其境内的缔约国。

第二章　信息义务

2.1 缔约国应当采取必要措施，确保住宿服务提供者在签订合同前以适当的形式向

旅游者提供有关下列内容的充分信息:

(一)身份数据;

(二)住宿规格、品质、主要特点及其地理位置;

(三)服务费用、所有的手续费、税费或某些不包含在服务费用中的服务应支付费用的说明;

(四)预订时需预付的金额及余额支付的时间。

2.2 建议措施:缔约国应当采取必要措施,确保住宿服务提供者在签订合同前以适当的形式向旅游者提供有关下列内容的额外信息:

(一)配套服务;

(二)解约规则;

(三)入住时间和退房时间;

(四)投诉渠道;

(五)适用于合同的基本条款和条件。

第三章　不可抗力事件

3.1 缔约国应当采取必要措施,在不可抗力情形下,确保住宿服务提供者应与客源地国家和目的地国家的相关部门展开合作。

3.2 建议措施:缔约国应当采取必要措施,在不可抗力情形下,确保住宿服务提供者处理方式公平且符合职业道德,无正当理由不提高房价,特别是在旅游者返程前的额外住宿时间不提高房价,不向旅游者或者与其订约的其他旅游服务提供者主张解约费。

附件4　其他问题[①]

① 此附件下无具体内容。

西班牙包价旅游法[①]

潘　灯[②]　译

第四卷　包价旅游

第一集　一般规定

第一章　适用范围

第150条　适用范围

1. 本卷规定适用于下条定义的包价观光和旅行中的报价、合同订立和合同履行。

2. 同一包价旅游中,各组成部分可构成单独行程的,亦不因此免除组团社或零售商履行本卷各项规定的义务。

第151条　定义

1. 本卷中各种概念的定义:

A. 包价旅游(Viaje combinado):提供超过24小时或包含至少一夜停留的旅游服务中,至少包含下述段落中两项要素,并且以总价格进行销售或提供计价的,构成包价旅游:

i)交通;

ii)住宿;

---

① 编者按:该译本属于《关于消费者和用户保护的一般法和相关配套法的修正案》(西班牙第1/2007号皇家法令于2007年11月16日颁布,并为现行法)的一部分,译本沿用该修正案的条文号,译本标题为编者所加。

② 译者简介:潘灯,重庆开县人,中国政法大学2011级国际私法专业博士生,西班牙马德里自治大学法学院访问学者(2012至2013年度)。曾供职于西班牙安达卢西亚大区旅游局。

iii) 尽管不属于交通或住宿的组成部分,但属于构成包价旅游特征的其他旅游服务。

B. 组团社(Organizador):直接出售或通过零售商出售或收取费用,提供包价旅游服务产品的自然人或法人,且该行为并非偶尔为之的。

C. 零售商(Detallista):将组团社提供的包价旅游进行出售或收取费用的自然人或法人。

D. 主缔约人(Contratante principal):购买或同意购买包价旅游的自然人或法人。

E. 受益人(Beneficiario):主缔约人以该自然人名义购买包价旅游的。

F. 受让人(Cesionario):主缔约人或受益人受让其该包价旅游的自然人。

G. 消费者(Consumidor)或用户(usuario):满足主缔约人、受益人或受让人资格的任何人。

H. 合同(Contrato):消费者与组团社或零售商之间的协议。

2. 适用本卷的规定时,组团社和零售商应满足行政法规对旅行社(agencia de viajes)的规定。

第二章　缔约前的信息披露和合同的构成

第 152 条　包价旅游的行程单(programa)和要约(oferta)

零售商,或直接与消费者和用户签订销售合同的组团社,应为消费者和用户提供行程单或行程册。其中应载明相应的报价,并必须清晰、全面和准确地包括下列信息:

A. 目的地,载明特征和等级的交通方式。

B. 持续时间,行程和每天的计划。

C. 住宿的相关信息,包括其类型、位置、分类或与舒适性相关的等级,以及主要特征。住宿设施的所在国对住宿设施有官方评级制度的,还应该载明该设置所获得的评价或评级。

D. 提供餐食的应载明餐食数量,如果饮品或某些餐食不包含其中的,亦应载明。

E. 适用于欧盟成员国的护照和签证持有人的一般信息,以及旅行和逗留所必需的相关卫生手续的一般信息。

F. 包价旅游含税后的最终价格，自选项目的估价，以及可能涉及的组团社或零售商知晓但尚未支付的，应由消费者承担的额外费用。

G. 应支付的预付款金额或总价的一定百分比，预付款之外部分应支付的日期，以及可能涉及的支付条款。

H. 包价旅游的成行与否取决于一定最低数量的报名者的，告知消费者或用户取消行程的最后日期。

I. 相关义务，旅行的取消或其他事项的条款。

J. 包价旅游的组团社的商号、住所。西班牙境外的旅行社还应载明在西班牙境内的法定代表。

K. 构成所提供旅行特征的其他或适当信息。

第 153 条　行程单的性质

行程单（programa－oferta）具有要约性质，其中载明的信息对包价旅游的组团社或零售商具有约束力。但满足下列条件之一的除外：

A. 在签订合同前已经书面形式清晰地告知消费者和用户更改上述信息，且有要约性质的行程单上已经载明可以进行该更改。

B. 缔约双方事后经缔结书面合同，对上述信息进行修改。

第 154 条　合同的组成和内容

1. 包价旅游应订立合同，并在其条款中包含构成该旅行特征的内容。至少包含如下内容：

A. 旅行的出发地与抵达地。

B. 分段停留的，各段的内容与日期。

C. 使用的交通工具的特征和等级。

D. 出发与返回的日期、时间和地点。

E. 包含住宿的，住宿的地点、等级、主要特征。住宿设施的所在国对住宿设施有官方评级制度的，还应该载明该设置所获得的旅游评价或评级。提供餐食的数量。

F. 包价旅游有一定最低游客数量要求的,载明最低游客数量。在此情形下,应载明告知消费者或用户取消行程的最后日期,该日期不得晚于约定的旅行起始日期前十天。

G. 行程。

H. 景点、游览内容,以及包价旅游价格中包含的其他服务。

I. 组团社、零售商,以及可能涉及的保险人的名称和地址。

J. 包含经营成本的包价旅游的价格,根据本法第 157 条规定而可能产生的价格调整的说明,未包含于总价中的因提供约定服务而可能产生的费用和税金。

K. 对可能发生的旅行取消,在可以事先合理计算的情形下,根据分项约定取消旅行后应支付的费用。无法事先合理计算的,约定按照实际产生的费用进行支付。

L. 价款的支付,以及可能涉及的支付日期、支付条件。

M. 消费者和用户向组团社或零售商提出的,并为后者所接受的特别要求。

N. 相关服务提供者未按合同履行其义务时,消费者和用户有义务将所有的上述行为通过书面或其他可构成证据的方式通知组团社或零售商。

O. 根据本法第 164 条规定的,消费者和用户对未履行合同或履行合同具有瑕疵而提起诉讼的时效。

P. 消费者和用户对其预订予以确认的时限。

2. 对于预订的合同,一旦合同正式订立,应通报消费者和用户合同条款的内容,并向其递送记载上述内容的附本。

3. 零售商,或直接与消费者和用户签订销售合同的组团社,向消费者和用户通报包价旅行的描述和价格,以及根据本法第 18 条和第 60 条的规定应在合同中载明的真实和可证明的内容。

第三章　消费者和用户的其他权利

第 155 条　预订的转让

1. 主缔约人或受益人有权免费向其他人转让其对包价旅游的预约,但转让的内容应与预约的内容完全一致。

2. 转让应在旅行出发之日前不低于15天的期限内书面通知零售商或直接与消费者和用户签订销售合同的组团社。合同另有约定的低于前述期限的,从其约定。

3. 尚未支付但应支付的价款余额,及因转让而产生的合理额外费用,包价旅游的转让人和受让人对与签订合同的零售商或组团社承担连带责任。

第156条　合同约定的旅游的附加信息

1. 零售商,或直接与消费者和用户签订销售合同的组团社,应在旅行开始前的必要时间内,以书面或其他可构成证据的方式通知与之签订合同的消费者或用户提供下述信息:

A. 中转或换乘的时间和地点,以及所搭乘的交通工具中对应席次等级的说明。

B. 组团社或零售商在各逗留地代表机构的名称、地址和电话号码;没有代表机构的,消费者和用户出现困难时提供处于当地的、可对其提供帮助的机构的名称、地址和电话号码。当地没有代表机构或类似机构的,须向消费者和用户提供在任何情况下可联系组团社或零售商的紧急电话或任何其他信息。

C. 对于在国外旅行或停留的未成年人,应提供能与其直接联系或旅行中负责该段停留的负责人的信息。

D. 按照商业保险相关现行法律的规定提供相关信息,包括消费者和用户可选择的旅行取消险的费用,遇事故、疾病或死亡时返还或运送遗体至旅游起始地或其所在地的保险的费用。

2. 前述规定的各种信息不得晚于消费者和用户确认预约时告知消费者和用户。

第四章　合同的修改

第157条　价格的更改

1. 合同中未明确约定可以更改价格的,价格不得更改。合同约定的价格,非经合同约定的计算方式,不得增减。

2. 价格更改只得缘因燃油价格等原因造成的交通费用的变化、确定的服务项目相关的税费变化,以及旅行所涉货币汇率的变化。

3. 旅行出发前20天内不得提高价格。

第158条　合同的修改

1. 旅行出发前,如发生组团社必须被迫大幅修改合同基本内容的事件,此事项必须立即告知消费者和用户。

2. 在此情况下,除非合同中订立有另行约定的条款,消费者和用户可选择取消合同而不必承担责任;或选择接受合同因上述因素而进行的更改,并接受因此造成的价格的变化。

消费者和用户应在获知本条所谓的合同更改的三日之内将其决定通知零售商或直接与消费者和用户签订销售合同的组团社。

消费者和用户不在指定期间内告知的,视为选择取消合同而不必承担责任。

第二集　有关合同终止和义务的规定

第一章　合同的终止或取消

第159条　合同因组团社的原因终止或因行程而取消

1. 因前条第二款的规定而由消费者和用户选择的取消合同,或因任何不可归责于消费者或用户的由组团社在出发前按约定撤销的包价旅游,自合同终止之时起,消费者和用户有权要求返还所有已经支付的价金,或接受组团社或零售商提供的等值或更优质的另一包价旅游。

若组团社或零售商提供的另一包价旅游的质量低于原先约定的包价旅游的,组团社或零售商应根据合同约定的金额,补偿差价。

在任何情形下,消费者和用户可要求经营方按照本法第76条规定的期间和方式退还已经支付的价金。在此情形下,期间自消费者和用户通知其选择取消旅行之日,或自决定旅行取消的事项发生之日起开始计算。

2. 前款诸项权利同样适用于消费者和用户无法根据合同约定的内容而确认其预订

的情形。

3. 前列诸款规定中，组团社和零售商应因其未履行合同约定而对消费者或用户造成的损失承担赔偿责任。在任何情形下，违约发生于旅行出发前两个月至15天的，不得低于合同金额的5%；发生于旅行出发前15天至3天的，不得低于合同金额的10%；发生于旅行出发前48小时之内的，不得低于合同金额的25%。

4. 下述原因不产生赔偿责任：

A. 包价旅游因不满足最低游客数量要求而取消的，且按合同约定的日期或旅行出发前最低10天前书面通知消费者和用户的。

B. 在未超过预订而销售的情形下，因不可抗力而取消行程的。所谓不可抗力，指非因该方原因造成的，异常和不可预见的，且尽管尽到必要的谨慎仍无法避免的情形。

第160条　合同因消费者和用户的原因终止

消费者和用户可在任何时候放弃所要求或订立的服务，并有权要求退款已支付的价金。但在非不可抗力的情形下，须赔偿组团社或零售商下述损失：

A. 管理开支。取消发生于旅行出发前15天至10天的，合同金额的5%；取消发生于旅行出发前10天至3天的，合同金额的15%；取消发生于旅行出发前48小时之内的，合同金额的25%。

截至出发时仍未予提出的放弃，消费者和用户应支付全部行程的金额，及将会产生的其他费用，合同另有约定的除外。

B. 若该次包价旅行涉及特定经济条款的，如涉及机票、船票或特殊定价，取消旅行产生的开支根据双方约定的条款计算。

第二章　违约、责任和担保

第161条　未提供服务的后果

1. 旅行出发之后组团社不提供，或经证实无法提供合同中约定的重要的服务的，组团社在不向消费者和用户增加额外支出的前提下采取适当的解决方案，以保证旅行的继续。并且,提供的解决方案与合同约定的服务具有价差的,组团社应向消费者和用户支付差价。消费者和用户按照组团社提供的解决方案继续旅行的,视为默示接受该解决方案。

2. 组团社提供的解决方案不可行,或消费者和用户因正当的理由而不予接受的,组团社应在不向消费者和用户增加额外支出的前提下以适当的交通方式将消费者和用户运送至旅行出发地或双方认可的其他地点。该行为不减损组团社应承担的其他赔偿责任。

3. 零售商,或直接与消费者和用户签订销售合同的组团社,应对消费者和用户的投诉谨慎地提供适当的解决方案。

第 162 条　组团社或零售商的义务

1. 包价旅游的组团社和零售商按照合同约定的事项,根据其经营范围,独立地向消费者和用户妥善履行合同项下的义务,而无论该提供服务的义务是否应为其承担。但此规定不减损组团社和零售商针对上述服务可行使的权利。

组团社和零售商针对合同各类约定及与之相关的约定,共同地对消费者承担连带责任。但不因此减损其向包价旅游中不按其经营范围履行合同义务或履行合同具有瑕疵的一方的追索权。

2. 同样地,包价旅游的组团社和零售商应对因其不履行合同义务或履行合同具有瑕疵造成的损失承担责任。

上述责任因满足如下条件之一而免除:

A. 履行合同具有瑕疵的原因可归责于消费者或用户的。

B. 履行合同具有瑕疵的原因归责于提供服务合同之外的第三方的,且不可预见或不可避免。

C. 履行合同具有瑕疵的原因为不可抗力。所谓不可抗力,指非因该方原因造成的,异常和不可预见的,且尽管尽到必要的谨慎仍无法避免的情形。

D. 履行合同具有瑕疵的原因尽管可归责于零售商或直接与消费者和用户签订销售合同的组团社,但其尽管尽到必要的谨慎仍无法避免或防止的。

在上述B、C、D情形中,尽管免除了作为合同缔约一方的组团社和零售商的责任,但其仍有义务向消费者或用户所遇到的困难提供必要协助。

3. 因不履行或恶意履行提供包价旅游服务造成损失而应承担的责任,应以国际协定中对提供该服务的相关规则为限。

4. 不得在合同中约定减损本条第1款和第2款规定的条款。

第163条　缔约责任的担保

提供包价旅游服务的组团社和零售商有义务按照旅游行政部门的规定,设立和维持具有长期效力的资金,对因未向包价旅游合同的缔约方提供服务而应承担的缔约责任提供担保。特别地,旨在无力偿债或破产时用于退还费用和支付返回出发地所需的费用。

保证金用于支付源于以下程序产生的义务:

A. 消费者和用户提出的经司法裁定的,组团社和零售商应承担的经济责任。

B. 经双方自愿提交消费者仲裁机构或特定行业或特定领域的仲裁机构的仲裁,并由此机构作出的具有法定效力的裁定。

上述担保金支付后,应在15日内补充资金,以达到可重新担保缔约责任的数额。

第164条　诉讼时效

本卷承认的各项权利的诉讼时效为两年。

第165条 监管者规则

本卷规定不适用于本法第一卷第四集第二章中关于过失和制裁的规定,而适用于旅游行政主管部门制定的相关特别立法的规定。

附录　本卷涉及的本法其他卷相关条款的规定

第18条 货品和服务的标识和介绍

1. 货品和服务的标识、介绍和使用说明不得包含对消费者和用户具有误导性质的内

容,特别地:

A. 货品和服务的特性,特别是性质、特征、属性、成分、数量、耐用性、原产地、制造或生产方法。

B. 不得虚构该货品或服务不具备的功效和内容。

C. 不得提示同类货品或服务均具备的特性。

2. 按照法规的具体要求,所有提供给消费者和用户的货品、服务均应当清晰、通俗、准确、有效和足够地标明的信息,特别是关于以下内容的信息:

A. 生产者的名称和地址。

B. 性质、组成和用途。

C. 质量、数量。对使用性或商业性具有等级划分或定性的,还应载明该等级或定性。

D. 生产日期和批号,法规要求载明批量的还应载明批量,推荐使用或消费的期限。

E. 正确使用或消费的说明、指示,警示和可预见的风险。

3. 除履行其他法律法规规定的另外情形,在西班牙境内经营的货品和服务还应至少使用国家官方语言——卡斯蒂利亚语——进行书写标识和介绍。

4. 虚假或具误导性的报价、促销和广告应作为欺诈予以追责和制裁。消费者协会(asociaciones de consumidores)有权发起和参与旨在结束上述欺诈行为的法律程序。

第60条 缔约前的信息披露

1. 订立合同之前,销售商有义务以清晰、通俗和易于接受的方式向消费者和用户提供真实、准确、充分的关于合同特征的相关信息,特别是法律的、经济的,以及与货物或服务相关的内容。

2. 为了达到上述效果,货物或服务的信息披露适用本规则和其他应适用的规则,且同时符合如下规定:

A. 履行合同一方的商号、注册名(razón social)、详细地址;贸易商以其自己名义履行合同时,贸易商的商号、注册名、详细地址。

B. 含税的总价,可能产生其他费用的还应包含其他费用。提供给消费者的该货物或服务的价格应为总价,包括可能产生的损益的计价方式,以及转嫁由消费者和用户承担的附加服务费用和支付行为产生的额外费用。

C. 交付日期、合同的履行及其期限。

D. 消费者终止合同的程序。

E. 提供的担保。

F. 订立合同使用的语言(lengua o lenguas)与提供信息的语言不一致时,订立合同的语言。

G. 消费者或用户行使合同解除权(desistimiento)的期间和形式。

3. 缔约前提供给消费者的信息应当免费。

第76条 已收到价款的返还

消费者和用户行使解除权后,经营方有义务毫无保留地退还已经收取的费用。退还应当尽早作出,且在任何情形下不得晚于自解除之日起的30天之内。

消费者和用户在此期间没有收到足额退款的,可要求双倍返还,且不影响其要求对其造成的损失获得超过上述额度赔偿的权利。

经营方承担按期履约的举证责任。

译后记:旅游合同有名化辩

《中华人民共和国旅游法》已经第十二届全国人民代表大会常务委员会第二次会议通过,并自2013年10月1日起施行。其中用19条的篇幅专章规定了旅游服务合同。这一规定填补了一直以来旅游合同在法理和法律体系中的缺位,以部门综合法中规定有名合同的方式丰富了合同法的外延,解决了一直以来旅游服务的合同争议只能借助于民法和合同法的一般理论或其他有名合同规定的窘境,为更好地基于旅游服务的自身特点,平等保护旅游消费者和旅游服务提供者的利益,维护旅游行业和旅游市场的健康发展提供了不可替代的法律保障。

但"旅游合同须有名化"并不天然地对应"旅游服务合同是有名合同",《旅游法》在立法结构上的无奈,很容易造成这一认识的误区。

一、“旅游服务合同”的法理性质评价

分析《旅游法》第 57 条至第 75 条关于旅游服务合同的 19 个法条的结构,除第 57 条作为一般规定,第 74 条旅行社作为代购旅游服务的受托人的权利义务和第 75 条对住宿经营者的规定外,其余 16 个法条均是对包价旅游进行的规定。笔者认为,这种立法结构有其合理成分,将最主要的、也最体现旅游服务合同特征的包价旅游进行详细规定,同时兼顾方兴未艾、且逐渐成为重要旅游方式的自助行方式列入其中。但是,这种形式在法理上也有值得商榷的成分。

首先,住宿显然是可能,也事实上大量独立于旅游而存在的,住宿相关的权利义务已经存在相对完备、切实可行的法律规范。旅游服务合同一章中列明“为团队旅游者提供旅游服务”,人为地割裂了旅游中的住宿和非旅游产生的住宿两类其实不用分别规制的住宿服务。另一方面,作为旅游服务中的住宿经营者,其功能与性质与“履行辅助人”并无区别。在旅游服务合同已对履行辅助人有详细规定的情形下,单独规定住宿提供者的义务,难免有概念瑕疵的嫌疑。此外,更重要的逻辑混乱是,当住宿经营者如第 75 条所述“未能按照旅游服务合同提供服务”时,是由住宿经营者独立地向旅游者承担责任,还是按照第 71 条的规定由组团社向旅游者承担责任?笔者认为,第 75 条的规定显然是画蛇添足。即便退一步说,如果该条立法的宗旨在于在住宿提供者作为履行辅助人在违约情形下,免除旅行社的责任,似乎该条规定作为第 71 条的但书更为合理。

其次,第 74 条的立法技巧也值得商榷。该条旨在规范旅行社为游客提供单项旅行服务的行为,将其作为受托行为,接受《合同法》第二十一章“委托合同”的调整,而将其排除在包价旅游服务合同的规则之外。按照这种逻辑,从法理上讲,非包价的旅游服务合同可以被委托合同所吸收,那么作为《旅游法》中的“旅游服务合同”就很难有独立成体系的“有名合同”的充分说服力;但从法条所在位置上看,单项旅行服务又处于“旅游服务合同”一章中,显然属于“旅游服务合同”的一类。当然,这种规定也实属无奈,甚至还有一定的先进性,笔者将在后文中予以分析。

综上分析,合理的解释是,作为《旅游法》第五章的“旅游服务合同”并非独立且呈体

系的有名合同，也并非民法语境下的法律概念，而作为其主要部门的“包价旅游合同”才具备这样的特征。

二、西班牙包价旅游合同的有名性

旅游业一直是西班牙主要的经济支柱，金融危机前西班牙一直跻身世界三大主要旅游目的地。同时，西班牙还是世界旅游组织的总部所在地。考察西班牙的旅游合同的制度体系设计，可以使我们更便于辨别不同特征的旅游合同的有名性，抑或无名性。

西班牙国会曾于 1995 年 7 月颁布包价旅游规则法，并于 2002 年对包价旅游的终止和诉讼时效相关规定进行修改。为顺应欧盟消费者权益保护法一体化的浪潮，2007 年 11 月 16 日西班牙国会通过《关于消费者和用户保护的一般法和相关配套法的修正案》(下称《修正案》)。《修正案》以当年皇家 1 号法令的名义颁布，并以第四卷专卷规定了包价旅游(另外三卷分别为一般规定、合同与担保、商品与服务瑕疵的民事责任)，并用以取代此前的包价旅游规则法。

包价旅游合同在西班牙合同规则中处于有名合同的地位是显而易见的。首先，《修正案》将消费合同作为一项单独的合同形式，以独立的立法予以规定。其中，合同缔约主体之间不平等特征、合同履行性的方式、合同终止的方式、违约责任、救济方式等规定，都与《民法典》中关于债和合同的一般规定不同。在此之上，包价旅游又作为特殊的消费合同，予以单独规定，将包价旅游合同置于“消费合同”这一特别法更为“特别”的地位。尤其值得提及的是，立法中还明确排除了一般法律对旅游合同的适用(如第 165 条)。

而对于不符合第 151 条定义的其他形式的旅游合同，显然没有包价旅游合同这样的优待。不但作为私法基本法的《民法典》并无涉及，连在《修正案》中也未提及，甚至连是否属于要式合同都未作规定。不过，这并不会造成“无法可依”的困境，因为根据《修正案》中关于“消费”的定义，可将这些旅行合同形式纳入消费合同的框架。唯定义其为买卖关系、委托关系、行纪关系，抑或是承揽关系，并根据该关系来确定双方权利义务、判定赔偿规则时，陷入了类似早年中国旅游法学界关于旅游合同性质争论的怪圈。由这个侧面倒可以反衬出中国《旅游法》第 74 条的存在价值。

三、旅游合同"有名化"的价值

正如江平先生所言,"不把旅游合同写进旅游法,就没有法律调整,就没有法律规范可循"。尽管在综合立法中规定有名合同,并非《旅游法》之独创,但"旅游服务合同"一章在《旅游法》中的地位确可见一斑。

如果说《旅游法》是一部融公法和私法为一体的综合立法,那么公法部门无外乎是将过去数十年一些成熟的行政法规和部门规章的规定重申并上升到立法的位阶,那么体现私法特征的"旅游服务合同"一章,则呈现出了"填补空白"的价值。尽管,在此前管理界和业界力推的各种"格式合同"中,已经具备了"旅游服务合同"一章的雏形,但毕竟将经济生活的惯例形成统一的交易习惯,并经法律确认,并非一件容易的事情。从《旅游法》此前的数次流产,到"旅游合同"在"最后一分钟"无缘《合同法》,旅游合同的有名化仿佛来得更为艰难。而正因为此,常年困扰旅游业界的"过度维权",也因立法层面缺乏针对旅游市场实际而制定的立法,而让无数旅行社一度感到无处说理。

合同的有名化是从法律体系上对一类民商事交往所具有的特殊性的肯定。因为其特殊性需要赋予其"特权",通过违背某些法律规则才达到公平、正义这一具有更高价值的立法目标和更为基本的法律原则。

众所周知,旅游行为是典型的服务消费,具有很强的主观体验性和很弱的客观评价性,这就决定了在解决合同与侵权方面,需要偏重合同保护。而旅游服务的提供者——旅行社,并非完全意义上的服务提供者,在更大程度上承担服务协调者的角色。无论从"权利和义务对等"的法律原则,还是"收益和风险均等"的经济学观点,将旅游服务合同双方逼迫到"一手交钱、一手交货"的买卖关系的"绝境",显然是不妥当的。

旅游合同的有名化,从某种意义上讲,是对旅行社相较于其他市场交易提供者处于"弱势地位"的确认。无论是旅游行政部门,还是市场监管部门,抑或是旅游消费者都必须充分认识到这一点。而旅游服务的提供者——旅行社,更应该认识到旅游合同的有名化的机遇。多年呼吁通向公平经营环境之门,有机会因为旅游合同的有名化这把钥匙而洞开。

但另一方面,合同的有名化并非对于某个行政部门权威的法定化,也不在于某个学科学术价值的提升,否则将陷入“部门立法”和“学术霸权”的乱象。“有名合同”是“无名合同”的例外,是法律体系无法兼顾社会生活实际的无奈的权宜之计。回到旅游服务合同中,包价旅游显然需要这种“例外”,但《旅游法》第 74 条规定的“单项旅行服务”可以通过“委托合同”来调整,就没有必要上升到“有名合同”的高度。而事实上,将提供“单项旅行服务”定义为委托,更减轻了旅游服务提供者的责任。

结论

伴随着《旅游法》的出台,旅游合同有名化终结了学界围绕旅游合同法律性质长达二十多年的争论,也以立法的形式认可了旅游服务提供者经营中的“有限责任”。但无论从法理上分析还是从立法本意上看,无论是从外国立法例上求证还是出于对从业者的保护,作为《旅游法》第五章标题的“旅游服务合同”,并非是一类独立且成体系的有名合同,只有包价旅游才具有有名合同的性质。

德国旅游法判例选译二则

庄加园[①] 译

一、为第三人利益合同的抗辩[②]

【裁判要旨】

1. 航空公司与旅游组织者之间订立的一个包机合同,可以当作为第三人利益合同,该合同为旅游者设定了一个对于航空公司的运送请求权。

2. 航空公司不能对旅游者的请求权主张,旅游组织者尚未支付包机价款的抗辩。

BGH, Urt. v. 17. 1. 1985 – VII ZR 63/84 (Frankfurt)

【案件事实】

被告(一家航空公司)向T提供了1980年12月9日至16日预先计划由法兰克福往返圣卢西亚(加勒比海岸的列斯群岛)的包机航班座位。T将其中一部分座位交由远程旅游有限责任公司O(一家旅行社),供其组织包价旅游之用。1980年12月15日T停止支付租金。O为H及其陪同者预订了从1980年12月9日至16日前往圣卢西亚的航空旅游,1980年12月16日被告的工作人员拒绝H搭乘其预订的回程航班。所给出的拒绝理由是,T没有向该航班支付租金。H与其陪同者只能搭乘其他航空公司的航班返回。H以诉讼的方式成功地要求O承担由此产生的费用。原告(一家保险股份有限公司)偿还了O在与H的诉讼中承担的主债务,以及律师与法庭费用。并因此对被告提出诉讼,要求被告偿付前述全部费用。

---

① 译者简介:庄加园,上海交通大学凯原法学院讲师。

② BGH NJW 1985, 1457 = BGHZ 93, 271

州法院与州高等法院都同意原告关于主债权数额的诉请。被告获准提起抗告,但没有获得成功。

【判决理由】

上诉法院认为,根据《德国民法典》第328条,通过T与被告之间的包机合同,双方订立了一个真正的为第三人利益合同。

H由此获得可向被告主张的运送请求权。根据《德国民法典》第325条第1款(旧法)的规定,被告因拒绝运送而负有损害赔偿义务。与《德国民法典》第334条的规定不同,被告可能主张的,基于T拖欠租金的合同不履行的抗辩权,不能对H行使。原因在于,在包机出租人与受优先保护的旅游者之间的关系中,基于默示可得出,在不支付包机租金的情况中,排除了包机出租人行使抗辩权的可能;因为旅游者认为,其取得的是一个对航空公司的不可抗辩的运送请求权。被告与O处于对H的连带债务关系之中。鉴于O已经清偿了H的损害赔偿请求权,该请求权根据《德国民法典》第426条第2款的规定,就转移给了O。虽然两个连带债务人原则上应承担相同的责任份额,但在发生争议时,仍然应考虑到《德国民法典》第254条的适用。因为被告的拒绝运送是造成H发生其他运送费用的原因,所以被告必须独自承担损害。O由此获得了对被告的请求权,可请求的数额是其向H女士所给付的金额。该请求权进而移转给了原告。

被告的抗告没有获得支持。

1. 基于H与旅游组织者O订立的旅游合同,H享有对O从法兰克福(美因河畔)至圣卢西亚往返的运送请求权(《德国民法典》第651a第1款)。虽然在被告与H之间没有合同关系,但正如上诉法院所正确认定的那样,该运送请求权也指向被告,尤其是当旅游组织者O不能作为被告代理人而出现时,更是如此。然而,随着合同的订立,H女士也为她自己与陪同者订购了两个由被告向T出租的包机航班座位。被告与T之间订立的包机合同,成立了一个为H利益的运输合同。

a) 这是一个为H女士利益的合同。与抗告的观点相反,这一点并不能基于下述观点而被否认,即只因为包机合同不含有旅行社条款(Agentur－Klausel),机票是由T而非由被告签发,被告没有被认为是承运人,并且被告也不认识他所运送的旅游者(《联邦最高法院判例集》第52卷,第194页,第202页,《新法学周刊》1969年,第2008页)。在同意前引判决的文献中,旅行社条款(Agentur – Klausel)对认定为第三人利益合同具有特别的意义,根据该条款,包机租赁合同既以包机者、也以被运送的旅游者的名义订立。这些虽然是合适的,然而对于包机租赁合同的性质,旅行社条款(Agentur – Klausel)并不具有决定性的意义。究竟由谁来签发机票,也没有决定意义。在包机租赁合同中,包机提供者有义务在他计划的航班中提供座位,以供包机人调度支配。他也知道,通常在包机合同订立后,由包机人或由他授权的代理人基于他订立的旅游合同来确定被运送的旅客。由此,包机合同根据《德国民法典》第 328 条第 2 款的目的是运送旅客,记载他们的名字的机票由包机人或是由第三人签发,这样包机出租人才知道他们。合同订立人考虑的也是这个目的。如果包机合同不含有旅行社条款(Agentur – Klausel),而且机票也不是由包机出租人签发,那么为航班乘客(在合同订立时通常还不认识他们)的利益订立了包机合同,他们就直接对包机提供人享有一个运送的请求权,这样的假设是合乎事理的。

b)与抗告的观点相反,《德国民法典》第 651a 条的规定也不反对为第三人利益合同的假设。虽然根据《德国民法典》第 651a 条的规定,订立旅游合同的旅游者,原则上对应的只是作为合同相对人的旅游组织者。在此,为提供具体的旅游给付而加入进来的给付承担者,仅作为履行辅助人发挥功能。但是,就旅游组织者与旅游者之间的关系所涉及的规则并不能排除,旅游者基于特殊的合同构成,除对旅游组织者享有请求权外,还对给付承担者享有请求权。文献中居主导地位的学说由此有理由认为,旅游组织者与给付承担者的合同可以被看作一个为第三人利益的合同,它赋予旅游者一个直接针对给付承担者的请求权。

c)最后,把包机合同视为一个为第三人利益的合同,也符合利益状况。恰恰在航班团体旅游时,旅游者特别地依赖包机出租人的给付。正是基于其希望旅游不受干扰的利益,才允许他不仅对旅游组织者、而且对航空公司也能主张他享有的运送请求权。而包机出租人仅负有义务向旅游组织者给付的利益,几乎不会与该请求权相抵触。

2. 上诉法院的观点也值得同意,基于 H 与被告之间关系的包机合同,排除了适用《德国民法典》第 334 条。被告不能以他针对 T 享有的合同不履行的抗辩权,来对抗 H 的运送请求权。

a)根据《德国民法典》第 334 条,承诺人也享有基于补偿关系对第三人的抗辩,该条也能被(默示地)排除适用。特别是,从补偿关系的本质中可以得出,债务人不能以所有基于该关系的抗辩对抗第三人。

这里的情况就是如此。被告与T[一个旅游组织者(Reiseanstalter)]订立了包机合同,T再次将包机的航班座位交由O(同样也是一个旅游组织者)安排。被告由此必须认识到,旅游组织者们与旅游者已经订立了旅游合同,基于该合同已处分了这些座位;而且在旅游开始前,旅游者就要付清旅游价款中包括的机票价款,无论旅游者是否对此负有义务。而且被告也同意,由T签发包机出租的航班座位的机票。正如上诉法院有理由认为的那样,那么被告在此就必须意识到,订购了航班团体旅游的旅游者,并不知晓运送合同的特殊法律结构,并因此认为而且也完全可以这样认为:对被告的请求权不含抗辩权。因此,作为包机出租人的被告,不能以包机合同不履行的抗辩权对抗H。相反,被告能否及时获得旅游者为旅游已经给付的费用,应属于由他承担风险的范围。

b) 抗告认为,考虑客户的期待并与被告达成相应的协议,本应是O的任务,这一观点无法苟同。被告与T订立的包机合同是一个为第三人利益的合同。如上文所述,航班乘客的利益由此理应得到保护;而且也未提及O与被告之间的其他协议。H作为O的顾客也完全可以信赖,如果她自己已支付了旅游价款,那么被告将负责她的运送。

c) 被告也不能基于其他理由针对H拒绝运送给付。上诉法院恰当地认为,在与H的关系中,被告不能主张所谓由T进行的超额预售(Überbuchung)。即使被告的主张符合事实,一方面T不断进行超额预售,另一方面1980年12月16日在圣卢西亚的许多预定T预售航班的乘客,都是由被告来运送的,因此也无法证明,被告是由于超额预售而不能运送H。上诉法院有理由在这个关联上指出,H被拒绝运送,并非基于超额预售的理由,而是基于所谓的T没有支付航班价款的理由。

3. 由于被告无理由地拒绝返程运送的请求,H根据《德国民法典》第651f条享有对O的损害赔偿请求权;因为O作为旅游组织者,必须就其履行辅助人——被告的过失承担责任。此外,由于被告违反义务,H还基于为她利益订立的包机合同,根据《德国民法典》(旧法)第325条(比较《德国民法典》新法第280条第1款、第281条、第325条)享有对被告的损害赔偿请求权。正如上诉法院正确地认定的那样,因为被告与O作为连带债务人承担责任,且O在此期间已向H清偿了债务,根据《德国民法典》第426条第2款的规定,H 对于被告的请求权就移转给了 O。

上诉法院认为,被告在对 O 的关系中,不仅要支付被告自己应承担的份额,而且准用《德国民法典》第 254 条的规定,尚负有给付全部份额的义务,对此也同样无可指摘。被告没有理由拒绝返程运送,对 H 造成了额外发生的运送费用。显然,不是由 O 造成的损害。O 只是通过订购(Inanspruchnahme)包机航班座位,履行送回 H 的义务。除此之外,O 也不可能督促(halten)被告履行它的运送义务。根据肇事原因的程度,被告必须承担由此所发生的全部损害,因此是符合事理的。

4. 原告已经赔偿了应由 O(原告的保险客户)承担的 H 所遭受的损害。根据《责任保险法》第 67 条第 1 条第 1 款,H 对被告的请求权由此转移给了原告。

二、旅游合同的瑕疵担保责任[①]

【裁判要旨】

在包价旅游中,如果不是仅由于旅游者自身的原因导致,合同约定的给付完全不能或部分不能提供,那么基本上涉及的就是一个旅游瑕疵,旅游组织者应根据《德国民法典》第 651c 条及以下诸条承担责任。如果第一项旅游给付落空,并由此导致整个旅游落空时,也同样适用。(BGHZ 85, 301 = NJW1983, 448)

BGH, Urt. v. 20. 3. 1986 – VII ZR 187/85 (München)

【案件事实】

1982 年 1 月 6 日,原告为自己与他的陪同者在 D 处的 H 旅行社,根据在 M 处注册的旅游组织者(被告)一个八页的、配图的广告单,订购了其中的一个包价旅游,由 D 经过 M 到达 S(阿拉伯联合酋长国),时间为 1982 年 2 月 7 日至 15 日,总价为 4276 德国马克。被告广告单的最后一页以“简单的形式”描述了其旅游条件与支付条件(RZB)。在此第 12 项这样写道:

“12. 请求权的排除与消灭时效

(a) 在合同规定的返程日期后一个月内,通过挂号信方式在 M 地行使该请求权。

① BGH NJW 1986, 1748 (Wolter) = BGHZ 97, 255 = JuS 1986, 651

(b) 所有基于旅游合同、旅游者享有的与订购旅游产品、进行旅游相关的请求权,在合同规定的返程日期后6个月内罹于消灭时效。"

旅行社以1982年1月6日的信件证实了,航班旅游的报名"以组织者J的名义",并对此指出,旅游"以上述组织者在说明书上打印的条件"来进行。原告支付了旅游价款,并得到了旅游凭证。当1982年2月7日5点后,她与其陪同者在D机场的H柜台登记时,却收到通知说,他们预订的去往M的通勤飞机(Zubringermaschine)(起飞时间6点15分)已超额预售。原告与她的陪同者由此选择了下一个去往M的航班,然而他们没能赶上去往S的包机航班。由此他们飞回了D地。原告于1982年3月11日向被告发出律师函,要求返还旅游价款与其他费用,共计5452德国马克。被告1982年3月19日答复拒绝了原告的请求,并指示原告去找负责承运旅游者去往M地的包机公司。1982年12月30日原告申请了一份对被告的催告通知,于1983年1月12日送达被告。原告诉请5373德国马克与利息。被告提出了超过消灭时效的抗辩权。

州法院同意了原告4276德国马克与利息的诉讼请求,其他的诉讼请求被驳回。基于被告的上诉,州高等法院驳回了全部起诉。原告的抗告获准提起,但没有获得成功。

【判决理由】

上诉法院对此没有解决:对通勤飞机的超额售票应根据给付障碍的一般规则,还是根据旅游合同法的瑕疵担保规则来判定,进而应适用哪个消灭时效的规则。根据被告有效地包含在旅游合同中的旅游、支付条件,起诉主张的请求权无论如何都超过了消灭时效。广告单第12b条的消灭时效规定,并没有引起对旅游者不合理的歧视。对法定规则的调整(《德国民法典》第651g条第2款)也符合事理,并避免了给付不能与旅游瑕疵之间的区分困难。该调整仅涉及合同的请求权,并不涉及到因人身伤害的侵权请求权三年的消灭时效(《德国民法典》旧法第852条,参见《德国民法典》新法第195条、第199条)。对此提起的抗告最终未获成功。

(一)尽管抗告认为,被告的旅游、支付条件在旅游合同中没有得到充分的确定。虽然旅游的订购以H旅行社中的广告单为基础,以至于原告有可能,以可期待的方式认识到在第8页所印刷的旅游、支付条件(《一般交易条件法》第1条第2款,《德国民法典》新法第305条第2款第2项),然而这还不足以有效地将其纳入到旅游合同中。在合同订立时,必须向合同对方明示地指出一般交易条件(《一般交易条件法》第 2 条第 1 款第 1 项)。然而在本案中,这一事实是否发生仍然以已经被撤销的判决为依据,该判决基于其他原因而依然是正确的(《德国民事诉讼法典》第 563 条),以至于抗告不能成功。

(二)通勤飞机的超额预售对于包价旅游的开始就是一个瑕疵,这一事实"消灭了作为合同前提的旅游效用(Nutzung)",对此被告必须根据《德国民法典》第 651c 条承担责任。因此,《德国民法典》第 651g 条第 2 款也直接适用于原告损害赔偿请求权的消灭时效。即使考虑到消灭时效的中断(《德国民法典》第 651g 条第 2 款第 3 句),但因为原告没有在法定的六个月期限内以该请求权起诉,该请求权也罹于消灭时效。

1. 给付不能法律后果的一般规定与旅游合同法的瑕疵担保责任规定之间是何种关系,以及后者如何优先于前者适用,对此存有争议。

部分文献与判例认为,如果在缔约后或旅游行程开始后,整个包价旅游或者其重要部分发生给付不能,就适用给付障碍的一般规定。然而越来越多的观点认为,旅游合同法的瑕疵担保责任作为特别法,或者自缔约时起,或者最晚自旅游行程开始时起,就排除了给付障碍一般规则,以及缔约过失和积极侵害合同的请求权基础的适用。

2. 法庭在其判决中(BGHZ 85, 301 = NJW 1983, 448)反对 Celle 州高等法院的判决(NJW 1982, 370),首先明确了在包价旅游的框架内,合同约定的前往目的地的航空行程中断,构成旅游的瑕疵,由此旅游者所享有的请求权,即纳入到《德国民法典》第 651g 条的除斥期间与消灭时效规定的调整范围。法庭在此排除了旅游者基于《德国民法典》(旧法)第 325 条的权利。但是依然没有解决的是,是否不遵从立法者的意图,而是出于包价旅游合同关系特征的原因,通常应将基于包价旅游合同所负担的单个给付的完全落空,视为旅游瑕疵;以及在旅游合同的框架内,从给付不能所推导出来的损害赔偿请求权,是否根本不能根据《德国民法典》第 651g 条的除斥期间与消灭时效的规定来调整。

至此,法庭作出如下决定(entscheidet):在包价旅游中,如果不是仅由于旅游者自身的原因导致,合同约定的给付完全不能或部分不能提供,那么基本上涉及的就是一个旅游瑕疵,旅游组织者应根据《德国民法典》第 651c 条及以下诸条承担责任。如果第一项旅游给付落空,并由此导致整个旅游落空时,也同样适用。

a) 旅游合同作为承揽合同的特别类型,其瑕疵担保责任法优先于作为一般承揽合同法中的给付障碍规则。所有在缔约后出现的,非仅由于旅游者自身原因而出现的情况,使得旅游整体或个别给付,如运送、住宿、膳食(Verpflegung)以及其他的服务全部或部分不能,从而阻碍或减少合同约定的旅游效用,均纳入《德国民法典》第651c条的调整范围。旅游合同订立后,旅游组织者就对结果承担责任,并在原则上承担不成就(Nichtgelingen)的风险。"旅游"作为由可先后一并提供的旅游给付组成的合同类型上的整体,不得将其视为独立给付之间的简单排列。整个旅游的无瑕疵,才是旅游组织者履行义务的核心(《德国民法典》第651c条第1款)。旅游瑕疵是否能被消除,对于瑕疵担保责任本身没有意义。以旅游合同特征为基础的旅游组织者的结果责任,包括了必然的、成为不可能的给付,因此本身也适用旅游合同的规定。

b)在立法程序中,德国联邦议会法律委员会认为,一个具体旅游给付的瑕疵原则上即可被视为"旅游"本身的瑕疵,并且给付障碍以及运输、膳食的落空(Ausbleiben)、重要旅游目标的遗漏,或者在不同于预订的旅馆住宿都应被评价为瑕疵。在《德国民法典》第651c条、第651j条中,对那些通常认为是给付不能或瑕疵的上述情况没有做出不同的规定。《德国民法典》第651f条也适用于瑕疵结果损害,在承揽合同的一般规定中,这经常只能求诸于积极侵害债权的请求权基础。最后,该规定的第2款还明确地规定了旅游的完全落空及由此产生的实际后果,否则该后果就应认定为给付不能。与联邦政府要制定一部旅游举办人合同法的法律草案不同,当立法者决定将旅游合同法纳入到民法典中时,立法者可能也认为,在给付障碍的领域中,并未完全认识到此种特殊性并对其加以调整,所以在1979年5月4日的旅游合同法中,相当明确地表达了其要制定一个囊括一切嗣后旅游障碍规则的意图。

c)由此,根据在立法者在法律中所表达的意思,《德国民法典》第651c条的瑕疵担保责任的规定优先于给付障碍的一般规则而适用,那么就无法赞同由一些作者所持的观点,他们主张在给付不能与瑕疵担保责任的时间上的分界点,应取决于旅游的开始。在此忽略的是,旅游组织者在订立合同时就已经按照合同承担了结果责任,而且如果旅游者在旅游行程开始前就知道了导致旅游不可期待的情况时,一部分法定的瑕疵担保责任的规定,在旅游开始前就已经可以适用了(《德国民法典》第651c条第2款、第651e条第1款第2句、第651f条第1、2款)。

根据旧法(BGHZ 77, 310 [318] = NJW 1980, 2192),法庭也已经将旅游组织者无支付能力履行约定的旅游目的(在非洲进行野外狩猎)视为一个旅游瑕疵,由此旅游者在旅游开始前即有权取消合同。而法庭在 NJW 1979,495 的判决中涉及一个超额售票的单程航班,对此仅仅适用运输法的而不是旅游法的原则,因此适用的是《德国民法典》(旧法)第 325 条(也参见法庭,BGHZ 93, 271 [277] = NJW 1985, 1457 旅游者基于为履行其旅游合同的利益而订立的包机合同,对包机出租人享有的请求权)。

因此旅游组织者根据他的瑕疵担保义务,从订立旅游合同开始,就个别旅游给付或整个旅游的落空或不可期待,向旅游者承担责任。这也适用于航班的超额售票,旅游者根据合同应该乘坐这个航班开始旅游。如果为尽可能地赶上下一个联程航班,旅游者搭乘了下一个航班,这样就出现了《德国民法典》第 651c 条第 2、3 款规定的补救措施。即使当这一补救尝试失败时,也不改变对包括《德国民法典》第 651g 条在内的瑕疵担保责任规定的排他适用。从而,旅游组织者根据《德国民法典》(旧法)第 325 条的责任就被排除在外了。

d) 这一结论既符合事理,也符合当事人利益。它维护了广泛的法律明确性与稳定性,因为通过这种方式,本来很难克服的区分困难得以避免,这些区分困难包括,在具体情况下何时发生旅游瑕疵或部分给付不能,何时瑕疵担保责任规定的整个旅游落空或完全地成为给付不能。正如文献中所持的不同观点所表现的那样,在法律上将这些情况归为此一类型或其他类型可能极为困难,对于法律外行而言更是难以理解。各给定的请求权之范围在本质上本来是同一的;如果范围根据所选择的法律结构体系的不同会变小或增大,那也就错了。将合同订立后所有的、非仅因旅游者自身原因造成的旅游障碍纳入到旅游瑕疵法中,那么目前在文献中所发生的困难就几乎完全得以消除。

广泛适用《德国民法典》第 651g 条,也符合事理与当事人利益。就该条第 1 款所设定的规则而言,就已经关系到旅游组织者决定性的合法利益,即尽可能早地知道,他将面对的是哪个请求权,至于这些请求权可能是从哪里推导出的,是从单个给付的不完全履行推导出的,还是从部分给付不能抑或基于整个旅游的落空推导出的,对他而言则没有什么差别。这一点就《德国民法典》第 651g 条第 2 款的 6 个月消灭时效期限来讲,也同样如此。该规定的理由在于,有必要尽快地清算旅游合同,在该款规定的情形下,对有关的事情发展经过的解释、说明嗣后可能会变得极为困难。对于那些在文献中经常未被纳入到旅游瑕疵法中,而是从嗣后完全给付不能或部分给付不能推导出来的请求权,前述理由同样适用。另一方面,正如在本案中所清晰反映的那样,旅游者也同样有能力,在旅游结束后规定的时间内直接行使他的这些请求权。很难想象说,比起在根本无从识别的范围中援引给付不能作为请求权基础,让旅游者能够从瑕疵担保中统一推导出关于缔约后出现旅游障碍的所有请求权,对旅游者而言会更不明了。因此,广泛适用《德国民法典》第651g条,是正确地理解了旅游合同当事人双方的利益状态。

(三)因此,重要的并不是,原告所指摘的、被告在旅游与支付条件(RZB)中规定的消灭时效条款的效力。由于广泛适用旅游合同的瑕疵担保责任,旅游者所有这些与除斥期间、消灭时效条款有关的合同请求权,其意义原本就微不足道。

稿约

《中国旅游法评论》(China Tourism Law Review)是以“弘扬旅游法治理念,化解旅游法律难题,推动旅游法制建设,形塑健康旅游秩序”为理想的学术出版物。为达致此一理想旨趣,《中国旅游法评论》诚邀海内外贤达赐稿,凡与旅游法制相关的研究成果均在欢迎之列。具体编辑事宜,有如下诸端需予叙明:

1. 欢迎论文、译文、书评、随笔、立法与司法动态、学术会议综述等形式投稿;

2. 对来稿字数不做限制,仅以学术水平和学术规范为评价标准;

3. 文中引用他人著述者,均须注明出处;如有剽窃、抄袭等不端行为者,本着文责自负的原则,由侵权者本人承担全部责任;

4. 惠赐译文者,须同时提供原文稿,并附原文作者或出版者的翻译授权许可;

5. 采用《中国法学》杂志的引征体例,请作者、译者参照之;

6. 为扩大交流渠道,除作者声明保留外,投稿即视为作者、译者同意编辑部向第三人授予已刊作品电子出版权、信息网络传播权和数字化汇编、复制权,以及向《中国社会科学文摘》等文摘类刊物推荐转载已刊作品的权利;

7. 来稿即视为作者、译者已知悉并同意上述声明。

编辑部地址:

北京市朝阳区定福庄南里 1 号

北京第二外国语学院法政学院《中国旅游法评论》编辑部

邮编:100024

Email:tourismlawreview@ outlook. com

责任编辑：郭珍宏

封面照片提供：冯　培

图书在版编目(CIP)数据

中国旅游法评论 ：第1辑 / 韩玉灵，申海恩主编

. -- 北京：旅游教育出版社，2014.10

ISBN 978-7-5637-2903-6

Ⅰ.①中… Ⅱ.①韩… ②申… Ⅲ.①旅游业—法规—研究—中国 Ⅳ.①D922.296.4

中国版本图书馆CIP数据核字(2014)第047238号

中国旅游法评论(第一辑)

韩玉灵　申海恩　主编

出版单位	旅游教育出版社
地　　址	北京市朝阳区定福庄南里1号
邮　　编	100024
发行电话	(010)65778403 65728372 65767462(传真)
E-mail	tepfx@163.com
印刷单位	北京京华虎彩印刷有限公司
经销单位	新华书店
开　　本	787毫米×1092毫米　1/16
印　　张	20.375
字　　数	267千字
版　　次	2014年10月第1版
印　　次	2014年10月第1次印刷
定　　价	39.00元

(图书如有装订差错请与发行部联系)